Karin Pfolz

AutorInnen »Farbspiel«

Violett

Karina Publishing
Vienna

Impressum:

www.karinaverlag.at
Texte © :
Karin Pfolz, AutorInnengruppe"Farbspiel«
Lektorat: Marianne Peternell, Werner Diefenthal
Layout, Textüberarbeitung © Karin Pfolz, Laura Liedermann
Covergestaltung © Karin Pfolz, Nicole Bleck
© 2016, Karina Verlag, Vienna, Austria,
ISBN: 978-3-903161-10-8

Teil 4 der 10-teiligen Reihe »Farbspiel«

Violett

BELLINDA Bibi, BELJA Artur, BERTRAM Sally BIELA Karin, BLECK Nicole, DELANEY Stella, DIEFENTHAL Werner, DUTZ Veronika M, EMS T.B., ERDIC Christine, FOLTIN Sandra Karin, FRÖHLICH Leopold, GÖRLITZER Sebastian, GROSS Angelika, GRÜNEWEG Verena, HANELT Marlies, HAUPT Lisa-Marie, HERTTING Maria, INNOCENTI Alexa, KAISER Michaela, KAUFMANN Bernadette Maria, KIDD Beate, KNISATSCHEK Florian, KOHLER Markus, KESSE Petra, KÜHNE Evelyn, LANG Waltraut, LUCAS CF, MICHELS Katja, MOSER Roland, NIKOLAI Sabrina, PENNA Ilona, PETERNELL Marianne, PETZ Andreas, PFOLZ Karin, PULAND Sara, PULLETZ Sandra, RÖTHLISBERGER Erich, SCHAEFER Marianne, SAUER Bo, SCHÖNBERG Michael, STEHLE Elfride, TEAR Asmodina, THIEKE Werner, TRÄBING Denise, TREIBER Rudi, ULENSPEEL Tilli, URBAN Alexander, WEISE Petra, WIEGAND Tamara, ZAWREL Renate

Karina Publishing
Vienna

Inhalt:

Violett

wie Anfang und Ende

Das Mädchen mit dem Fliederstrauß

Denise Träbing

Alice genoss den salzigen Duft des Meeres, den der Wind ihr entgegen blies. Sie war lange nicht mehr hier gewesen. Aber erst jetzt wurde ihr bewusst, wie sehr sie ihre Heimat vermisst hatte und wie eingesperrt sie sich in der Großstadt manchmal fühlte. Es mochte sein, dass sie freiwillig weggezogen war. Sie liebte ihren Job als Anwältin. Doch in diesem Moment konnte sie sich vorstellen, zurückzukommen. Die klare Luft, die Weite der Natur, das frische saftige Grün und die Sterne, die so viel heller leuchteten und so nah schienen, dass man das Gefühl hatte, sie anfassen zu können.

Alice schlenderte in Richtung der Steilküste. Sie konnte die Wellen hören, wie sie rauschend gegen die Felsen schlugen. Zuerst dachte sie an ein Trugbild. Sie blinzelte mehrmals. Ihre Schritte wurden schneller. Bald rannte sie. Das Mädchen, das am Rand der Klippen fröhlich herumhüpfte, hatte keine Ahnung, in welcher Gefahr es sich befand. Kurz überlegte sie, zu rufen, wollte ihm aber keinen Schrecken einjagen. Ihr Blick huschte hin und her. Sonst war nirgendwo jemand zu sehen. Plötzlich blieb die Kleine stehen und sah Alice an. Auch von weitem konnte sie erkennen, wie sie lächelte. Alice erwiderte das Lächeln und ging, nun wieder etwas langsamer, weiter. Doch das Mädchen begann erneut zu hüpfen. Dabei hielt sie etwas in der Hand. Alice sah genauer hin und erkannte violetten Flieder. Sofort stieg ihr der angenehm zarte Duft in die Nase.

»Hallo Kleine«, rief Alice. »Komm doch bitte ein Stück von den Felsen weg. Es ist gefährlich, weißt du?«

Ungerührt tanzte das Mädchen weiter. Sie trug ein weißes Sommerkleid und rosa Sandalen, die blonden Haare waren zu zwei frechen Zöpfen gebunden. Warum war sie allein hier, fragte Alice sich zum wiederholten Mal.

Eine Möwe kreischte über ihnen. Einen Augenblick ließ sie

sich davon ablenken. Als sie wieder zur Küste sah, war das Mädchen verschwunden. Panisch rannte sie los. Ihr Herz klopfte angsterfüllt. So weit sie konnte, beugte sie sich über den Rand der Felsen. Unter ihr ging es mehrere Meter senkrecht in die Tiefe. Außer der weißen Gischt war nichts zu sehen.

»Hey, sind Sie irre?! Gehen Sie nicht so nah an die Kante oder wollen Sie sich umbringen?«

Alice fuhr beim Klang der fremden Stimme erschrocken herum. »Ich … hier war ein kleines Mädchen. Vielleicht vier oder fünf«, stammelte sie. »Ich glaube, sie ist gefallen.« Bei dem Gedanken wurde ihr flau im Magen. In ihrem Kopf begann sich alles zu drehen.

»Hoppla, ganz ruhig.«

Alice sah verwirrt auf. Der Fremde hatte seine Arme um ihre Taille gelegt und hielt sie fest. Sein Aftershave stieg ihr in die Nase. Und noch etwas Anderes. Sie wusste im Augenblick nur nicht, was es war.

»Sind Sie sicher, dass Sie hier ein kleines Mädchen gesehen haben? Ich saß die ganze Zeit dort drüben. Mir ist nichts aufgefallen.«

Sie blickte zu der Stelle, auf die er zeigte. »Dort haben Sie gesessen? Sie hätten abstürzen können.«

Ein trauriger Ausdruck legte sich über das Gesicht des Mannes. Wie ein Vorhang trübte er seinen Blick. »Vielleicht wollte ich das ja.«

»Waaas? Sie wollten sich umbringen? O mein Gott.« Schockiert lege Alice die Hand vor den Mund.

»Ich habe es dem Schicksal überlassen, ob ich falle oder nicht. Und dann sind Sie aufgetaucht«, meinte er leichthin, als würde er über das Wetter reden.

Alice wusste nicht, was sie sagen sollte. Seine blauen Augen irritierten sie, ließen sie nicht klar denken. Der Fremde betrachte sie ungeniert. Sie spürte, wie ihr die Röte ins Gesicht stieg. Dann erinnerte Alice sich an das Mädchen. »Wir sollten

die Polizei rufen. Jemand muss die Kleine doch vermissen.«
»Sind Sie ganz sicher, dass Sie hier eben ein Mädchen gesehen haben?«
»Ich … also, eigentlich … ich denke schon.« Warum war sie sich plötzlich so unsicher? Weil es, um ehrlich zu sein, keinen Sinn ergab. Ein kleines Mädchen, allein an diesem Abgrund. Und jetzt war es verschwunden, ohne einen einzigen Laut. Es war sonderbar. Alice fragte sich zum ersten Mal, ob sie es sich vielleicht eingebildet hatte.
»Darf ich fragen, wie Sie heißen?«
»Alice, Alice McCloud.«
»Freut mich, Alice McCloud. Mein Name ist Adam Cassidy. Darf ich Sie auf einen Kaffee einladen?«
Alice war überrascht über das Angebot, zögerte aber mit ihrer Antwort keine Sekunde. »Sehr gern.« Vielleicht wollte sie ihn nur von den Klippen wegbekommen. Vielleicht gefiel er ihr aber auch einfach.
Gemeinsam gingen sie zum Ort zurück. Adam rief auf der Polizeistation an und ließ sich bestätigen, dass kein Kind vermisst wurde. Alice war noch immer verwirrt, aber erleichtert. Im Café am Hafen wählten sie einen Tisch in der Sonne. Während sie Kaffee tranken und jeder ein Stück Blaubeertorte aß, unterhielten sie sich. Alice fiel es leicht, mit Adam zu reden. Er war ein guter Zuhörer. Und sie mochte ihn mit jeder Sekunde mehr. Die Stunden verstrichen, der Tag neigte sich seinem Ende entgegen. Inzwischen hatten sie das Café verlassen und schlenderten über die Promenade. Fast wehmütig sah sie der Sonne zu, wie sie am Horizont als roter Feuerball langsam unterging. Sie wollte Adam nicht gehen lassen. Er löste Gefühle in ihr aus, die sie lange aus ihrem Leben verbannt hatte. Sie hatte gedacht, es würde ihr Angst machen. Aber das Gegenteil war der Fall. Sie genoss es.
»Ich könnte für uns kochen, wenn du magst.« Seine blauen Augen sahen sie hoffnungsvoll an.
Vor Glück machte ihr Herz einen kleinen Hüpfer. »Klingt

nach einer sehr schönen Idee.«
Sie lächelten sich an und Adam nahm ihre Hand in seine. Er führte sie in den Ort hinein. In einer ruhigen Seitenstraße blieb er vor einem kleinen Häuschen mit einer weißgestrichenen Fassade stehen. Die Veranda reichte einmal ums Haus herum. Wildblumen wuchsen in allen Farben am Gartenzaun entlang. Und dann roch sie es wieder. Sie sah sich um und entdeckte, wonach sie Ausschau gehalten hatte. Fliedersträucher! Gleich mehrere schmiegten sich an die Hausfassade und bildeten mit ihren violetten Blüten einen zauberhaften Kontrast zu dem weißen Anstrich. Danach hatte Adam gerochen. Für den Bruchteil einer Sekunde huschte das Bild des Mädchens durch ihren Kopf. Das Licht musste ihr einen Streich gespielt haben.
Während Adam das Essen zubereitete, saß sie am Küchentisch und trank ein Glas Wein. Das zweite beim Essen und ein drittes im Anschluss auf der Veranda. Sie fühlte sich leicht und glücklich, wie lange nicht. »Ich habe überhaupt keine Lust, wieder zurückzufahren«, sprach sie ihre Gedanken laut aus.
»Dann bleib.«
»So einfach ist das nicht.«
»Manchmal muss man Dinge tun, die nicht leicht sind. Aber wenn dein Herz dir dazu rät, solltest du darauf hören.«
Sie sah zur Seite. Ihre Blicke trafen sich. »Wie mich festzuhalten, statt zu springen?«
»Zum Beispiel.«
Adam streckte seine Hand aus, drehte eine Strähne ihrer braunen Haare um seine Finger. Er zog sie an sich und sie versank im Blau seiner Augen. Die erste Berührung ihrer Lippen war ein zärtliches Herantasten. Doch beide spürten ein Verlangen in sich, dass sich nicht lange zügeln ließ. Adam stand auf, fasste Alice unter Armen und Beinen und trug sie in sein Schlafzimmer. Nachdem sie sich geliebt hatten, lag Alice in seine Arme gekuschelt im Bett. Eine sommerliche

Brise wehte durch das geöffnete Fenster. Zikaden zirpten.
»Warum ist dir egal, ob du lebst, oder stirbst?«
Adam schwieg lange, bevor er antwortete. »Bis vor zwei Jahren war ich verheiratet. Wir hatten eine Tochter. Im letzten Sommer war sie zu Besuch. Sie spielte im Garten. Als ich nach ihr sehen wollte, fand ich sie leblos im Gras liegen. Sie hatte noch den Flieder in der Hand, den sie zuvor gepflückt hatte. Die Ärzte stellten fest, dass sie einen anaphylaktischen Schock durch einen Wespenstich erlitten hatte. Er war so schwerwiegend, dass sie nichts mehr für sie tun konnten.«
Adam atmet schwer.
»Das tut mir leid.«
»Bis heute war ich der Meinung, nie wieder etwas fühlen zu können. Als wäre ich mit ihr gestorben.« Er rückte leicht von Alice ab. »Und dann sah ich dich. Du hast vom ersten Augenblick an mein Herz berührt. Ich möchte, dass du bei mir bleibst.«
Die Geschichte und seine Ehrlichkeit rührten sie zu Tränen. Sie wusste nicht, was geschehen war, nicht wie und nicht wann. Aber auch sie wollte nicht wieder gehen. Zum ersten Mal hatte sie das Gefühl, angekommen zu sein. »Ich bleibe sehr gern«, flüsterte sie gerührt. »Zeigst du mir ein Foto deiner Tochter?« Ihr fiel auf, dass sie im Haus keines gesehen hatte.
Adam stand auf, ging zu seiner Kommode und kam mit einem Bilderrahmen wieder. Sie nahm ihn entgegen und starrte auf das kleine Mädchen. Für einen Moment hörte die Welt auf, sich zu drehen. Es war unglaublich. Aber sie irrte sich nicht. Das Gesicht würde sie nie wieder vergessen. Es war das Mädchen von den Klippen. Das Mädchen mit dem Fliederstrauß. Sie gab Adam das Bild zurück und schlang die Arme um ihn. Und als sie so dalag, hätte sie schwören können ein Kinderlachen zu hören.

Hoffnung im Zwielicht

Asmodina Tear

Ein weiterer Herbsttag neigte sich unaufhaltsam dem Ende entgegen, draußen griff der kalte Wind erbarmungslos nach den letzten vertrockneten Blättern und trug sie davon. Zurück blieb nur das kahle Geäst der Bäume, welches mehr einem Skelett als einem Lebewesen ähnelte. Gedankenverloren starrte die junge Frau namens Alexandra auf jenes trostlose und doch alltägliche Schauspiel, das hervorragend zu ihrer Stimmung passte. Die taubengrauen Augen waren rotgeweint, das lange, hellbraune Haar wirkte zerzaust und vernachlässigt. »Vielleicht sollte ich es abschneiden«, überlegte Alexandra, obwohl sie wusste, dass es ihr seelisch nicht guttun würde. Außerdem würde eine neue Frisur ihren Kummer nicht beenden, die innere Leere nicht füllen. Ihr Blick glitt durch das chaotische Wohnzimmer, Berge von unbearbeiteten Papieren stapelten sich in den Regalen oder auf dem gläsernen Tisch, auf dem Boden lagen dutzende Tuben mit getrockneter Farbe und neben ihnen die Reste jener aus Frust zerrissenen Leinwände. In die Ecken wollte die junge Frau gar nicht schauen, wahrscheinlich tummelten sich dort bereits handflächengroße Wollmäuse. Alexandra seufzte, sie schämte sich für das Aussehen des Hauses, aber sie konnte sich nicht durchringen zu putzen oder gar die Anträge oder Erklärungen zu bearbeiten. Ihre Kraft war versiegt, verschwunden, seitdem … ihr Herz weigerte sich, den Gedanken zu Ende zu führen und dennoch wanderte ihre tränenfeuchten Augen zu dem Porträtfoto, welches auf der Ablage stand. Es zeigte einen jungen Mann von ungefähr dreißig Jahren mit markanten, leicht erotischen Gesichtszügen und kurzen, strohblonden Haaren. Sein Blick war sanft und voller Güte, andererseits war es ihm problemlos möglich gewesen, andere in seinen Bann zu ziehen und für seine Ideen zu gewinnen. Ihr Psychiater hatte Alexandra geraten, das Foto wegzuschmeißen oder zusam-

men mit den anderen Sachen in den Keller zu bringen, damit sie ›den Toten loslassen‹ konnte. Vom Prinzip her war es ein nachvollziehbarer Ratschlag, da das Leben auch mit der Trauer weiterging, trotzdem sträubte ihr Herz sich vehement, es wollte weder vergessen noch gehen lassen. Sie wischte sich mit der Hand über die nassen Wangen.
»Oh David«, ihre Stimme war ein herzzerreißendes Schluchzen. »Warum bist du nicht mehr da?«

Im Alltag und im Umgang mit anderen Menschen verbarg die junge Frau ihren Kummer und die, zum Teil schmerzhaften, Erinnerungen hinter einer lächelnden Fassade, da sie weder Mitleid noch falsche Unterstützung wollte. Doch nun, in ihren eigenen, unordentlichen Wänden, brachen jene wie ein Donnerschlag über sie herein. Das erste, zufällige Treffen im Park, die Einladung zum ersten Date und, entgegen ihrer Erwartung, gleich der erste Kuss. Weitere Verabredungen folgten und nach nur drei Wochen hatte David ihr mit den Worten: »Ich glaubte nie an Liebe auf den ersten Blick, aber du hast mich eines Besseren belehrt«, seine Zuneigung gestanden.
Zwei Jahren waren sie zusammen gewesen und hatten dabei Höhen und Tiefen erlebt, bis David ihr unter einem romantischen Sternenhimmel einen Antrag machte und Alexandra ihn ohne Zögern annahm. Dies rief zwar aufgrund ihres Alters von jeweils sechsundzwanzig Jahren einigen Unmut hervor, aber die Zwei behaupteten sich tapfer. Nach dreieinhalb Jahren folgte der große Schock, David erkrankte an Leberkrebs. Obwohl er sich stets optimistisch zuversichtlich gab und tapfer den Kampf gegen die heimtückische Krankheit aufnahm, fühlte Alexandra, wie ihre Welt mit jedem Tag ein wenig mehr in Scherben brach. Sollte ihnen doch kein gemeinsames Leben vergönnt sein? Schleichend kroch die Angst durch ihren Körper, um ihre Seele zu zerstören. Freunde rieten ihr aufgrund des labilen Zustands zur Schei-

dung, aber die junge Frau weigerte sich, David und sie hatten geschworen, ›in guten wie in schlechten Zeiten‹ füreinander da zu sein und daran würde sie, Alexandra, sich halten, auch wenn es manchmal sehr schmerzhaft war. Oft saßen die beiden eng umschlungen auf dem gemeinsamen Ehebett, schwelgten in Erinnerungen oder schmiedeten Zukunftspläne.

»Wenn ich wieder gesund bin …«, hatte David immer gesagt, während er ihr zärtlich übers Haar strich und einen Kuss auf die Stirn hauchte.«… werden wir unsere Bilder gemeinsam ausstellen, einverstanden?«

Alexandra willigte begeistert ein, ehe Davids Tod jenen wunderschönen Traum in Stücke schlug. Durch einen Tränenschleier hindurch betrachtete die junge Frau ihre eingetrockneten Farben, sie waren Zeugen des vergeblichen Versuchs, ihre größte Leidenschaft wieder zu erwecken, und ihre Empfindungen auf die Leinwand zu bringen. Malen war seit frühen Kindertagen ihr Herzblut gewesen und noch größer die Freude, in David einen Gleichgesinnten gefunden zu haben, welcher sie einerseits unterstützte und bestärkte, andererseits aber auch ehrlich kritisierte. Stundenlang hatten sie damit verbracht, über die Werke oder auch Persönlichkeiten der alten Meister zu diskutieren oder ihre Visionen und Gefühle in Farben zu kleiden. Doch seit seinem Tod hatte die Malerei ihren Zauber verloren, jede Farbe wirkte wie eine lieblose Abstufung von Grau und jede Figur, gleichgültig welchen Geschlechts, schien sein Gesicht zu haben. Was mit den alten Bildern geschehen sollte, wusste Alexandra noch nicht, die Vernunft, ihre Freunde und der behandelnde Psychiater rieten zur Entsorgung, doch würde sie es übers Herz bringen? Schließlich lebten Davids Geist und ein Teil seiner einzigartigen Schöpferkraft in diesen Gemälden weiter. Die junge Frau seufzte, warum musste das Leben so kalt und trostlos sein? Zwar bemühten einige Menschen sich aufrichtig um Unterstützung, doch wenn sie ihnen das Ausmaß ihrer Qual offen-

barte, würden sie sich nur erschrocken zurückziehen, also blieb nur die strahlende Maske.
Alexandra blickte aus dem Fenster und zuckte wie vom Blitz getroffen zusammen. An der alten Zierkirsche, welche schon vor ihrem Einzug in der Nähe des jetzigen Wohnzimmers gestanden hatte, hing ein dunkelviolettes Satinband. Trotz des starken Windes riss es nicht ab, sondern verharrte dort wie ein Fels in der Brandung. Die junge Frau erschauerte, wer hatte das Band an dem Ast befestigt und warum? War es ein makaberer Scherz? Sie fühlte sich unwohl bei dem Gedanken, dass ein Wildfremder einfach so auf ihr Grundstück gekommen war. Abrupt wandte Alexandra sich ab und zog die Vorhänge zu.
»So ein katastrophaler Tag«, murmelte sie und ließ sich auf das Sofa fallen. Ihr Blick fixierte die ungeöffnete Wodkaflasche, welche wie die leibhaftige Versuchung im Regal stand. Die Ärzte hatten ihr streng untersagt, ihren Kummer mit Alkohol zu betäuben, da es früher oder später in der Abhängigkeit enden würde. Doch kannten diese Menschen ihren Schmerz? Wussten sie, mit welchen Dämonen sie tagtäglich zu kämpfen hatte? Und konnten sie den Schrecken erahnen, welcher in jenem Augenblick durch ihre Glieder fuhr? Diese Fragen konnte man getrost verneinen, warum also sollte sie sich ihren Vorschriften beugen? Sie alle würden weder ihre Trauer noch die graue Mauer jemals ganz begreifen, und Ratschläge von außen waren leicht gegeben. Alexandra stieß ein falsches Lachen aus, öffnete die Flasche und ließ den ersten Tropfen über ihre Lippen perlen.
»Prost«, meinte sie ironisch, bevor die Welt um sie herum verschwand.
Nach einer undefinierbaren Zeit schreckte die junge Frau aus unliebsamen Träumen auf, sie war David begegnet und er hatte sie unendlich traurig angeblickt. Diese Pein hatte ihre Seele bluten lassen und war noch schlimmer als die bohrenden Kopfschmerzen hinter ihrer Stirn. Alexandra versuchte

aufzustehen, aber ihr Kreislauf weigerte sich. Ein Blick zur Seite verriet, dass sie beinahe die halbe Flasche geleert hatte.
»Was ist nur aus mir geworden?«, fragte sich Alexandra, und zum ersten Mal wurde ihr die Gefahr jener Situation bewusst.
»Du hast dich deiner Trauer zu sehr hingegeben und versucht, sie zu ertränken«, antwortete eine Stimme, die aus dem Nichts zu kommen schien.
Die junge Frau zuckte zusammen und eine Gänsehaut legte sich auf ihren Körper.
»Wer bist du? Was machst du in meinem Haus?«, rief sie hysterisch und verfluchte sich selbst, dass sie keine Waffe besaß. So war sie dem Fremden hilflos ausgeliefert. Als Antwort gab es zunächst nur Schweigen, bis das Rauschen gewaltiger Schwingen an ihr Ohr drang. Vor Alexandras halb entsetzten, halb erstaunten, Augen glomm ein fliederfarbenes Licht auf, welches sich nach und nach zu einer männlichen Gestalt formte. Sein langes, weißblondes Haar reichte bis zur Hüfte und seinen schlanken, aber trainierten Körper bedeckte eine weite, dunkellilafarbene Robe.
»Wer bist du?«, fragte Alexandra erneut mit zitternder Stimme. Sie konnte nicht glauben, was soeben geschehen war. Seine gütigen Augen fixierten die junge Frau und ein Lächeln umspielte seine vollen Lippen.
»Ich bin der Erzengel Zadkiel«, erwiderte er freundlich und verbeugte sich leicht. »Ich bin das Wohlwollen Gottes und das Auge, welches in die Unendlichkeit blickt. Meine Aufgabe ist es, den Menschen zu helfen, sich von den Schatten der Vergangenheit zu lösen und zur spirituellen, geistigen Freiheit zu führen.«
Alexandra starrte ihn fassungslos an. Ein Engel? In ihrem Haus? Wie war das möglich und warum? Ihre Lippen bebten, doch Zadkiel sprach ungerührt weiter.
»Aber bei dir fällt es mir schwer, meiner Aufgabe gerecht zu werden. Deine Trauer hat sich wie eine hohe Mauer um deinen Geist gezogen und durch die selbstgewählte Isolation

hast du noch eine Krone aus Stacheldraht oben drauf gesetzt. Kein irdisches Wesen vermag das ohne ernsthafte Verletzungen zu überwinden. Gleichzeitig blutet dein Herz aus zahllosen Wunden, die nach Heilung verlangen. Doch auf diesem Weg …«, der Erzengel griff nach der halbleeren Flasche und hielt sie vorwurfsvoll in die Höhe, »… geht es nicht. Oder glaubst du, dein Ehemann wäre glücklich darüber?«
Betroffen senkte Alexandra den Blick, zum ersten Mal wurde ihr klar, was sie sich selbst und in gewissem Sinne auch David angetan hatte. Er hatte Alkohol immer verabscheut, was würde er sagen, wenn er sie,in diesem Zustand sehen könnte? Laut schluchzte die junge Frau auf und warf sich, ohne nachzudenken, in Zadkiels Arme. Dieser war zunächst überrascht, erwiderte die Umarmung jedoch, seine zarten Finger glitten durch Alexandras Haare und über den bebenden Rücken, während ihre Tränen seine Brust benetzten. Sanft küsste er die heiße Stirn, ehe sie sich voneinander lösten.
»Du wandelst auf einem selbstzerstörerischen Pfad«, sagte der Erzengel unumwunden und legte erneut den Arm um ihre Schultern. »Aus diesem Grund hat der allmächtige Schöpfer entschieden, dir etwas zu ermöglichen. Etwas Besonderes, was bisher kaum einem Sterblichen widerfahren ist!«
Die junge Frau hob fragend die Augenbrauen, was mochte es sein? Konnte sie etwa …? Alexandras Augen weiteten sich, doch Zadkiel lächelte nur und reichte ihr stattdessen die Hand.
»Folge und vertraue mir, es wird alles gut.«
Hand in Hand gingen sie nach draußen und der zarte Wind strich über die schneeweißen Flügel des Erzengels. Ansonsten war es nahezu gespenstisch still, kein Mensch, keine Geräusche, nicht einmal das eilige Huschen der Vögel war zu hören, und unwillkürlich fragte Alexandra sich, ob die Zeit stehengeblieben war. Gehorsam folgte sie Zadkiel in den hauseigenen Garten, die Welt schien sich innerhalb weniger Stunden verändert zu haben und war augenscheinlich doch

dieselbe geblieben. Wortlos kniete der Erzengel im feuchten Rasen, faltete die Hände und sprach ein Gebet, von dem Alexandra kein Wort verstand. Sekundenlang passierte nichts, aber dann erschütterte ein gewaltiges Beben den Untergrund. Die junge Frau schrie und verlor beinahe den Halt, Zadkiel fing sie auf.

»Hab keine Angst«, flüsterte er beruhigend und seine Hand zeigte in Richtung des Himmels. »Schau nur, dort!«

Alexandra traute ihren Augen nicht, die bisher graue Wolkendecke öffnete sich plötzlich, die Sonne kam zum Vorschein und mit ihr tausende weiße Schäfchenwolken, die nach und nach eine regelrechte Treppe bildeten.

»Was … was ist das?«, stammelte sie und hielt sich in einer Mischung aus Staunen und Ungläubigkeit die Hand vor den Mund.

Zadkiel lächelte. »Nicht alles, was geschrieben steht, entspringt der Phantasie oder übereifriger Religiosität. Die Treppe zum Himmel existiert wirklich, traue deinen Augen, blicke hinauf und erkenne, wer dort auf dich wartet.«

Alexandra folgte der Aufforderung und wurde von einem Moment zum nächsten kreidebleich. War es eine Wahnvorstellung? Eine Sinnestäuschung? Oder tatsächlich ein Wunder? In der Mitte stand David in einem roten Overall, seine blonden Haare waren leicht hochtoupiert und sein Lächeln wirkte wie in den besten Zeiten. Alles in ihrem Inneren schrie danach, zu ihm zu laufen und sich in seine Arme fallen zu lassen. Doch die junge Frau zögerte. Was ging hier vor? Es konnte nicht sein, durfte nicht sein. Aus den Augenwinkeln sah sie, wie Zadkiel sich die Hände vors Gesicht schlug und auch David schien ihre Zweifel bemerkt zu haben. Er schritt eine weitere Stufe nach unten und öffnete seine Arme, als wolle er um eine Umarmung bitten. Diese Geste zerbrach den Damm. Beherzt rannte Alexandra los, nahm sogar zwei Stufen auf einmal, und das Nächste, was sie spürte, war Davids wohl vertraute, langvermisste Wärme. Ihre Hände wan-

derten über Schultern, Rücken, umfassten das tränenfeuchte Gesicht.
»Du hast mir so gefehlt«, sagte Alexandra und blickte ihm tief in die Augen.
»Du mir auch«, erwiderte er und zog sie näher an sich.
Erst nach einer scheinbaren Ewigkeit lösten sie sich wieder voneinander.
»Komm, ich möchte dir etwas zeigen. Schließ deine Augen und vertrau mir!«
Zärtlich nahm David ihre Hand und Alexandra gehorchte. Zum zweiten Mal innerhalb kürzester Zeit schien die Welt aus ihrem Bewusstsein zu verschwinden, nur diesmal war es kein Gefühl der Flucht, sondern eines der Freiheit. Ein starker, schwerer Duft in ihrer Nase ließ Alexandra die Augen wieder öffnen, etwas verwirrt blickte sie sich um. David und sie standen in einem Garten mit unzähligen Rosenhecken, deren vollkommene Blüten ihnen zuzulächeln schienen.
»Wo sind wir hier?«, flüsterte die junge Frau und strich vorsichtig über die samtenen Blätter.
»In der Zwischenwelt«, erwiderte David und deutete ihr, sich neben ihn auf die Bank zu setzen.
Eine Weile verharrten sie, ohne den anderen loszulassen, ehe David das Wort ergriff.
»Alexandra«, seine Hände legten sich auf ihre Schultern und der Blick ging viel zu tief. »Ich habe deinen Schmerz beobachtet und er brach mir das Herz. Dich zu verlassen war nicht mein Wunsch und trotzdem ist es geschehen, aber mein Herz blieb bei dir und das wird sich niemals ändern«. Sein Griff wurde fester. »Ich habe keine Frau so geliebt wie dich und jene Gefühle reichen über den Tod hinaus. Alexandra, halte mich im Herzen, aber vergiss nicht dein eigenes Leben, ich bitte dich.«
Heiße Tränen liefen über ihre Wangen.
»Es ist alles so finster, so einsam ohne dich und dieser verdammte Psychiater …«

»Du brauchst ihn nicht«, schnitt David ihr das Wort. »Genauso wenig wie den Alkohol. So wirst du mich in deiner Welt nicht finden, dafür brauchst du das Malen.«
»Das Malen?« Alexandra schaute ihn ungläubig an.
David nickte. »Ja, das Malen ist die Verbindung zu mir. Jeden Pinselstrich, den du machst, werde ich beobachten, und in jedem inspirativen Traum werde ich dich besuchen. Kunst hat seit jeher die Fähigkeit, die Grenze zwischen Leben und Tod verschwimmen zu lassen, wirf es nicht weg. Male und lebe bis zu dem Tag, an dem wir wieder vereint sein werden!«
Verzweifelt klammerte die junge Frau sich an ihn, dies würde ein Abschied für eine sehr lange Zeit sein. Jedoch bedeutete es kein Lebewohl für immer und so würde sie sich in Geduld üben.
»Ich liebe dich, David«, flüsterte Alexandra.
»Ich liebe dich, Alexandra«, erwiderte er, und ihre Lippen trafen sich ein letztes Mal.
Das Nächste, was die junge Frau hörte und fühlte, war das Rauschen gewaltiger Schwingen und Zadkiels sanfte Umarmung, welche sie zurück in ihre Welt brachte.
Die Morgensonne schien ins Wohnzimmer, als Alexandra die Augen öffnete. Sie stöhnte, warum zum Teufel schlief sie auf dem Boden? Die junge Frau rappelte sich auf, ihr Rücken schmerzte und die Erlebnisse der gestrigen Nacht schienen wie ein dichter Nebel, der sich nur langsam lichtete. Wie in Trance griff sie nach Davids Foto und betrachtete es, ihre Hand strich über das kalte Glas. Traum oder nicht, Alexandra hoffte auf Letzteres und wusste gleichzeitig, dass sie dieses Erlebnis mit niemandem teilen konnte. Seufzend machte sie sich auf den Weg ins Badezimmer, eine heiße Dusche würde ihr guttun. Als die junge Frau vor dem Spiegel stand, unterdrückte sie nur knapp einen Aufschrei. Ihr Haar, welches vor einigen Stunden noch hellbraun gewesen war, schimmerte jetzt dunkelviolett.
»Es ist also alles wahr«, flüsterte Alexandra ergriffen, und ein

paar Sekunden später hörte sie Davids Stimme.

»Ich bin bei dir für alle Zeit und wenn die Welt untergeht, bin ich bereit. An diesem Tag sind wir wieder zu zweit.«

Die junge Frau lächelte, nach dem Duschen würde sie in die Stadt gehen und neue Malfarben kaufen.

Der violette Mondstein

T.B. Ems

Das Zimmer war hell und freundlich eingerichtet, genau so, wie Lukas es auf der Homepage des Hotels gesehen hatte. Er ging zur Balkontür und öffnete sie. Der Blick über den Mummelsee war einmalig schön. Das Wasser spiegelte die hohen Tannen und Fichten wieder, die den See umgaben. Obwohl die Sonne hell und warm schien und der Himmel blau und wolkenlos war, gab es einzelne Nebelschwaden, die über dem See schwebten. Fasziniert beobachtete Lukas die hellen Schwaden, die langsam an das Ufer zogen und sich dort auflösten. Das Wasser kräuselte sich und funkelte wie kleine Diamanten. Tief atmete er die saubere Luft ein, die nach Wald und Natur roch. Marlies trat zu ihm und sah ebenfalls hinaus. Sie runzelte die Stirn. Ihr war, als hörte sie einen leisen Gesang, der vom See zu ihr hinauf wehte. Das Lied klang fröhlich, die Stimme glockenhell und klar. In ihrem Herzen rührte sich etwas. Eine nie gekannte Ruhe kam über sie und sie lächelte. Lukas nahm sie in den Arm und drückte ihr zart einen Kuss auf die Stirn. Als der Gesang endete, den nur sie gehört hatte, zog wieder die düstere Leere und Trauer in ihr Herz und sie ging zurück in das Zimmer.

Es sollte eine ruhige, erholsame Woche für ihn und seine Frau Marlies werden. Er hatte ein Wellnesspaket in dem Hotel am Mummelsee dazu gebucht, das sie ausgiebig nutzen wollten. Die Wanderschuhe hatten sie ebenfalls eingepackt. Lukas hoffte, Marlies in dieser schönen Gegend aus ihren Depressionen und der ständigen Traurigkeit holen zu können. Seit einem Jahr, damals, als sie ihr ungeborenes Kind bei einem Autounfall verlor, war Marlies nicht mehr die gleiche Frau, die er fünf Jahre zuvor geheiratet hatte. Kaum etwas war nach diesem schrecklichen Morgen von ihrem sonnigen Gemüt übriggeblieben.

Ihr Glück wurde binnen Sekunden zerstört. Eine ältere Frau

verlor die Kontrolle über ihr Auto, als ein Reifen platzte. Bevor Marlies reagieren konnte, rammte sie der Wagen frontal. Beide Frauen wurden schwer verletzt. Immer wieder fragte Marlies, wie es ihrem Kind ginge, das bald das Licht der Welt erblicken sollte. Die Ärzte hatten wenig Hoffnung. Sie brachten ihr und Lukas schonend bei, dass ihr kleines Mädchen schwere Verletzungen davongetragen habe und es nicht gut um sie stehen würde. Vier Tage später verstarb es im Mutterleib. Marlies stürzte in eine schwere Depression, an der sie ein Jahr nach diesem schrecklichen Ereignis noch immer litt. Sie wollte weder eine Therapie noch bei einer Trauerbewältigung mit anderen Müttern von Sternenkindern teilnehmen. So litt sie schweigend und ließ niemanden, auch nicht Lukas, an ihrer Trauer teilhaben. Ihre einst so strahlenden Augen, ihr herzhaftes Lachen und die Fröhlichkeit, in die sich Lukas damals verliebt hatte, waren kaum noch vorhanden. Er hoffte, dass diese Woche im Schwarzwald sie wieder einander näherbringen würde.

***

Marlies wollte hinunter zum See. Er rief sie, lockte sie. Das Zimmer wurde ihr zu eng und sie drängte Lukas, mit ihr hinunterzugehen. Gemeinsam liefen sie am Ufer entlang und lasen die vielen Schilder, auf denen die Sagen und Geschichten über den Mummelsee standen. Lukas lachte darüber, doch Marlies hatte das Gefühl, dass der See etwas Besonderes sei und viele Geheimnisse barg. Und er rief sie noch immer. Sie fühlte sich von ihm magisch angezogen. Das Paar setzte sich ans Ufer und sie ließ ihre Hand in das kalte Gletscherwasser gleiten. Sie hielt den Atem an. Es war, als ob sie liebevoll gestreichelt würde. Ruhe, Zufriedenheit und das Gefühl von Glück und Liebe durchströmten sie.

In der ersten Nacht träumte Marlies von einem Amulett, das an einer goldenen Kette auf ihrer Brust lag. Der Stein war Violett und strahlte Wärme aus. Die liebliche Stimme, die sie hörte, sang wieder ein fröhliches Lied. In dem Traum nahm sie das Amulett in die Hand und ihre Finger strichen sanft über den Stein. »Es ist ein Mondstein«, hörte sie eine wunderschöne Stimme leise sagen. »Ich will ihn dir schenken.« Das leuchtende Violett wurde dunkler und schien zu pulsieren. Warmes Licht, das von ihm ausging, drang unter ihre Haut. »Komm in der Vollmondnacht zu mir und ich werde ihn dir geben.«

Das Ehepaar war seit drei Tagen in dem Hotel. Jede Nacht träumte Marlies von dem Amulett mit dem violetten Mondstein. Hörte den zauberhaften Gesang und jedes Mal am Ende des Traumes rief ihr die wunderschöne Stimme zu, sie solle zu ihr kommen. Jeden Morgen ging sie, wenn Lukas noch schlief, alleine hinunter zum See. Die Sonne ging auf und einige Strahlen fielen auf sie und das eiskalte Wasser. Nebelschwaden sammelten sich über den Baumspitzen und schwebten wie ein durchsichtiger Wasserfall zu ihr hinunter. Sie lehnte sich zurück und schloss jedes Mal die Augen, wenn sie darauf wartete, dass die Nebelschwaden zu ihr kamen. Der Nebel kam und hüllte sie in. Er streichelte ihre Haut, umarmte sie liebevoll. Marlies hatte das Gefühl, beschützt zu werden.

***

Der Tag war anstrengend gewesen. Sie waren mit dem Wagen zu der alten Klosterruine gefahren, deren Sagen und schaurige Geschichten sie aus dem Internet kannten. Dort, zwischen den alten Mauerresten zu stehen, hatte etwas Besonderes für die junge Frau. Marlies konnte in ihrem Kopf die Mönche sehen, wie sie hart arbeiteten und inbrünstig ihre Gebete sprachen. Sie sah den Mönch Pauli, wie er die Kruzifixe stahl und daraus Silberkugeln für sein Gewehr goss. Er war ein hervorragender Schütze und wilderte in der Umgebung und in dem Wald. Das Fleisch brachte er dem Koch, der nicht fragte, woher es kam. Alle Mönche aßen davon, bis Pauli vor dem göttlichen Gericht stand und sich für seine Taten verantworten musste. Die Strafe war barbarisch, doch Pauli

nahm sie mit einem stoischen Gesichtsausdruck hin. Nach seinem Tod würde er nicht in den Himmel zu Gott gehen, sondern er müsste als Geist in dem Kloster bleiben und jeden Tag über seine Strafe nachdenken. Marlies empfand Mitleid mit dem Mönch und hoffte, dass dieses Urteil in den vergangenen Jahrhunderten aufgehoben worden und Pauli in das helle Licht gegangen war.
Sie stiegen die vielen schmalen Treppen zu den Wasserfällen hinunter, die in der Nähe der Ruine waren. Sie blieben immer wieder stehen, um das tosende Wasser anzusehen, das mit brachialer Gewalt über die Steine nach unten schoss, die über Jahrtausende von dem reißenden Wasser geformt und abgeschliffen worden waren. Auch hier gab es eine Geschichte. Auf einer verblichenen Tafel stand, dass ein junger Steinmetz mit seiner Frau, einer Zigeunerin, in einer Höhle nahe am Wasserfall gewohnt hatte. Als sie ihn eines Nachts verließ, war er dem Wahnsinn nahe und die Trauer und der Schmerz rissen sein Herz entzwei. Er meißelte ihr Antlitz in den Fels gegenüber, durchschnitt dann das Seil und stürzte sich hinunter. Angestrengt und mit zusammengekniffenen Augen sah das Paar zu dem Fels. Doch so sehr sie sich auch anstrengten, sie konnten das Gesicht der Zigeunerin nicht entdecken. Andere Wanderer, die ebenfalls dort standen, konnten es anscheinend sehen oder bildeten es sich ein. Sie sprachen davon, wie schön das Gesicht und wie zierlich die Nase gemeißelt seien. Verwundert sahen Lukas und Marlies die Leute an, dann zuckte Lukas mit den Schultern und beide grinsten sich an. Sie liefen viele Stunden und machten wenig Pausen. Als sie zurück in das Hotel kamen, waren sie hungrig, erschöpft und müde. Nach dem Essen gingen sie in die Sauna, danach ins Schwimmbad und ließen sich massieren. Es war eine Wohltat für ihre verspannten Muskeln, die sich langsam unter den fachkundigen Händen lockerten.

***

Marlies erwachte und schlug die Augen auf. Sie hörte den

lieblichen Gesang und die bezaubernde Stimme, die sie lockte. Die ihr zurief, sie sollte hinunter zum See kommen. Leise stand sie auf und öffnete die Balkontür. Es war Vollmond. Groß und bleich stand er leuchtend über dem See. Sein Licht spiegelte sich darin, als seien es Millionen glitzernde Sterne, die hell und silbern funkelten und auf dem dunklen Wasser einen Reigen tanzten. Leise zog Marlies eine Strickjacke über das dünne Nachthemd und verließ das Zimmer.
Sie spürte den leichten Wind auf ihrer Haut und ihre langen, schwarzen Haare wehten um ihr angespanntes Gesicht. Es war niemand zu sehen. Sie drehte sich um und sah hoch zu dem Hotel, das dunkel auf der kleinen Anhöhe stand. Alle Gäste schliefen und in keinem der Zimmer brannte Licht. Schnell lief sie zum Ufer und setzte sich in das feuchte Gras, streckte ihre Hand aus und ließ sie in das kalte Wasser gleiten. Der Gesang, den sie hörte, schwoll an. Rein und klangvoll hörte sie junge Frauen singen, unterbrochen von glücklichen Lachen, das von der Seemitte zu ihr hinüber wehte. Marlies wusste nicht, warum sie jede Nacht denselben Traum hatte. Weshalb sie das Amulett mit dem violetten Mondstein an ihrem Hals trug. Warum nur sie den glockenklaren Gesang und die leibreizende Stimme hören konnte, die sie jede Nacht rief und sie an den See lockte. Doch sie wusste, dass es richtig war, dass sie hier saß und darauf wartete, was geschehen würde. Was sie erleben würde, ahnte sie nicht, doch dass etwas Wunderbares, Magisches geschehen würde, das wusste sie tief in ihrem Herzen.
In der Mitte des Sees brodelte das Wasser und bildete Kreise darauf, die sich ausdehnten und wellenartig immer größer wurden. In dem Brodeln leuchtete plötzlich ein violettes Licht, das immer kräftiger wurde. Marlies saß wie gebannt am Ufer und starrte auf die Mitte des Sees. Der Gesang wurde lauter und fröhlicher. Ausgelassenes Lachen drang zu ihr. Mit zusammengekniffenen Augen ließ sie das violett leuchtende Brodeln nicht aus den Augen, als es langsam auf sie zukam.

Marlies hielt den Atem an. Vor ihr tauchte ein bezauberndes und wunderschönes Mädchen aus dem See auf. Ihr goldenes Haar mit Unmengen violetter Strähnen, die sich wie Schlangen um ihren Kopf wanden, fiel ihr wallend über die zarten Schultern und rahmte ihr liebreizendes Antlitz ein, das sie scheu anlächelte. Noch nie hatte Marlies etwas vergleichbar Schöneres gesehen. Die nackte Haut des Mädchens strahlte golden, ihre Brüste waren üppig und ihre Augen wirkten riesengroß, umrahmt mit dunklen, seidenweichen Wimpern, die Schatten auf ihre hohen Wangenknochen warfen. Ihre Augen hatte die Farbe von einem tiefen, dunklen Violett und kleine Diamantsplitter blitzten auf, als ihr Blick den ihren traf und Marlies in ihren Bann zog.

»Ich freue mich, dass du gekommen bist, meine Liebe«, sagte das wunderschöne Wesen leise mit samtweicher Stimme, die sie aus ihren Träumen kannte. Marlies blinzelte und bewegte ihre Hand, als ob sie ein Trugbild wegwischen wollte. Das helle, glockenklare Lachen ließ sie wieder das Mädchen ansehen. Das Wasser um sie herum wogte und schmiegte sich in weichen Wellen um ihre schmale Taille. Warmes Licht hüllte sie ein und machte sie noch geheimnisvoller. »Wer bist du?«, fragte Marlies mit heiserer Stimme. Sie war überwältigt von der Schönheit und der anziehenden Stimme, die sie noch immer zu locken schien. Als das Wasser um das Mädchen aufspritzte, sah sie für eine Sekunde lang eine goldene Flosse, die aus dem Wasser schoss und graziös in den See zurückglitt.

»Man nennt mich Nala und ich lebe tief unten mit meinen Schwestern in diesem See, der seit Jahrtausenden unsere Heimat ist.« Die Seejungfrau schwamm anmutig näher zum Ufer. An ihren Arm waren goldenen Reifen und Ketten aus funkelnden Steinen, die im Mondlicht glitzerten, als sie ihn aus dem Wasser nahm. Sie hielt eine goldene Kette mit dem Amulett in der Hand, die Marlies in ihren Träumen trug. Der violette Stein war darin eingesetzt und leuchtete warm. Sie hatte das Gefühl, dass er zu ihr gehörte. »Das ist mein Geschenk an dich,« sprach die Nixe mit ihrer betörenden Stimme. »Solange du den Mondstein trägst, wirst du glücklich und zufrieden sein und die Traurigkeit wird nicht mehr über dein Herz gebieten.« Marlies wollte nach der Kette greifen, doch dann zögerte sie. Wäre es nicht so, als ob sie die Trauer um ihr verstorbenes Kind aus ihrem Herzen reißen würde? Wollte sie das? Unsicherheit und Zweifel machten sich breit und ihr Herz schlug laut. Tränen liefen heiß auf ihren Wangen hinab und traurig schüttelte sie den Kopf. Die Seejungfrau konnte ihre Gedanken lesen und lächelte sie liebevoll an. »Du hast lange um dein Mädchen getrauert und sie beweint. Lass sie gehen. Wenn du diesen Mondstein trägst, wirst du sie nicht vergessen, doch der Schmerz wird erträglicher werden.« Marlies wollte ihr glauben. So sehr wollte sie ihr glauben. Das Jahr, in dem sie trauerte, entfernte sie jeden Tag ein Stück mehr von Lukas. Ihren Ehemann, den sie noch immer liebte und es ihm immer weniger zeigen konnte, weil der dunkle Schleier der Traurigkeit sich in ihrem Herzen eingenistet hatte und kaum Platz für andere Gefühle ließ. Wie gerne würde sie wieder herzhaft lachen und fröhlich sein, doch es fiel ihr immer schwerer, aus dieser Dunkelheit zu entfliehen. Wäre dieser violette Mondstein ihre Rettung? Sie wollte es glauben. Zaghaft beugte sie sich zu der zierlichen Nixe, die sie strahlend mit ihren dunklen violetten Augen ansah. Behutsam legte sie Marlies die Kette um den Hals und ihre feingliedrigen Finger strichen sacht über ihren Nacken. »Ich habe eine Bedingung an dich«, flüsterte sie Marlies zu. »Versprich mir, dass du mich jedes Jahr um die gleiche Zeit besuchen kommst, damit ich weiß, wie es dir ergangen ist.« Benommen nickte Marlies. Seit das Amulett mit dem Mondstein ihre Brust berührt hatte, empfand sie Frieden und Glückseligkeit. Die Trauer war noch immer in ihr, doch sie nahm nur noch einen kleinen Platz in ihrem Herzen ein. Dort würde sie ein Leben lang bleiben, doch der freie Platz füllte sich mit Freude, Liebe, Glück und Sehnsucht nach ihrem Ehemann. Sie wollte Nala für dieses kostbare Geschenk danken, doch bevor sie etwas sagen konnte, drehte sich die kleine Nixe von ihr weg und schwamm mit schnellen Zügen zurück in die Mitte des Sees. Sie winkte ihr lächelnd zu und schoss mit einem anmutigen, graziösen Sprung aus dem Wasser. Ihre goldene Flosse glitzerte im hellen Mondschein und Marlies hörte ihr wunderschönes, glückliches Lachen, bevor sie hinab auf den Grund des Sees tauchte und verschwand. Langsam erlosch das violette Leuchten auf dem Wasser, wo Nala noch vor Sekunden gelacht hatte und wurde immer kleiner, bis es nicht mehr zu sehen war.

Lange blieb Marlies am Ufer stehen. Die goldene Kette lag warm auf ihrer Haut und sie nahm das Amulett mit dem Mondstein in die Hand. Sie blickte auf den See und hoffte, dass Nala zurückkommen würde. Als eine Wolke den vollen Mond bedeckte, drehte sie sich um und lief mit schnellen Schritten zurück ins Hotel.

Leise öffnete sie die Zimmertür und huschte hinein. Lukas lag schlafend im Bett. Seine Haare fielen ihm wirr in die Stirn und ein Bein schaute unter der Decke heraus. Lächelnd legte sie sich zu ihm. Behutsam und zärtlich strich sie ihn über die Wange. Schlaftrunken suchte Lukas ihren Körper und zog sie sich eng an seinen. Marlies küsste ihn auf die halbgeöffneten Lippen und ließ ihre Hände über seine Haut gleiten. »Liebes? Ist alles in Ordnung?«, fragte er sie, als er erwachte. »Ja, Schatz, das ist es.«

In diese Nacht liebten sie sich so zärtlich und hingebungsvoll wie lange nicht mehr. Das tiefe Band ihrer Liebe wurde wieder so stark, wie es am Anfang ihrer Beziehung gewesen war und wurde bei jedem Kuss, bei jeder Berührung, stärker.

***

Genau ein Jahr später saß Marlies mit ihrem kleinen Sohn am Ufer des sagenumwobenen Mummelsees. Lukas stand am Balkon ihres Hotelzimmers und blickte liebevoll zu ihnen hinunter. Gleich als sie eingecheckt hatten, wollte Marlies mit

Adrian zum See hinunter und überließ ihm es, die Koffer und Reisetaschen auszupacken.
Marlies blickte auf den dunklen See, auf dem trotz des schönen, sonnigen Wetters Nebelschwaden auf dem Wasser tanzten. »Hallo Nala. Das Jahr ist um und ich bin gekommen um dir meinen Sohn Adrian vorzustellen.« Sie glaubte, in der Mitte des Sees ein violettes Leuchten zu sehen und Wellen, die sich kräuselten. Dann hörte sie Nalas glückliches Lachen. Fröhlicher Gesang schwebte glockenhell über dem See zu ihr und auch sie lächelte glücklich. Sie blieb eine Stunde am Ufer sitzen und erzählte Nala alles, was sich in diesem Jahr ereignet hatte. Adrian, den sie auf ihren Schoß gelegt hatte, sah seine Mutter aufmerksam an, als ob er verstand, was sie sprach, dann fielen ihm die Augen zu und er schlief ein.
Versonnen sah Marlies auf den Mummelsee. »Ich danke dir Nala. Ich danke dir von Herzen für alles, was ich erleben durfte.« Langsam ging sie mit Adrian auf dem Arm zurück ins Hotel. Als sie sich an der Eingangstür umdrehte, glaubte sie, eine goldene Schwanzflosse zu sehen, die für den Bruchteil einer Sekunde aus dem Wasser ragte. Sie warf ihr einen Kuss zu und ging hinauf in ihr Zimmer. Sie legte ihren Sohn in das Reisekinderbett und ging auf Lukas zu. Er nahm seine Frau in die Arme und küsste sie zärtlich.

Warum ich?

Alexa Innocenti

Die fünfzehnjährige Mia Bergheim zupfte nervös am Nagelhäutchen ihres Daumens. In wenigen Minuten musste sie ein ihr unbekanntes Klassenzimmer betreten und sich von fünfundzwanzig fremden Augenpaaren ungeniert mustern lassen. Noch hatte sie keinen Plan, wie sie den ersten Schultag auf dem neuen Gymnasium überleben sollte.

Nicht zum ersten Mal wünschte sie sich, dass ihr Vater die gutbezahlte Stelle nicht gefunden hätte, auch wenn sie dann immer noch mit Geldproblemen zu kämpfen hätten. Zumindest wären ihr der Umzug und der Verlust ihrer Freunde erspart geblieben. Doch anstatt wie andere Paare wenigstens eine Fernbeziehung zu führen, hatten ihre Eltern die Sommerferien genutzt, um ihr Häuschen in München zu verkaufen und in einen sechshundert Kilometer entfernten Vorort von Wuppertal zu ziehen.

»Na, komm schon, Mia«, sagte ihre Mutter aufmunternd und parkte vor dem Schulgebäude. »Du wirst sehen, es wird bestimmt ganz toll. Sicher wirst du schon heute eine Menge neuer Freunde finden.«

Mia rollte die Augen. »Schön wär´s!«, murmelte sie beim Aussteigen. Mama hatte wirklich keine Ahnung. »Okay, bis später dann.« Sie marschierte bereits auf die Treppe zum Haupteingang zu.

»Kopf hoch, meine Süße«, rief Mama ihr aus dem geöffneten Beifahrerfenster hinterher und fädelte wieder in den Verkehr ein.

Das geht ja schon gut los, dachte Mia beklommen, als sie zusammen mit einem Pulk Jugendlicher das Innere der Schule betrat. Wie sollte sie bei diesem Chaos aus Hunderten quasselnder Schüler ihr Klassenzimmer finden? Hilflos sah sie sich um und ging dann entschlossen auf zwei Lehrerinnen zu, die in einer Ecke standen und sich unterhielten. Mit ihrer Hilfe fand sie schließlich ihre Klasse und betrat den Raum. Keine Minute zu früh, denn der Gong gemahnte bereits an den Unterrichtsanfang. Ein hünenhafter Mann mit einer Aktentasche betrat hinter ihr das Klassenzimmer und schloss schwungvoll die Tür. Kurz machte er sich am Lehrerpult zu schaffen, bevor er Mia zu sich winkte und sich lautstark räusperte. Mit aufreizender Langsamkeit trollten sich die Schüler und Schülerinnen auf ihre Plätze und musterten Mia ungeniert.

»Guten Morgen!« Der dunkle Bariton des Lehrers dröhnte durch den Raum. »Also Leute, ich habe gleich zum Schulanfang eine Überraschung für euch. Darf ich euch eure neue Mitschülerin Mia Bergheim aus München vorstellen? Mia, ich bin Herr Lorenz, dein Mathe- und Physiklehrer«, sagte er an Mia gewandt und suchte dann mit den Augen nach einem freien Platz. Schließlich deutete er auf eine Bank in der hintersten Reihe, die lediglich von einem abgerissen aussehenden Mädchen mit kurzen lila Haaren besetzt war. »Mia, setz dich doch dort hinten neben Sara. Du kannst doch von da aus gut zur Tafel sehen, ja?«

»Kein Problem«, meinte Mia mit klopfendem Herzen und folgte der Anweisung von Herrn Lorenz. Die Mädchen und Jungen, an deren Tische sie vorüberschritt, tuschelten und kicherten untereinander und beäugten jede ihrer Bewegungen. Mia setzte sich eilig auf den Stuhl neben ihrer neuen Banknachbarin.

»Hi«, grüßte sie und lächelte das Mädchen mit der violetten Haartönung und der jungenhaften Undercut-Frisur an. Ein Augenbrauenpiercing und zahlreiche Lederarmbänder vervollständigten ihr punkhaftes Aussehen.

»Hallo«, antwortete Sara desinteressiert. Sie warf Mia einen kurzen Blick zu und widmete ihre Aufmerksamkeit wieder dem Skizzenblock, in den sie mit geübten Bewegungen Mangas zeichnete. Zumindest schien es sich bei den Gestalten auf dem Papier um Mangas zu handeln, denn Genaues ließ sich

nicht erkennen. Sara war Linkshänderin und schirmte mit ihrer rechten Körperhälfte ihr Werk gegen Mias Blicke ab.
›Na, die ist ja freundlich‹, dachte Mia und seufzte tief. Wenn die hier alle so drauf sind, dann gute Nacht. Sie konzentrierte sich auf Herrn Lorenz, der, halb auf dem Pult sitzend, mit der Klasse scherzte, Anekdoten aus den Ferien erzählte und den einen oder anderen ebenfalls dazu animierte, Ferienerlebnisse preiszugeben. Alle schienen sich jahrelang zu kennen, deshalb fiel die übliche Vorstellungsrunde natürlich aus. Mia betete, von den anderen gut aufgenommen zu werden. Der Lehrer ging er zum Organisatorischen über und klärte die Schüler über den Stoff des kommenden Schuljahres auf. Das Übliche eben, was so am ersten Schultag anfällt, dachte Mia. Herr Lorenz schien nett zu sein. Sie war schon gespannt darauf, wie er ihr die verhasste Mathematik nahebringen wollte, mit der sie seit jeher auf Kriegsfuß stand. Wenn er im Erklären des trockenen Stoffes genauso relaxed war wie im Umgang mit der Meute im Klassenzimmer, würde es vielleicht keine gravierenden Probleme geben. Ab und zu fing Mia den einen oder anderen Blick eines Schülers auf und erwiderte ihn stets mit einem freundlichen, offenen Lächeln.
Die Sorge, in der Pause alleine dazustehen wie ein Paket, das nicht abgeholt wurde, erwies sich als unbegründet. Mia war sogleich von einer kleinen Gruppe Mädchen umringt, die sie insgeheim bereits ›die Barbies‹ genannt hatte. Auch den anderen hatte sie im Geiste provisorische Namen zugeordnet. Da gab es zum einen die Nerds, insgesamt schienen es drei an der Zahl zu sein. Dann waren da der Macho, die Loser, wie sie drei mausgraue Klassenkameraden getauft hatte, und die Freaks. Davon gab es ebenfalls drei, und einer davon war Sara. Alle anderen waren Normalos, zu denen sie sich selbst auch rechnete. Die Barbies jedenfalls schienen wild entschlossen, Mia bei der ersten Gelegenheit abzuchecken und zu sehen, ob sie nicht vielleicht ihre Gruppe ergänzen konnte.
»Mia, deine Schuhe gefallen mir. Wie viel haben die gekostet?«

»Wo wohnst du?«
»Hast du heute Nachmittag was vor?«
»Bist du auf Facebook? Ich schicke dir eine Freundschaftsanfrage.«
»Tolle Jeans! Welche Marke?«
»Ich finde deine Haare Wahnsinn!«
Mia war froh, an ihrem ersten Schultag so viel Wert auf ihr Äußeres gelegt zu haben, und freute sich sehr, so schnell Anschluss zu finden. Mama hatte wieder mal recht, musste sie zugeben. Und auch das alte Sprichwort ›Kleider machen Leute‹ schien sich zu bewahrheiten. Am Ende des ersten Schultags hatte Mia fünf neue Freundinnen auf Facebook und die Telefonnummern von weiteren drei Klassenkameraden in ihrem Handy gespeichert. Überwältigt von dem positiven Ausgang ihres Albtraumtages machte sie sich auf den Heimweg.
Innerhalb weniger Tage hatte Mia sich vollständig in die Klassengemeinschaft integriert. In den Pausen hing sie mit ihren neuen Freundinnen der Barbie - Gang herum und auch nachmittags traf sie oft sich mit Annika, Jasmin, Silvia, Kara und Nadine. Sie gingen gemeinsam ins Kino oder ins Café, shoppten in den angesagtesten Boutiquen und übernachteten abwechselnd mal bei der einen, mal bei der anderen. Als ihre Klassenkameradin Rebecca überraschend wegen einer Tumorerkrankung ins Krankenhaus eingewiesen wurde, wechselte Mia auf Vorschlag von Annika hin ihren Sitzplatz und saß nun neben Solveigh, einer der Normalos. Immerhin saß sie jetzt nicht mehr ganz hinten in der letzten Reihe. Sara schien es gleichgültig zu sein, dass ihre Sitznachbarin den Platz gewechselt hatte.
Mia andererseits tat es ein wenig leid, dass Sara sich ihr gegenüber so ablehnend zeigte. Offenbar war sie wirklich ein Sonderling, wie alle anderen behaupteten. Sie war noch nicht lange auf dieser Schule, hatten die anderen erklärt. Kurz vor Pfingsten war sie dazu gestoßen und in den wenigen Wochen bis zum Beginn der Sommerferien hatte sie es nicht geschafft,

Anschluss zu finden. Es sah fast so aus, als lege sie es drauf an, zur Außenseiterin abgestempelt zu werden.
»Die hält sich vermutlich für was Besseres«, mutmaßten die anderen. ›Kann ich mir gut vorstellen‹, dachte Mia oft, wenn sie mal wieder vergeblich versucht hatte, mit Sara eine längere Unterhaltung zu führen. Sara reagierte stets einsilbig und hatte deutlich gemacht, dass sie lieber für sich sein wollte. Nun gut, Mia hatte ihr Bestes getan. Man konnte es eben nicht jedem recht machen.
Im Laufe der nächsten Wochen bemerkte Mia eine deutliche Veränderung der Klasse gegenüber Sara. Das Mädchen wurde zuerst unterschwellig, dann offen wegen ihres Aussehens im Allgemeinen und wegen ihrer Haarfarbe im Besonderen gehänselt. Jemand wusste, dass sie angeblich aus einer sogenannten ›Asi-Familie‹ kam. Der Vater saß wegen Einbruchs im Gefängnis und die Mutter hurte in der Zwischenzeit in der Gegend herum, Saras drei Brüder hatten wahrscheinlich alle verschiedene Väter, wurde auf dem Pausenhof spekuliert. Eine Schande, dass jemand aus einem solchen Milieu auf eine Schule wie diese gehen konnte, wurde hinter vorgehaltener Hand getuschelt.
Mia beteiligte sich nicht an der Verbreitung solcher Hirngespinste oder Halbwahrheiten. Es tat ihr leid für Sara, aber sie sah keinen Grund, einzuschreiten und die anderen gegen sich aufzubringen. In München hatte sie schon mal etwas Ähnliches erlebt. Ein Typ aus ihrer Parallelklasse war massiv von seinen Mitschülern gemobbt worden. Jonas, so hieß der Junge, hatte daraufhin einen Taekwondo-Kurs belegt und ein halbes Jahr später seinem ärgsten Widersacher sämtliche Vorderzähne mit einem Fußtritt ausgeschlagen. Er musste daraufhin zwar die Schule verlassen, hatte sich aber den Respekt all seiner Peiniger verdient, mit einigen von ihnen war er seitdem sogar befreundet. Auch Sara musste eben ihren eigenen Weg finden, aus ihrer misslichen Lage herauszukommen. Vielleicht wäre der erste Schritt, ihre herauswachsende violette

Haarfarbe gegen ein natürliches Kastanienbraun einzutauschen, das ihr viel besser stehen würde? Doch Sara schien eine jener Personen zu sein, die sich nicht das Geringste aus der Meinung anderer machten. Stillschweigend ertrug sie jede Demütigung. Sie wehrte sich nicht, als der Inhalt ihrer Schultasche mehrmals auf dem Fußboden des Klassenzimmers verteilt wurde, als auf ihrem Stuhl Kaugummi klebte, als man »Asi-Sara« durch die Gänge flüsterte und Fotos von ihr in Umlauf kamen, auf denen ihr Schwänze ins Gesicht gemalt wurden. Sie nahm es hin, wenn man sie abfällig als ›die Schullesbe‹ bezeichnete, sie bei der Mannschaftsauswahl im Sportunterricht immer übergangen wurde, wenn sie nicht zu Geburtstagen eingeladen wurde oder dass die Mitschüler die Nase rümpften, wenn sie an ihren vorüberging. Einmal überreichte Nadine Sara mit feierlicher Miene ein Duschgel. »Hier, Sara. Für den Fall, dass du es noch nicht gemerkt hast: Du stinkst!«
Manchmal fehlte Sara für einige Tage im Unterricht. Kam sie wieder, ging alles von vorne los, nur noch schlimmer. Mia hatte erwartet, dass Sara sich zumindest an die Vertrauenslehrerin, Frau Gerstenberger, wenden würde, doch nichts geschah. Das Thema beschäftigte sie sehr, sodass sie eines Abends mit ihren Eltern darüber sprach.
»Wirklich, Mia. Ich glaube, diese Sara macht das ganz gut so. Wenn sie die Gemeinheiten ignoriert, werden die anderen bald die Lust verlieren, sie zu hänseln«, meinte ihr Vater zwischen zwei Bissen seines Roastbeefs.
Auch Mama schloss sich der Meinung ihres Mannes an. »Ich glaube, Papa hat recht, mein Schatz. Sicherlich ist es unfair und widerwärtig, auf anderen herumzuhacken, aber das Problem wird sich bestimmt bald von alleine lösen. Wenn sie sehen, dass sie Sara nichts anhaben können, werden sie sich bald ein anderes Opfer suchen.«
»Und wenn nicht?«
»Dann würde ich an ihrer Stelle alles meinen Eltern erzählen und mit ihnen zu den Lehrkräften gehen. Aber ich persönlich

denke, dass das nicht nötig sein wird«, erklärte ihre Mutter. »Ich verrate dir mal was, Mia: Auch ich wurde mal für kurze Zeit von einigen Mitschülerinnen gemobbt, weil ich die Jüngste in der Klasse war und immer die alte Kleidung meiner Schwester auftragen musste. Sicher, ich habe mich in dieser Zeit schlecht gefühlt, aber ich habe es ausgesessen und was soll ich sagen - nach ein paar Wochen war der Spuk vorbei und ich wurde in die Klassengemeinschaft integriert. Ich denke, gerade weil ich niemandem ein Wort darüber erzählt habe, wurde ich danach von ihnen respektiert. Sie haben offenbar nur etwas mehr Zeit gebraucht, um sich an mich zu gewöhnen. Bestimmt ist das auch mit Sara so. Du sagst ja, sie sei etwas sonderbar.«

Mia hoffte aus tiefstem Herzen, dass ihre Eltern, wie so oft, Recht behalten würden. Doch statt sich mit ihren Gemeinheiten zu langweilen, schienen bestimmte Schüler es regelrecht darauf anzulegen, Sara gewissenhaft fertig zu machen. Im Klassenchat, auf WhatsApp und auf Facebook kursierten heimlich aufgenommene Fotos von Sara. Wenn irgendwo ein unbekannter Jugendlicher wegen eines Unfalls verstarb, gab es im Chat Kommentare wie ›Warum hat es nicht die getroffen‹, oder ›Ich hoffe, die da ist die Nächste‹. Leute, die Sara nicht mal kannten, fingen aufgrund der Anonymität im Netz an, Sara zu beleidigen und über sie zu lästern. Im Klassenzimmer und auf dem Schulgelände benahmen sich die Barbies Sara gegenüber am schlimmsten von allen. Mia war es entsetzlich peinlich, tatenlos daneben zu stehen, und eines Tages war sie Kara einfach über den Mund gefahren, als sie Sara im Pausenhof fertigmachte. Daraufhin waren die anderen regelrecht über sie hergefallen. Wenn sie wolle, könne sie sich gerne andere Freundinnen suchen.

»Was ist eigentlich dein Problem?«, wollte Silvia wissen. »Stellst du dich jetzt mit der auf eine Stufe?«

»Gefällt dir dieses Ding etwa? Ist es das?«, provozierten Jasmin und Annika.

»Bist du jetzt auch ´ne Lesbe, oder was? Ein bisschen mehr Geschmack hätte ich dir aber schon zugetraut«, höhnte Nadine. Sie sprachen so laut, dass andere Schüler neugierig die Köpfe zu ihnen wandten und die Ohren spitzten.

Mia merkte auf einmal, dass sie mit dieser arroganten Truppe nichts gemeinsam hatte. Mehr noch, dass sie ihnen nicht mehr angehören wollte. »Macht doch, was ihr wollt«, sagte sie lediglich und schlenderte in die Schule zurück. Die konnten ihr allesamt den Buckel runterrutschen. Sie scannte mit den Augen die Eingangshalle ab, konnte Sara aber nirgendwo entdecken. Gerne hätte sie ein paar Worte mit ihr gewechselt, ihr gesagt, was sie von den anderen halte, aber das Mädchen hätte ihr wahrscheinlich sowieso nur wieder die kalte Schulter gezeigt. Da die Pause fast zu Ende war, ging Mia die Treppe hoch zu ihrem Klassenzimmer. Die Türe stand weit offen, Sara saß bereits auf ihrem Stuhl und zeichnete wie manisch in ihren Skizzenblock. Sie sah kurz auf, als sie Mia hereinkommen hörte und widmete sich wieder ihrer Tätigkeit.

›Hat sie überhaupt mitbekommen, dass ich mich für sie eingesetzt habe?‹, fragte sich Mia. Sie ließ sich auf ihren eigenen Platz nieder und beschäftigte sich still mit ihrem Handy.

»Das hättest du nicht tun sollen.«

»Was?« Mia drehte sich erstaunt um und starrte auf den violetten Haarschopf. Ein Wunder war geschehen: Sara hatte von selbst das Wort an sie gerichtet. Vielleicht kam sie nun endlich aus ihrem Schneckenhaus heraus?

Sara hob kurz den Kopf und meinte lakonisch: »Jetzt werden sie dich auch auf dem Kieker haben.« Nach dieser Aussage vertiefte sie sich wieder in ihre Arbeit.

Mia zuckte die Schultern. »Und wenn schon. Ist mir doch egal.«

»Das sagst du jetzt. Besser, du stellst dich nicht gegen deine Tussi-Freundinnen. Glaub mir, ich weiß, wovon ich rede. Außerdem kann ich gut auf mich alleine aufpassen.«

»Ja, das habe ich gemerkt«, murmelte Mia und drehte Sara

wieder den Rücken zu. ›Ein kleines Danke wäre ja doch ganz nett gewesen‹, überlegte sie verärgert. Unbehaglich dachte sie an die bevorstehenden Konsequenzen für ihre gute Tat. Trotzdem war sie froh, sich für ihre unbeliebte Klassenkameradin eingesetzt zu haben. Ob Sara ihr dankbar war oder nicht, spielte dabei keine Rolle. Sie würde jedenfalls wieder genauso handeln.

Der Gong verkündete das Ende der Pause. Die Gänge und Klassenräume füllten sich wieder mit Schülern. Auch die anderen aus Mias Klasse kehrten nach und nach ins Zimmer zurück. Solveigh rutschte auf ihren Stuhl neben Mia und raunte ihr zu: »Ich fand´s gut, dass du denen die Meinung gegeigt hast. Das war schon lange mal fällig.«

Erfreut nahm Mia zu Kenntnis, dass auch einige der anderen ihr beifällige Blicke zuwarfen oder ihr im Vorbeigehen kurz die Schulter drückten. Innerlich atmete sie auf. Sie hatte tatsächlich befürchtet, aufgrund ihres Stellungswechsels zum neuen Mobbingopfer gekürt worden zu sein. Doch anscheinend schien die Mehrzahl der Klasse noch ein Fünkchen gesunden Menschenverstand zu haben. In diesem Moment rauschten die Barbies zur Tür herein und würdigten Mia keines Blickes. So viel also zum Thema Freundinnen, dachte Mia ernüchtert. Zweieinhalb Monate lang waren wir wie Schwestern, und jetzt tun sie so, als ob sie mich nicht kennen. Und warum? Nur weil ich eine eigene Meinung habe und kein Mitläufer sein will.

Als Sara nach dem Ende der sechsten Stunde an Mias Platz vorbei zur Tür hastete, legte sie ihr wortlos ein gefaltetes Blatt Papier auf den Tisch. Erstaunt blickte Mia ihr nach und faltete dann das Blatt auseinander. Mit großen Augen starrte auf ihr eigenes Konterfei, das Sara mit wenigen Bleistiftstrichen detailgetreu wiedergegeben hatte.

Die Wochen vergingen. Da Mia nun nachmittags nicht mehr mit den Barbies herumhing, hatte sie viel Freizeit, die sie zum

Lernen nutzte und um sich in ihrem Minijob als Dogsitterin ein wenig Taschengeld zu verdienen. Mit Solveigh und ein paar anderen Mädchen aus der Schule verband sie eine lockere Freundschaft, die jedoch an der Eingangspforte endete. Dominik, ein Junge aus der Parallelklasse, streckte seit Kurzem seine Fühler nach ihr aus und abends chatteten sie viel auf WhatsApp oder Facebook. Er könnte mir schon gefallen, dachte Mia oft. Doch ihr Herz hing noch immer an Marco, mit dem sie vor ihrem Umzug befreundet gewesen war. Fast ein Jahr waren sie ein Paar. Allerdings hatte sie in letzter Zeit kaum mehr von ihm gehört. Irgendwann würde sie wahrscheinlich an seinem Facebook Staus erkennen, dass ihre Liebe vorbei war und er sich offiziell wieder als Single bezeichnete.

Für Sara hingegen hatte sich nichts geändert. Sie war immer noch das beliebteste Mobbing-Opfer der Schule. Die Barbies ließen Mia zwar in Ruhe, doch dafür hackten sie mehr denn je auf Sara herum. Es schien fast, als ob sie dadurch Mia strafen wollten, weil sie sich gegen die Ungerechtigkeiten aufgelehnt hatte. Tagtäglich durfte sich das arme Mädchen unzählige Beleidigungen anhören. Wenigstens musste sie kaum noch körperliche Angriffe wie Schubsen oder Treten erdulden, doch dafür hatte sich das Ganze zu härtestem Cyber-Mobbing ausgereift. Bei SchülerVZ, in Chatrooms oder auf Facebook wurde Sara diffamiert, gehänselt, bedroht. Die Barbies verfolgten sie auf dem Nachhauseweg und nahmen jede ihrer Bewegungen mit der Handykamera auf. Einmal setzten sie einen Dealer auf ihr Opfer an und filmten heimlich Saras vergebliche Versuche, sich den Mann vom Leib zu halten. Unmittelbar danach stellten sie das Video online mit dem Hinweis, dass Sara bei dem Versuch, Ecstasy zu kaufen, von den Barbies erwischt wurde und nun so tat, als wäre sie ein Unschuldsengel. Doch auch andere waren äußerst erfindungsreich im Schikanieren: Mit Fotomontagen wurde beispielsweise Saras Kopf auf einen nackten Frauenkörper in pornographischer Pose montiert. Das gefälschte Sexfoto wurde ausgedruckt, dutzende Male fotokopiert und flatterte eines Morgens als Hardcore-Flyer durch die Schulgänge. Mia fragte sich immer öfter, wie Sara das aushielt. Sie an ihrer Stelle wäre schon längst unter dem Druck zusammengebrochen. Ein genauer Beobachter konnte selbstverständlich erkennen, welches Leid das Mädchen durchmachte. Sara fehlte immer öfter, und wenn sie zum Unterricht erschien, wirkte sie blass und fahrig. Ihre vormals guten Noten rutschten in den Keller und sie hatte ohne jeden Zweifel abgenommen. Dass diese Wandlung ins Negative niemandem auffiel, war Mia ein Rätsel. Sie überlegte, ob sie nicht einmal selbst mit Herrn Lorenz, dem Klassenlehrer, über die Mobbingkampagne gegen Sara sprechen sollte. Doch was konnte sie alleine schon ausrichten? Wenn die anderen herausfanden, dass sie eine Verräterin war, konnte sie einpacken. Sie wollte auf gar keinen Fall so enden wie Sara. Abgesehen davon war es nicht ihre Aufgabe, dem Ganzen Einhalt zu gebieten.

Mia hatte vor kurzem einen weiteren Job als Dogsitterin ergattert. Allerdings wohnte der betreffende Hund auf der anderen Seite der Stadt, so dass sie jedes Mal mit dem Bus hin und zurückfahren musste. Sie sollte den Rottweiler Darko an drei Nachmittagen die Woche je zwei Stunden lang ausführen und sich mit ihm beschäftigen. Meistens drehte sie mit ihm zuerst eine Runde in seinem Quartier am Stadtrand, von dort aus brachte sie das gutmütige Kraftpaket in den Park und spielte mit ihm Frisbee. Meist spazierten sie danach noch durch ein Wäldchen, wo sie mit Darko eine kleine Naturquelle entdeckt hatte, die direkt aus dem moosigen Waldboden sprudelte. Angst vor Übergriffen hatte sie nicht mit dem großen Hund an ihrer Seite. Darko mit seiner massigen Statue war ihr Beschützer auf vier Pfoten.

Eines Nachmittags, sie war gerade mit Darko auf dem Rückweg, bemerkte sie zwischen den Bäumen eine Gestalt mit kurzem, auffällig violettem Haar, die sich abseits des Hauptpfades einen Weg durch das Unterholz suchte. Mia blinzelte überrascht. War das etwa Sara? Haarfarbe und Figur passten. Und Sara hatte eine zudem rote Daunenjacke, genau wie die Person, die soeben durch den Wald strebte. Mia hatte keine Ahnung, wo Sara wohnte. Vielleicht war ihr Zuhause ganz in der Nähe? Aber was hatte das Mädchen mutterseelenallein an diesem kalten Märznachmittag im Wald zu suchen?

Neugierig geworden, heftete sie sich mit dem Rottweiler an die Fersen der Person, die ihrer Meinung nach Sara war. Mia überlegte, ob sie ihren Namen rufen sollte, entschied sich aber dagegen. Stattdessen hastete sie den Hang hinunter und verlor zeitweise ihr Ziel aus den Augen.

»Schneller, Darko«, feuerte sie den Hund an. »Wir müssen sie einholen.« Zu ihrer Erleichterung entdeckte sie die Gestalt am Ende des Hügels wieder und war sich plötzlich ganz sicher, dass es sich um ihre Klassenkameradin handelte.

»Sara, warte!«, rief sie, doch ihre Stimme wurde vom ohrenbetäubenden Dröhnen eines herannahenden Zuges verschluckt. Mias Herz wurde von einer eiskalten Klammer erfasst. Sara würde doch nicht …!

Sie beschleunigte ihre Schritte und rannte die restlichen Meter die Böschung hinunter, bis sie wieder auf einem Waldweg zum Stehen kam. Hektisch schaute sie sich um, doch von Sara war weit und breit nichts zu sehen.

»Sara!«, schrie sie atemlos. Doch außer dem verklingenden Rattern des Güterzuges, dem Rauschen des Windes zwischen den Baumkronen und neu erwachendem Vogelgezwitscher war alles ruhig »Sara! Ich bin´s, Mia! Wo bist du?«

Sie legte Darko ins Platz und band ihn sicherheitshalber noch an einem Baum fest. »Keine Sorge, ich bin gleich wieder da, mein Hübscher«, sagte sie zu dem Rottweiler und tätschelte seinen massigen Kopf. Mit klopfendem Herzen näherte sie sich dem etwa zwei Meter hohen Bahndamm, welcher hinter Sträuchern und Büschen verborgen war, und erklomm ihn in

wenigen Schritten. Mitten auf den Gleisen blieb sie stehen und blickte sich nach beiden Seiten um. »Sara!«
Verdammt, hatte sich das Mädchen in Luft aufgelöst? Oder war das Saras Verständnis eines üblen Scherzes? »Sara, das ist nicht lustig!«, schrie Mia wütend und zugleich besorgt. »Wo zum Teufel bist du?«
Plötzlich sah sie Bewegung zwischen der Böschungsbepflanzung und Sara trat vor ihr auf die Gleise. Mia eilte erleichtert auf sie zu, doch Sara wich vor ihr zurück.
»Warum kannst du mich nicht in Ruhe lassen?«, schluchzte sie verzweifelt. »Geh einfach weg und lass mich alleine!«
Mia war erschüttert über Saras Zustand. Ihre Augen waren geschwollen und ihr Gesicht rotfleckig vom vielen Weinen. Trotzdem, an der Art, wie sie den Kopf in den Nacken warf, erkannte Mia ihre Entschlossenheit. Sie hatte das untrügliche Gefühl, dass Sara sich vor den nächsten Zug werfen wollte. Mia fühlte sich von der Situation total überfordert. Sie war doch nur eine fünfzehnjährige Schülerin, die behütet und geliebt aufgewachsen war und ohne ihr Zutun in dieser brutalen Welt aus Respektlosigkeit und Intoleranz gelandet war. Woher sollte sie wissen, wie man mit einer Selbstmordkandidatin umging? Was konnte sie sagen, um das offenbar zum Äußersten entschlossene Mädchen von ihrem Vorhaben abzubringen? Mia hatte keine Ahnung, wie sie sich ihr gegenüber verhalten sollte, um sie zur Umkehr zu bewegen. Sie war keine Psychologin und hatte große Angst, etwas Falsches zu sagen. Sie wusste nur eines: Wenn sie jetzt versagte, würde an ihrer aller Hände bis an ihr Lebensende Blut kleben. Oh Gott … was hatten ihre Klassenkameraden da nur losgetreten? Sara kam ihr vor wie ein in einer Falle gefangenes Tier. Ihre Verzweiflung war fast greifbar. Sie wollte den Tod vorziehen, als weiterhin stumm zu leiden.
»Um Gotteswillen, Sara! Bitte, komm mit mir, gehen wir hier runter. Es ist gefährlich hier.« Sie ging einen Schritt auf Sara zu. Das Mädchen schluchzte laut auf und bewegte sich einen

Schritt von ihr weg.
»Es ist zu spät. Wirklich Mia, ich weiß es zu schätzen, dass du dich um mich sorgst, aber ich kann nicht mehr. Bitte, lass mich alleine …«
»Nein!« Mia war selbst überrascht über die Entschlossenheit in ihrer Stimme. »Ich lasse dich nicht alleine. Nie mehr. Ich habe lange genug zugeschaut und den Mund gehalten. Es tut mir leid, Sara. So unendlich leid … Bitte, verzeih mir.« Mia blinzelte die aufsteigenden Tränen weg und suchte Saras gehetzten Blick. »Ich bin für dich da. Du wirst nicht mehr alleine sein, ich verspreche es dir. Bitte komm mit mir, ich werde es dir beweisen. Vertrau mir.« Sie streckte Sara die Hand hin. »Bitte!«
Sekunden verstrichen, die Mia wie eine Ewigkeit vorkamen. Sie war sich der Gefahr bewusst, in die sie sich begab, indem sie hier weiter auf den Gleisen herumstand. Die frische Brise würde vielleicht das Geräusch eines herannahenden Zuges verfälschen, bis es zu spät war, und sie würde hier an der Seite von Sara in einer blutigen Explosion ihr kurzes Leben beenden.
»Ich kann nicht!«, schrie Sara ihr plötzlich all ihren Schmerz entgegen. Es schien, als ob endlich der Schutzwall um ihr Gefühlsleben einbrach und eine Flut an Emotionen herausgespült wurde. »Ich bin kaputt, Mia. Ich schaffe es nicht mehr. Seit Monaten geht das so. Du weißt, was sie mir antun, oder? Vielleicht weißt du auch nicht alles … das meiste spielt sich ja jetzt im Internet ab. Das ist das Schlimmste. In hundert Jahren werden die Leute noch sehen, was sie mit mir gemacht haben! Das Netz vergisst nichts, stimmt´s? Jeden Tag ist ein kleines Stück von mir gestorben, Mia! Sie töten meine Seele! Warum, Mia? Warum ich? Nur weil ich meinen eigenen Stil habe? Weil ich mich nicht verbiegen lassen will? Deshalb werde ich systematisch fertig gemacht? Sie haben mein Innerstes zerstört … Jetzt sollen sie bekommen, was sie von Anfang an wollten. Lass mich gehen, Mia«, endete sie

schwach. »Du bist nicht für mich verantwortlich.«
Mia nahm all ihren Mut zusammen und ging entschlossen auf das verzweifelte Mädchen zu. »Sara, verstehst du, was ich sage? Du bist nicht mehr alleine! Ich helfe dir. Du musst mir nur vertrauen. Ich weiß, dass du mich nicht magst, aber …«
»Wie kommst du darauf?«, fragte Sara zwischen zwei Schluchzern und blickte Mia für einen kurzen Moment in die Augen.
»Na ja, du redest nicht mit mir und lässt mich immer abblitzen … selbstverständlich könnte man da denken, dass du mich nicht magst.«
»Das ist Unsinn! Gut, anfangs wusste ich nicht, ob ich dir trauen konnte. Ich meine, du warst ständig mit diesen Biestern zusammen. Aber dann habe ich gesehen, dass du nicht bist wie sie. Bloß … Wenn du mehr als zwei Wörter mit mir gesprochen hättest, wärst du auch dran gewesen.«
»Ich lasse es drauf ankommen! Ab jetzt wird sich vieles ändern.«
»Und wie stellst du dir das vor?«
Eine einfache Frage eigentlich, auf die Mia aber auf die Schnelle keine Antwort parat hatte. »Ich habe noch nicht wirklich darüber nachgedacht«, gab sie zu. »Aber ich denke, wir sollten als erstes mit deinen Eltern sprechen …«
»Wir?«
»Ich habe dir doch gesagt, dass du ab jetzt nicht mehr alleine bist, oder? Wir werden jetzt sofort zu deinen Eltern gehen und ihnen alles erzählen und dann …«
»Mia, meine Mutter ist depressiv«, erklärte Sara müde. »Sie muss täglich Medikamente nehmen und ist schon mit meinen drei Brüdern überfordert. Ich möchte sie nicht mit meinen Sorgen belasten. Und mein Vater arbeitet auf einer Bohrinsel. Er ist der Alleinverdiener bei uns. Ab und zu telefonieren wir, mehr nicht. Ich habe ihn seit fast einem Jahr nicht mehr gesehen. Wie sollten sie mir helfen können?«
So viel zum Thema Asi, dachte Mia verbittert. »Dann gehen

wir eben zu Herrn Lorenz oder Frau Gerstenberger«, sagte sie mit fester Stimme und erwärmte sich immer mehr für ihr Vorhaben. »Oder zu meiner Mutter. Egal zu wem. Hauptsache, deine Geschichte wird bekannt. Jetzt ist Schluss mit alldem, Sara. Jetzt wirst du zurückschlagen und ich werde dir dabei helfen. Ich werde Leute zusammentrommeln, die alles bezeugen können. Und es gibt bestimmt Möglichkeiten, die Videos und Einträge in den Chats löschen zu lassen. Wir suchen einen guten Anwalt und werden alle, die mitgemacht haben, bei der Polizei anzeigen. Notfalls können wir die Presse informieren, dann drehen wir den Spieß um und die Täter werden vor der ganzen Welt bloßgestellt. Es wird alles gut, Sara. Ich bitte dich nur, dass du jetzt mit mir kommst.«
Was war das für ein surrendes Geräusch? Fast unmerklich zuerst, wie der Flügelschlag einer penetranten Libelle, doch dann konnte Mia es nicht länger ignorieren. Himmel, näherte sich etwa der nächste Zug?
»Sara, ich bitte dich nochmals um alles in der Welt! Der Zug kommt, wir müssen weg von hier!«
Das Sirren wurde lauter und nahm einen misstönenden Klang an. Mia blickte sich hektisch über die Schulter: Hinter einer Biegung tauchte wie aus dem Nichts die Lokomotive auf und näherte sich mit bedrohlicher Geschwindigkeit. Der Zugführer hatte sie offensichtlich entdeckt und warnte mehrmals mit einem akustischen Signal, das Mia durch Mark und Bein ging. Sie stand immer noch mitten auf den Schienen und streckte Sara die Hand entgegen, obwohl ihre Panik sie zu überwältigen drohte.
Sara blickte wie in Trance an Mia vorbei auf den nahenden Tod. Dann schien sie eine Entscheidung gefällt zu haben. Sie atmete tief durch, ergriff im letzten Moment Mias Hand und sprang mit ihr die Böschung hinunter. Die Mädchen stolperten über dichtes Gestrüpp, landeten unsanft auf Händen und Knien und rappelten sich mühsam auf. Beide schnappten nach Luft wie nach einem Marathonlauf. ›Verdammt, das war

knapp!‹, fuhr es Mia durch den Kopf. Sie fing Saras vertrauensvollen Blick auf und antwortete mit einem bestätigenden Nicken.

»Alles wird gut«, bekräftigte sie noch einmal und drückte das gepeinigte Mädchen kurz an sich. Gemeinsam gingen sie zu Darko und banden ihn los.

Oben auf den Gleisen ratterte der Zug vorbei und verschwand bald darauf am Horizont.

Violetta (Das Herz ihrer Schwester)

Linda-Marie-Haupt

Angespannt sitzt Tamara am Fenster und schaut hinaus in den Park. Es ist Ende Mai und Frühling. Überall beginnen die Blumen ihre Köpfe aus der Erde zu strecken. Die Bäume tragen wieder ihr grünes Kleid. Nur sie, Tamara, sie trägt schwarz.

Vor einem halben Jahr, kurz vor Weihnachten geschah es. Ihre Zwillingsschwester war auf dem Weg zu ihr, als ein betrunkener Autofahrer die rote Ampel übersah. Ungebremst schoss er mit seinem roten Mercedes über die Kreuzung …

Tamara beginnt zu weinen. Der Gedanke daran, dass sie ihre geliebte Zwillingsschwester nie mehr sehen wird, schmerzt sie sehr. Wie soll sie ohne diese weiterleben? Sie gehören doch zusammen, sind doch nur gemeinsam vollständig!

Immer wieder hat sie diese Bilder vor Augen: Ihre Schwester, angeschlossen an Schläuche und Apparate. Überall piepen die Überwachungssignale. Und sie sieht die Ärzte, die den Kopf schütteln. „Nichts zu machen, Frau Mahler, sie ist hirntot. Wir können nichts mehr tun. Überlegen Sie, ob wir die Geräte abschalten sollen. In dem Fall – bedenken Sie bitte, dass Ihre Schwester einen Organspendeausweis hat." Zuerst ist Tamara geschockt, doch dann weiß sie: Ja, ihre Schwester hat es so gewollt. Sie trifft ihre Entscheidung, schweren Herzens. Und sie erfährt, dass ein junges Mädchen das Herz ihrer Schwester bekommen soll! Es tröstet sie ein wenig und doch scheint es ihr undenkbar, dass ein anderer Mensch …

Ein schönes Begräbnis hat sie bekommen, ihre Schwester. Es hätte ihr gefallen. Viele Menschen waren da, um sie auf ihrem letzten Gang zu begleiten. Einige sprachen über sie und die Orgel spielte ihre Lieblingslieder. Nur sie, Tamara, kam sich seltsam fremd vor. Alles erschien ihr so unwirklich. Sie fühlte sich schrecklich allein. Ein Gefühl, dass sie vorher nie ge-

kannt hatte.
Das ist jetzt ein halbes Jahr her. Eine schlimme Zeit für Tamara. Fast wäre sie ganz in ihrer Traurigkeit versunken, wenn sie nicht durch Zufall in der Zeitung die Annonce gelesen hätte:
„Wir möchten von ganzem Herzen der Familie danken, die unserer Tochter im Dezember letzten Jahres ein zweites Mal ihr Leben schenkte. Dank des neuen Herzens geht es ihr wieder gut, und sie kann ein fast normales Leben führen. DANKE! Familie Jung.
Wie elektrisiert zuckt Tamara zusammen. Sie weiß sofort und ganz sicher: DAS ist das Herz ihrer Schwester! Bekannte und die ganze Familie setzen alles daran, herauszufinden, wo die junge Frau wohnt. Und sie schaffen es wirklich! Damit nicht genug, sie vereinbaren ein Treffen mit ihr.
Heute wird sie sehen, in wessen Brust das Herz ihrer Schwester nun weiterlebt. Tamara ist aufgeregt. Ihre Hand mit der Kaffeetasse zittert. Noch ein paar Minuten, dann wird sie erwartet, unten im Park. Langsam steht Tamara auf. Wie mechanisch läuft sie die Schritte bis zur Wohnungstür. Ihr Herz pocht ganz laut und schnell, als wolle es vor ihr dort unten sein.
Dann ist es soweit. Von weitem sieht Tamara eine junge Frau in einem Blümchenkleid auf sich zukommen. Sie lächelt. Tamara wird es ganz warm ums Herz. Und als sie sich gegenüberstehen, kann sie gar nicht anders: Sie umarmt die junge Frau ganz fest, und die Tränen laufen über ihr Gesicht. Als sie sich voneinander lösen, betrachten sich beide neugierig.
Während Tamara sie anschaut, fühlt sie plötzlich etwas an ihrer Wange. Etwas Leichtes, fast nur ein Hauch. Da, schon wieder! Nun sieht Tamara, was sie berührt hat. Ein Schmetterling! Ein Schmetterling von besonderer Farbe! Ganz leuchtend violett! Tamaras Herz macht einen Extrasprung. Leise fragt sie: „Bist du es, meine Violetta?“ Sie hört ihre Zwillingsschwester antworten: „Sei nicht mehr so traurig, liebe Tamara. Ich bin noch immer bei dir, in deinem Herzen. Nach dem

Tod ist nicht alles vorbei, wir werden uns wiedersehen. Ich liebe dich!" Tamara legt ihre Hand auf das eigene Herz und flüstert: „Für immer und ewig, liebste Violetta."

Das violette Badetuch

Roland Moser

Ich mag die Donnerstage. Vielleicht auch deshalb, weil ich an einem grauen, regnerischen Donnerstag geboren wurde. Dieser Donnerstag heute hatte schon mal gut begonnen. Zuerst schenkte mir eine alte Dame ein Brot. Ich hatte es ihr sofort angesehen, dass sie ein Herz für Randständige hat. Ihre Augen leuchteten wie Sterne am Nachthimmel, als sie mich ansprach.

»Hast du Hunger, mein Kind?«

Ich hob meinen Kopf und nicke. Mein Bauch knurrte nicht einmal mehr, so leer war er. Sie holte ein knuspriges, frisches Brot aus ihrer braunen Tasche. Ich sah der Tasche sofort an, dass sie ein Vermögen gekostet haben musste.

In den Auslagen von Lederwarengeschäften hatte ich solche Taschen schon oft gesehen. Auch die Preisschilder dazu. Unsereins kann da halt nicht mithalten.

Ich bedankte mich bei der älteren Dame und packte das Brot gleich aus der Papiertüte. Sie schaute mir dabei zu, wie ich mit Heißhunger hineinbiss.

»Nur keine Hektik, junges Fräulein. Es nimmt dir keiner etwas weg.«

Dabei streichelte sie mir leicht über meinen Arm. Ich zuckte instinktiv zurück. Zu oft schon war ich in meinem Leben geschlagen worden. Ich ertrage körperliche Berührungen nicht mehr. Sie merkte es und entschuldigte sich auch sofort bei mir. Für sie schien es die normalste Sache der Welt zu sein, dass man sich anfasst.

»Möchtest du mir ein wenig von dir erzählen und was dich bedrückt?«

Ich kaute weiter an meinem Brot und hatte Mühe, zu schlucken. Sie schien meine Gedanken lesen zu können. Wieder griff sie in ihre Tasche und holte eine Flasche Limonade aus der teuren Tasche hervor. Sie reichte mir die Flasche entge-

gen und dankbar setzte ich sie an meinen Mund. Das süße Getränk schmeckte einfach himmlisch. Die Dame schien es sichtlich zu genießen, mich verwöhnen zu dürfen. Nachdem ich mir den Mund mit dem Handrücken abgewischt hatte, schaute ich abermals in ihre gütigen Augen. In unserem Gespräch stellte sich heraus, dass sie seit Jahren geschieden war und einen neunzehnjährigen Sohn hatte, der Thomas hieß.
»Weißt du was, mein Kind? Komm doch heute Nachmittag zu mir nach Hause. Mein Sohn kommt heute auch zu Besuch. Dann könnten wir doch zusammen sitzen und ein wenig plaudern. Was hältst du von meinem Vorschlag?«
Ich war einverstanden. Die meisten Leute mieden mich, weil ich auf der Straße lebte und nicht mehr zur sogenannten normalen Gesellschaft gehörte. Wir verabredeten uns für 14:00 Uhr bei ihr. Sie nannte mir ihren Namen und die Adresse.
»Also, bis heute Nachmittag«, verabschiedeten wir uns.
Kurz nach halb zwei machte ich mich auf den Weg. Ich schlenderte die Straße entlang und schaute mich ein wenig um. Es hatte sich hier doch einiges verändert in den letzten Jahren. Gegenüber der Buchhandlung erblickte ich ihn! War das nicht Tom? Der junge Mann kam mir geradewegs entgegen und schaute mich ebenso verwundert an. Wir blieben beide stehen und konnten es kaum glauben.
»Das gibt es doch nicht! Patrizia? Was machst du denn hier?«
Wir umarmten uns herzlich. Er lächelte mich an. Da war es wieder, dieses Lächeln, das mich schon damals immer umgehauen hatte. Und wieder spürte ich, wie ich weiche Knie bekam. Tom Behrens. Mein alter Schulfreund. Meine erste große Liebe.
»Hallo Tom«, stotterte ich, als wir uns aus unserer Umarmung lösten, »das ist aber eine Überraschung. Dich hätte ich jetzt hier nicht erwartet anzutreffen. Wie geht es dir? Bist du wieder draußen«?
Er nickte und ein verlegenes Lächeln huschte über sein Gesicht.

»Mhm, seit sechs Monaten. Wegen guter Führung, wie man so schön sagt. Hast du etwas Zeit, Patrizia? Wollen wir zusammen etwas trinken gehen«?
»Tut mir Leid, Tom, ich habe gleich eine Verabredung. Aber wie wäre es mit heute Abend?« Er war einverstanden und wir verabredeten uns für 20:00 Uhr beim Bahnhof. Erneut hatte mir also dieser graue Donnerstag wieder Glück gebracht. Wir winkten uns noch einmal zu und ich sah ihm nach, wie er um die nächste Ecke verschwand.
Damals, als ich angefangen hatte, in mein Tagebuch zu kritzeln, wusste ich noch nicht, wie tröstlich es für mich einmal sein würde, darin blättern zu können. Immer wieder fand ich eine Notiz oder ein Erlebnis, das ich unter Drogen- oder Alkoholeinfluss aufgeschrieben hatte. Ich nahm das kleine Büchlein aus meiner Manteltasche und nach kurzem Blättern fand ich den Eintrag über Tom.
»Patty, Patty, könntest du nicht ein bisschen schöner schreiben?«, tadelte ich mich beim Lesen meiner Zeilen selber. Als Überschrift stand da:
»Das violette Badetuch«
Mir graut heute noch davor, was damals geschehen war.
Tom! Meine erste große Liebe. Wie verliebt war ich doch damals in diesen Burschen. Ich weiß noch, wie ich ihm immer wieder kleine Zettelchen in seine Jacke steckte, wenn er es gerade nicht bemerkte. Er wusste lange Zeit nicht, wie sehr ich in ihn verliebt gewesen war. Und ich liebte ihn immer noch! Die erste Liebe ist und bleibt eben die einzig wahre Liebe. Ein ganzes Leben lang. Daran glaube ich! Aber diese dumme Geschichte am See! Warum nur musste dieser Günther alles kaputt machen? Es hätte so ein schöner Tag werden können. Es war einer dieser warmen Frühlingstage, wo es jeden hinauszog, um die ersten warmen Sonnenstrahlen zu genießen. So auch wir beiden, Tom und ich. Wir verabredeten uns wie immer vor dem Kino Royal. Von dort aus war es nicht weit bis an den See. Ein leichter, warmer Wind wehte

über die Landschaft und täuschte jeden, der es nur glauben wollte, dass dieser Tag ein glücklicher Tag werden würde. Der Tag verlief vorerst auch recht harmonisch. Bis eben dieser Günther wieder einmal auftauchte. Immer wieder erschien er genau dort, wo Tom und ich uns trafen. Dieser Günther schien mich richtiggehend zu verfolgen. Er hing wie eine Klette an mir und konnte es einfach nicht akzeptieren, dass ich nun mal Tom liebte und nicht ihn. Seine arrogante, überhebliche und schleimige Art ging mir schon lange auf den Geist. Schon als ich ihn zum ersten Mal gesehen habe, war mir dieser Günther einfach unsympathisch gewesen. Seine Großspurigkeit missfiel auch Tom. Auch jetzt, hier am See, stellte sich Günther wieder demonstrativ zwischen Tom und mich.

»Wann endlich begreifst du es, dass ich nichts von dir wissen will? Lass mich endlich in Ruhe!«, fauchte ich ihn an. Mit seinem breiten Grinsen stand er vor mir. Ich lag auf meinem violetten Badetuch auf dem Rücken und schaute ihn von unten herauf über den Rand der Sonnenbrille böse an. Er ignorierte mein Missfallen und musterte mich ungeniert. Ich trug meinen hübschen roten Badeanzug. Diesen Badeanzug hatte ich im Warenhaus extra wegen Tom geklaut. Von meiner Tante bekam ich ja nie genug Taschengeld, dass ich mir etwas hätte kaufen können. Günthers Blick blieb lüstern zwischen meinen Beinen hängen. Jetzt reichte es Tom endgültig. Von hinten nähert er sich ihm, der seine Blicke immer noch nicht von mir abgewendet hatte. Der Schlag traf Günther so überrascht und unvermittelt, dass dieser vornüber auf mich fiel. Ich schrie und versuchte, unter ihm hervorzukommen. Er lag schwer über mir und bewegte sich nicht mehr. Tom riss ihn von mir runter und drehte sein Gesicht zu sich. Wir sahen beide sofort, dass Günther tot war. Der Schlag war so heftig gewesen, dass Tom ihm damit das Genick gebrochen hatte. Zum Glück waren gerade keine anderen Menschen in unserer Nähe. Wir wählten für unsere gemeinsamen Treffen immer

einen ruhigen Platz am See. Immer irgendwo hinter einem Gebüsch, welches die Sicht auf uns verdeckte. So konnten wir uns frei und unbeobachtet fühlen. Das kam uns jetzt in dieser Situation zugute, obwohl dieser Ausflug an den See für uns ganz anders geplant gewesen war. Ich spürte, wie mir das Blut in die Beine sackte.
»Was hast du um Himmelswillen gemacht, Tom?«, sagte ich mit kaum hörbarer Stimme.
»Das habe ich so nicht gewollt, Patrizia!« Ich sah es Tom an. Er war selber völlig schockiert. Nervös strich er sich über sein bleiches Gesicht. Ich fuhr in meine Kleider. Ich verspürte keine Lust mehr zum Sonnenbaden. Mit meinem violetten Badetuch bedeckte Tom die Leiche von Günther.
»Sollten wir nicht doch besser die Polizei und einen Notarzt rufen? Wir können ja sagen, dass es ein Unfall war.«
Tom schüttelte aufgeregt den Kopf. »Nein, Patrizia, das kauft uns doch keiner ab.« Seine Hände zitterten und er wirkte ganz hysterisch. Von fern hörten wir Stimmen und lautes Kinderlachen näher kommen.
»Schnell, Patrizia, setz dich neben ihn. Wir dürfen hier nicht auffallen.« Ich tat es wie in Trance. Auch er setzte sich rasch neben uns beide ins Gras und tat so, als würde er etwas Interessantes auf dem See beobachten. So saßen wir nun schweigend nebeneinander, bis die Sonne langsam am Horizont unterging. Ich weiß nicht mehr, wie lange wir so da gesessen haben. Erst als plötzlich das Polizeiboot leise am Steg anschlug, erwachten wir aus unserem Traum.
Langsam ließ ich mein kleines Notizbuch sinken. Ja, Tom kam damals in den Jugendknast. Von meinem violetten Badetuch habe ich mich nie trennen können. Denn es ist für mich das Souvenir meiner ersten Liebe und es hat sie mir gleichzeitig wieder genommen.

Die Turmuhr schlug gerade 14:00 Uhr. Ich hatte die Zeit vollkommen vergessen. Ich eilte zur Adresse der netten, alten

Dame und drückte die Klingel: »Behrens«.
Tom öffnete die Türe und strahlte mich an.
»Hey Patrizia, eigentlich hatten wir uns doch erst für 20:00 Uhr am Bahnhof verabredet!«
Wir mussten beide herzhaft lachen. So ein Zufall! Dass ich da nicht früher darauf gekommen war, als Frau Behrens mir ihren Namen genannt hatte - die nette, alte Dame von heute Morgen war die Mutter meiner Jugendliebe Thomas Behrens.
Ich liebe Donnerstage einfach.

Ein Wink des Schicksals

Petra Kesse

Das schrille Heulen von Sirenen riss Ute aus dem Schlaf, verwirrt und wie benommen öffnete sie ihre Augen und setzte sich auf. Flackerndes, blaues Licht tanzte an den Wänden ihres Schlafzimmers und gab dem Raum eine gespenstische Atmosphäre. Dann wurde es plötzlich still. Beunruhigt warf Ute die Bettdecke beiseite, stand auf und eilte zum Fenster. Ein Notarztwagen stand vor dem Haus ihrer Nachbarn Anna und Jacob Boisenberg, die Haustür stand weit offen und das grelle Licht der Diele spiegelte sich im nassen Trittstein.
»Bitte nicht«, flüsterte Ute. Hastig raffte sie ein paar Sachen zusammen und zog sich an. Die Boisenbergs waren viel mehr als nur Nachbarn von Gegenüber. Ute war den Beiden in den letzten anderthalb Jahren, seitdem Ute sich in der Nachbarschaftshilfe engagierte, immer näher gekommen. Und als Ute von ihrem Mann von einem Tag auf den anderen verlassen wurde und drohte, an ihrem Schmerz zu zerbrechen, waren es Anna und Jacob, die sie auffingen. Sie waren beide um die achtzig und Ute gerade erst sechsunddreißig geworden, und so zeigten sie ihr, dass Freundschaft keinen Altersunterschied kannte. Als Ute die Diele betrat, sah sie Anna auf dem Stuhl neben der Garderobe sitzen. Sie saß einfach nur da, in ihrem hellblauen Bademantel und den Filzpantoffeln und starrte wie hypnotisiert ins Leere. »Er ist transportbereit«, hörte Ute jemanden sagen und sah, wie eine Notärztin neben Jacob kniete, der regungslos auf dem Küchenboden lag.
»Er kam nicht wieder, kam einfach nicht wieder«, flüsterte Anna und schaute Ute verzweifelt an. »Ihm war nicht gut, er wollte nur ein Glas Wasser trinken. Doch er kam einfach nicht wieder.« Ute kniete sich neben Anna, streichelte sanft über ihren Rücken. »Alles wird gut, Anna. Sie werden schon sehen«, versuchte Ute, die alte Dame zu beruhigen, als einer der Sanitäter an Anna heran trat. »Ihr Mann hatte einen

Herzanfall, Frau Boisenberg. Wir bringen ihn jetzt ins Krankenhaus. Wie geht es Ihnen? Haben Sie jemanden, der sich um Sie kümmert?«, fragte er Anna und warf Ute einen besorgten Blick zu.

»Ich werde mich um Frau Boisenberg kümmern», antwortete Ute. »Wir kommen gleich nach.« Der Sanitäter nickte beruhigt und verließ das Haus.

»Ich muss mich anziehen, ich muss sofort zu Jacob.« Mit zitternden Händen öffnete sie den Gürtel ihres Bademantels.

»Ich helfe Ihnen, Anna, ich lasse Sie jetzt nicht alleine.« Die alte Dame lächelte dankbar, und Ute begleitete sie ins Schlafzimmer.

»Bitte geben Sie mir meine graue Strickweste aus der Kommode. Sie liegt in der obersten Schublade«, erklärte Anna, während sie die Knöpfe ihrer Bluse schloss. Ute nickte und zog die schwere Schublade der massiven Nussbaumkommode langsam auf, als ihr Blick auf ein gerahmtes Foto fiel. »Was für ein traumhafter Sonnenaufgang«, stellte Ute bewundernd fest. »Oder ist es ein Sonnenuntergang?«, fragte sie, um Anna etwas abzulenken. Die alte Dame nickte zustimmend und trat an Ute heran.

»Ein beeindruckendes Farbenspiel«, fuhr Ute fort. »Dieser Kontrast aus den dunklen und hellen Violetttönen und wie sie ineinander übergehen. Traumhaft! Habe ich Ihnen eigentlich schon erzählt, dass ich bis vor einigen Jahren gemalt habe? So richtig, mit Staffelei und allem Drum und Dran.«

»Dieses Foto hat Jacob gemacht«, sagte Anna, ohne auf Utes Frage einzugehen. »Es ist nicht nur irgendein Sonnenuntergang, es ist viel mehr.«

»Es ist viel mehr?«, fragte Ute irritiert, während sie der alten Dame in die Weste half.

»Jacob hat Ihnen die Geschichte noch nicht erzählt?« Verwundert schüttelte Anna ihren Kopf. »Er liebt es nämlich, darüber zu reden.«

»Erzählen Sie mir die Geschichte, Anna.«

»Nein, das muss mein Jacob machen. Das Besondere ist nicht der Sonnenuntergang, es ist viel mehr das Violett des Sonnenuntergangs. Es hat unser Leben verändert. Ich möchte ihm nicht die Freude nehmen, Ihnen davon zu erzählen.«
»Es hat Ihr Leben verändert?« Irritiert hob Ute die Brauen.
»Jacob wird Ihnen gleich alles erzählen«, erwiderte Anna und in ihren Augen schimmerte ein sonderbarer Glanz. Ute bezweifelte jedoch, dass Jacob schon mit ihnen sprechen konnte, aber sie behielt diesen Gedanken für sich.

Fast eine Stunde warteten Ute und Anna auf dem Flur vor der Notaufnahme. Still und in sich gekehrt saß Anna da, starrte auf ihre Hände, die gefaltet in ihrem Schoß lagen. Ute fragte sich gerade, ob sie betete, als ein junger Arzt auf sie zukam und Ute einen Blick zuwarf, der erahnen ließ, dass er keine guten Nachrichten überbrachte. Instinktiv legte Ute ihren Arm um Annas Schultern und drückte sie sanft an sich.
»Frau Boisenberg, es tut mir sehr leid, wir haben alles für Ihren Mann getan, aber es war zu spät.«
Anna nickte. Tränen verfingen sich in den tiefen Falten ihrer Wangen. »Ich weiß, Herr Doktor, ich weiß. Ich habe schon gespürt, dass er nicht mehr bei mir ist. So etwas spürt man, wissen Sie?«, sagte sie leise und strich über den schmalen, goldenen Ring an ihrem Finger.

Ute half Anna die Beisetzung zu organisieren, und auch in den Wochen danach verbrachten sie viel Zeit miteinander. Oft besuchte sie Anna, und wenn das Wetter es zuließ, saßen sie in ihrem kleinen Garten hinter dem Haus.
»Ich bin Ihnen noch eine Geschichte schuldig«, sagte Anna eines Nachmittags. »Erinnern Sie sich? Der violette Sonnenuntergang! Jacob würde wollen, dass ich sie Ihnen erzähle. Wenn Sie mich allerdings kurz entschuldigen. Ich bin gleich zurück«, erklärte Anna, stand auf und ging ins Haus. Als sie zurückkam, hielt sie eine kleine weiße Schachtel in ihrer Hand

und über ihrem Arm lag ein Kleid, dunkelviolett mit einem breiten Gürtel. »Meine Mutter hat dieses Kleid für mich genäht«, erklärte sie stolz und hielt es in die Höhe. »Für den V-Ausschnitt musste sie sich erst die Erlaubnis meines Vaters einholen«, schmunzelte sie und in ihren Augen lag plötzlich der Glanz eines jungen Mädchens. »Den Rockteil hat meine Mutter weit gehalten, so konnte ich auch einen Petticoat darunter tragen«, fügte sie hinzu, nachdem sie sich wieder gesetzt hatte. Dann öffnete Anna die Schachtel. »Und weil etwas Stoff übrig war, nähte sie mir noch ein passendes Haarband. Damals hatte ich langes, blondes Haar, und dieses Violett sah wunderschön darin aus.« Wehmütig fuhr sie mit ihren Fingerspitzen über ihr Kleid. »Ich werde den Tag niemals vergessen, an dem ich es das erste Mal trug. Es war der 12. August 1961, ein Samstag! In unserem Dorf hatte es ein Schützenfest gegeben, nichts Großes, wissen Sie, aber ich habe es genossen und dabei die Zeit vergessen. Mein Vater war sehr streng und ich hatte pünktlich zuhause zu sein. Also nahm ich für den Heimweg eine Abkürzung durch ein Maisfeld. Der Mais stand sehr hoch, ich verschwand regelrecht darin. Anschließend musste ich noch eine Landstraße überqueren, und dabei bin ich meinem Jacob in die Arme gelaufen. Er stand auf dieser gottverlassenen Landstraße und fotografierte dieses atemberaubende Violett des Sonnenuntergangs, als ich ihm sozusagen wie aus dem Nichts direkt vor die Linse gesprungen bin«, lachte Anna. »Jacob hatte damals für eine Zeitung gearbeitet und immer einen Fotoapparat dabei. Er war er auf dem Weg in unser Dorf, um über irgendetwas zu berichten. Ich weiß aber nicht mehr, was es war.«
»Und dann standen Sie plötzlich vor ihm, in diesem Traum von Violett«, schmunzelte Ute.
»Ganz genau! Jacob hielt es für einen Wink des Schicksals. Dieses atemberaubende Violett über uns und ich in meinem violetten Kleid vor ihm. Von dem Tag an war Violett seine Schicksalsfarbe, der wir es verdankten, dass wir zueinander-

fanden. An jedem unserer 53 Hochzeitstage bekam ich von ihm einen Strauß Callas, meine Lieblingsblumen – natürlich violette Callas«, lächelte Anna und wischte sich eine Träne von der Wange. »Mein Jacob war ein echter Romantiker.«

Ute atmete tief durch. »Hoffentlich finde auch ich einmal einen solchen Mann wie Ihren Jacob.«

»Natürlich werden Sie das! Erzählten Sie mir nicht sogar vor kurzem, Sie hätten jemanden kennen gelernt?«

Ute nickte. »Sie meinen Thomas! Er ist wirklich ein netter Kerl. Aber irgendwie …, na ja, ich hatte schon so oft Pech und wenn es wieder schiefgeht …, ich will all das nicht noch einmal erleben.« Dann lachte sie kurz auf. »Und Thomas trägt nie violett. Also kein Wink des Schicksals in Sicht.«

»Mein liebes Mädchen, glauben Sie einer alten Frau, das Schicksal verfügt über eine große Farbpalette vieler traumhafter Farben! Es hält auch für Sie die Passende bereit – es muss ja nicht unbedingt Violett sein. Gehen sie mit offenen Augen durch diese Welt, seien Sie aufgeschlossen und mutig! Achten Sie auf die bunte Vielfalt, die das Leben Ihnen bietet. Vielleicht ist Ihre Schicksalsfarbe eine ganz andere! Und weil wir gerade von Farben sprechen, warum haben sie eigentlich die Malerei aufgegeben? Gibt es denn etwas Schöneres – neben der Liebe – als sich mit Farben zu umgeben?«

Ute zuckte mit den Schultern. »Irgendwann fehlte mir einfach die Zeit. Aber meine Staffelei habe ich noch. Sie steht gut verpackt auf dem Dachboden.«

»Worauf warten Sie dann, Ute? Hier ganz in der Nähe hat vor kurzem ein Geschäft aufgemacht. Sie kriegen dort alles, was das Künstlerherz begehrt.«

»Mal schauen, wenn ich irgendwann mehr Zeit habe, dann male ich sicherlich wieder.«

»Verschieben Sie nichts auf irgendwann, Ute. Tun Sie die Dinge, die Sie lieben, jetzt, nicht irgendwann. Die Menschen gehen zu leichtfertig um, mit diesem ›irgendwann‹, und eh sie sich versehen, ist es zu spät.«

Ute gab Anna recht, und sie fühlte sich traurig und zuversichtlich zugleich, als sie ihre alte Freundin an diesem Nachmittag verließ. Wie so oft hatte das Gespräch mit ihr in Ute etwas bewegt, und schon als sie ging, freute sie sich auf das nächste Mal.

Es vergingen einige Tage, an denen Ute nichts von Anna gehört hatte. Doch dann rief sie an und fragte Ute, ob sie Lust hätte am nächsten Tag auf einen Kaffee rüberzukommen. Nur zu gerne sagte Ute zu.

»Hallo Anna«, kündigte sich Ute schon von weitem an, als sie den schmalen Weg entlang ging, der zu dem kleinen Garten führte. Doch Anna reagierte nicht. Bewegungslos saß sie in ihrem Stuhl, ihre Hände ruhten auf dem violetten Kleid, das auf ihrem Schoß lag, ihr Kopf war zur Seite geneigt und es sah aus, als schlief sie. Ute trat langsam näher. »Anna?« Sanft strich sie über ihren Arm und kniete sich neben sie. »Anna«, wiederholte Ute traurig, obwohl sie wusste, dass die alte Dame sie nicht mehr hören konnte; denn auf ihrem Gesicht lag dieses besondere Lächeln, ein Lächeln, das Ute seit Jacobs Tod nicht mehr bei ihr gesehen hatte, und Ute war klar, dass er sie zu sich geholt hatte. »Das kann kein Zufall sein«, flüsterte Ute, als sie über Anna hinweg in den Himmel schaute und sah, dass die Herbstsonne den Wolken einen Hauch von Violett verlieh. Ute ließ ihren Tränen freien Lauf, und erst, als sie sich etwas gefangen hatte, entdeckte sie das kleine Päckchen neben ihrer Kaffeetasse, liebevoll verpackt in zartviolettem Seidenpapier. ›Für meine Freundin Ute! Es gibt kein Irgendwann, es gibt nur ein Jetzt!‹, stand auf dem Kärtchen, das unter der Schleife steckte. Ute entfernte das Papier und zum Vorschein kam eine weiße Schachtel. Darin lagen ein Pinsel und eine Farbpalette aus hellem Holz auf dem zehn durchsichtige Töpfchen mit verschiedenen Farben befestigt waren. ›Gib acht auf den Wink deines Schicksals – welch´ Farbe es auch immer tragen mag!‹, stand eingraviert in der Mitte der

Palette und auf dem Töpfchen mit der violetten Farbe klebte ein kleiner Zettel, auf dem mit zittriger Schrift geschrieben stand ›Belegt!‹

Netzwerke

Marianne Peternell

Hannah stand unter der Dusche. Das Wasser prasselte warm und regelmäßig über ihren Körper. Sie stand schon bis zu den Knöcheln im Wasser. Es floss nicht ab. Das unter der weißglänzenden Duschtasse verborgene Abflussrohr war verstopft. Wohin es fließen sollte, dieses Wasser, sie wusste es nicht. Röhrensysteme stellte sie sich vor, Kanäle, Abwasserkläranlagen. .

»Mama, kommt das Wasser immer vom Berg?« »Es kommt auf jeden Fall aus der Erde, Kind. Manchmal holt man es tief aus dem Grund, manchmal leitet man es aus den Bergen in die Stadt und verteilt es dort in lange Rohre. Wie es genau funktioniert, weiß ich nicht. Zauberei. Ich drehe den Hahn auf und die Quelle fließt. Ich drehe den Hahn ab, und die Quelle versiegt. Es ist auch Zauberei, dass wir Licht haben, dass der Kühlschrank funktioniert und die Spülmaschine. Ich stecke Stecker ein, ich drücke auf Schalter. Es werde Licht. Keine große Sache mehr. Aber wie das geht? Es sind Drähte in Kabeln in der Mauer, die den Strom der Elektrizität leiten. Sie transportieren ihn viele Kilometer von den Kraftwerken. Ich verstehe nichts davon. Weiß nicht, was das genau ist, kaum jemand weiß es. Die Physiker können es erklären. Ich spiele einfach Gott. Ich mache Licht. Wenn es nicht funktioniert, hole ich den Elektriker.«

Hannah war wütend so verknüpft zu sein, ohne zu wissen, wie. Zahllose Netzwerke in ihrer Wohnung. Der Fernseher, wie kamen die Bilder in den Kasten? Nie hatte sie die Erklärungen verstanden, die Max versucht hatte; detailgenau, wie alles zusammenhing, wie das gesendet wurde, die Systeme. Bewundert hatte sie ihn; wie er alles so genau wusste und so vernünftig erklärte und ihr war alles noch geheimnisvoller erschienen.

An der U-Bahnstation stand der Mann und dirigierte die leere

U-Bahn zu sich heran. Dann stieg er ein in die nachtschwarze Führerkabine und fuhr los. Alles Einsteigen. Videotapes flimmerten im Abteil. Eine alte Frau erzählte von ihren Sorgen mit dem Installateur. Das gehörte sich nicht. Niemand kannte sie. Sie wurde streng gemustert. Ein Mann telefonierte lauthals mit seinem Handy, das war ganz normal. Er schimpfte offenbar mit seiner Freundin im Irgendwo. Ein Jugendlicher wippte im Takt zu unhörbarer Musik, er hatte die Stöpsel des MP3 - Players im Ohr. Auch das war ganz normal. Hannah schwitzte. Sie fuhren durch die dunklen Röhren mit atemberaubender Geschwindigkeit und alle versuchten, Abstand zu halten, ins Leere zu schauen, sie klebten zu eng aneinander, die Privatheit war gefährdet. Privatpersonen im öffentlichen Raum schotteten sich gegeneinander ab. Man wollte sich nichts sagen, wollte nur aneinander vorbei, die Strecke überwinden zum Ziel. Jeder hatte ein Ziel. Hannah hatte keines. Sie wollte ankommen. Es gab keinen Ort. Bewegen im U-Bahnnetz. Max war fort. Gedränge am Ausstieg. Niemand sah sie an.

Elisabeth war in Indien und Klara in Griechenland. Mit dem Flugzeug in andere Schaltpläne verteilt worden. Autobahn. »Es ist seltsam», sagte Oma, »man steigt in ein Auto ein und wie durch Zauberei kommt man an, wo man hinwollte. Wie macht ihr das bloß?« »Heute geht das auch mit Flugzeugen, Oma. Wir essen frische Kiwis aus Australien und Orangen aus Israel. Zahllose Verbindungen sind geknüpft, es funktioniert.« Hannah schüttelte sich. »Ich will eine durchschaubare Welt. Eine, die mir ganz gehört. Und doch, ist es nicht fein mit der Tiefkühlkost für jeden Geschmack? Und mit der Waschmaschine? Und dem Fernseher? Alle wollen das. Alle überall auf der Welt. Alle wollen Autobahnen. Die Welt wird zum Fußboden, auf den wir spucken. Wir sind Ameisen im Räderwerk zahlloser Netzwerke, die größer sind als unser kleines Hirn. Es gibt keinen mehr, der sie ganz versteht, sagt man. Im Internet Fluten von Informationen und 900.000 Bücher und Millionen Produkte. Ströme, Kanäle. Oben schwimmen nur die mit klaren Zielen, klarer Entscheidung, was man will. Es gleitet weg. Dahintreiben. Im Sand versinken. Die Bilderfluten. Worte. Es vermischt sich. Max! Sie bauen dir ein neues Herz ein, Hannah, das alte ging kaputt. Sofern du die Euro hast, ist alles wunderbar! Wunderbare Welt! Das Auto fährt 180. Das brauche ich jetzt. Ich bin schwarz. Innen. Ich schleudere dahin. Im Fadenkreuz der Netzwerke.«

Hannah Winter wurde gegen sechs Uhr abends aus ihrem Wagen geborgen und in ein Krankenhaus gebracht. Ein Lastwagenfahrer sah auf der Autobahn, wie der kleine rote Mazda gegen die Leitplanken schleuderte, sie durchschlug und über die Böschung drei Meter tief abstürzte. Mit seinem Handy verständigte er die nahegelegene Polizei und den Notarzt. Die Einsatzwagen waren sofort zur Stelle. Hannah war schwer verletzt. Ihre Rippen waren gebrochen, ihr Brustkorb gequetscht, sie hatte eine Gehirnerschütterung. Sie konnte den Ärzten stammelnd mitteilen, dass ihr achtjähriger Sohn seit drei Stunden allein zu Hause in Wien in ihrer Wohnung saß und auf sie wartete. »Und ich weiß nicht, wo Max ist.« Dann verlor sie das Bewusstsein. Im Krankenwagen erhielt Hannah jede erdenkliche Hilfe. Der Arzt benachrichtigte die Polizei in Wien, man möge die Wohnung von Frau Hannah Winter ausforschen, dort befände sich der unbeaufsichtigte Sohn der schwerverletzten Frau, die soeben ins Krankenhaus überstellt wurde. Mit Hilfe des Computers ermittelte die Polizei Wien in Sekundenschnelle über das Melderegister die Wohnung von Hannah, Max und Paul Winter in der Oberen Donaustraße im 2. Bezirk. Das Jugendamt wurde benachrichtigt und sofort machte sich eine Frau auf den Weg um Paul sanft zu informieren. Paul war hungrig, aber nicht beunruhigt gewesen. Mama konnte aufgehalten worden sein. Sie hatte viel geweint in der letzten Zeit, seit Papa weg war. Wo Papa bloß hin war? Es läutete an der Tür. »Hallo, ich bin die Vera», sagte die Frau. »Du musst jetzt sehr tapfer sein. Deine Mama hat einen Unfall gehabt und ist im Krankenhaus. Aber sie wird sich wieder erholen. Ich komme vom Jugendamt. Das ist mein Ausweis. Ich werde heute Nacht bei dir bleiben.« Frau Vera Graf war über fünfzig und kannte sich gut mit Kindern aus. Sie redete viel mit Paul. Über den Unfall. Über den Papa.

Und Paul beruhigte sich. Sie kochte ihm ein Abendessen und brachte ihn zu Bett.

Als er schlief, setzte sie sich an den Computer und gab in die Google-Suchmaschine »Max Winter« ein. Max Winter, Sozialreformer und Journalist von 1870 bis 1937 fand sie da, Gebäude am Max Winter-Platz, ein Max Winter hatte sich sogar in dem Gästebuch des Kindertenniscamps eines Wiener Tennisclubs eingetragen, dann gab es noch Max Winter, den Detektiv, kein Lebenszeichen von Pauls Vater, Hannahs Mann, Computerspieleprogrammierer. In seiner kleinen Firma, die er mit zwei Kollegen betrieb, hatte er gesagt, er wollte einige Zeit an einem Programm ungestört zu Hause arbeiten, an sein Handy ging er nicht ran, auf Emails antwortete er nicht, so wusste niemand, wo er war. Vera machte sich Sorgen, dann legte sie sich in Hannahs Bett und schlief ein.

Hannah schlief schlecht. Sie hatte starke Schmerzen in der Brust, Beklemmungen und Atemnot. Sie klingelte nach der Schwester, doch noch bevor diese bei ihr war, verlor sie das Bewusstsein. Lungenversagen. Hannah wurde an ein Beatmungsgerät angeschlossen. Die Lunge war gequetscht und verletzt worden, schmerzstillende Medikamente, welche die Heilung beschleunigen sollten, Vitamine, Mineralstoffe und Spurenelemente bekam sie zur Kräftigung mit Infusionen zugeführt. Hannah war verkabelt. Eine freundliche Schwester hatte ihr ausführlich erklärt, dass jemand bei Paul war, dass man Max suchte, dass alles wieder gut werden würde, sie solle unbesorgt sein, dann würde sie schneller wieder gesund. Hannah konnte nur schwer sprechen, das Beatmungsgerät presste die Luft gewaltsam in ihre verletzten Lungenflügel, regelmäßig.

Max lag auf dem Rücken und schaute in den Himmel. Weiße Wölkchen fächerten sich auf. Er war sich jetzt ganz sicher. Hannah und er konnten nicht mehr zusammen leben. Und Paul? Natürlich war für Paul das Nest, das sie beide ihm boten, wichtig. Er würde leiden, wenn er wegginge. Er litt noch immer, weil Hannahs Mutter, seine geliebte Kärntner Oma, im letzten Jahr gestorben war. Aber ganz sicher war es für das Kind schlimmer, wenn er bliebe. Hannah und er hatten sich nur noch gestritten, wenn sie überhaupt noch miteinander geredet hatten. Ihr passte die unkonventionelle Art nicht, wie er sein Leben lebte. Er liebte es, manchmal bis tief in die Nacht zu arbeiten und hundert Zigaretten zu rauchen. Wenn sein Projekt dann gediehen war, brauchte er eine kreative Pause und er kam kaum noch aus dem Bett. Hannah mit ihrem Lehrerinnenjob und ihrem geregelten Leben hatte kein Verständnis für seine Arbeitswut und kein Verständnis für seine Faulheit. Und sie warf ihm vor, dass sich sein letztes Spiel überhaupt nicht gut verkauft hatte und er kaum etwas zum Lebensunterhalt beitragen konnte. Hannah versteht nichts mehr von mir. Wie sie mich früher liebte, verabscheut sie mich jetzt. Sie ist eine liebe Mutter. Hannah und Paul werden ohne mich allein besser zurechtkommen. Wir werden unsere Einsamkeiten nicht mehr ineinander spiegeln. Ich werde weggehen. Ich werde wegfahren. Ich werde an meinem Projekt arbeiten und niemand wird mich schief anschauen. Tag und Nacht werde ich arbeiten. Ich werde Carlo besuchen. Er wird nicht fragen und ich habe meine Ruhe. Dann werden wir weitersehen. Ein letzter Blick zum Himmel, der sich am

Horizont Violett aufzufächern schien. Eine Wolke strebte nach vorne, zart lila leuchtend, und löste sich vor seinen Augen auf. Max stand auf und stieg in sein Auto, er sah auf die Uhr, es war kurz nach drei Uhr. Das wollte er sich für immer merken. Am 3. August 2015 um 15 Uhr hatte er seinem Leben eine neue Richtung gegeben. Und jetzt würde er aufbrechen in eine andere Zukunft. Bis zum Abend würde er es nach Südtirol schaffen von hier aus dem schönen Kärntner Bergland. Er schaute kurz auf sein Handy. Nein, er würde Hannah nicht anrufen. Sie hatte ihn verletzt. Sie hatte ihn angeschrien, dass er für eine Medien- und Konsumwelt noch mehr Konsum und Pseudowelten erzeugen wollte und gar nicht in der Wirklichkeit lebe. Sie sollte merken, dass niemand, auch sie nicht, so mit ihm reden durfte. Schließlich war er Max, Max Winter, der mit größter Selbstverständlichkeit jede komplizierte Spielvariante in Direkt X programmieren konnte. Da gab es nicht viele in Österreich. Das brauchte Kenntnisse und Geduld und Logik. Respekt, meine Dame, ich fordere Respekt. Pfeifend fuhr Max über die Landstraßen zur Grenze. In Thörl-Maglern hielt er an und trank einen Kaffee. Er überflog die Kronenzeitung. Und plötzlich stutzte er. Da stand sein Name. »Gesucht wird Max Winter!« Sogar ein Foto von ihm war da. Er las den Artikel.

Frau Hannah Winter, 39, Lehrerin, Ehefrau von Max Winter, 36, Computerfachmann, fuhr am 31. Juli um 18 Uhr mit überhöhter Geschwindigkeit auf der Westautobahn von Wien Richtung Linz. Sie kam mit ihrem Mazda ins Schleudern, durchschlug die Leitplanke und stürzte bei Linz etwa drei Meter über eine Böschung ab. Ein Lastwagenfahrer alarmierte Rettung und Polizei. Max Winter ist unauffindbar. Der Zustand seiner Frau Hannah, die ins Linzer Landeskrankenhaus eingeliefert wurde, ist nach wie vor kritisch. Der Sohn Paul wurde mittlerweile bei den Großeltern väterlicherseits untergebracht, da Hannah Winters Eltern bereits verstorben sind. Auch Max Winters Eltern wissen nichts über seinen Verbleib.

Wir ersuchen Max Winter dringend sich zu melden.
Völlig verstört holte Max sein Handy. Er rief im Linzer Landeskrankenhaus an und fragte nach Hannah. »Herr Winter, dass Sie sich endlich melden! Es tut uns sehr Leid, wir haben alles versucht, aber Ihre Frau, Hannah Winter, ist heute Nachmittag um 15 Uhr an einer Gehirnblutung gestorben.«

Mama

Werner Thieke

Kaum dass es fünf war, höre ich den Schlüssel im Schloss unserer Haustür und mein Mann betritt das Haus. Nach einem leisen Rumoren in der Diele erscheint er freudestrahlend in der Küche. »Jetzt noch die aufgekochte Milch ins Kartoffelpüree fügen, einen Klecks Butter dazu, Muskat, Pfeffer und Salz, ein paar Mal kräftig mit dem Schneebesen gerührt und schon ist es fertig, mein hausgemachtes Schweizer Sahnepüree – cremig im Geschmack und zart schmelzend auf der Zunge, genau so, wie es mein Schatz liebt«, sage ich und schaue lächelnd zu ihm hinüber.

»Mein Gott, riecht das gut. Hallo Spatz«, sagt er verzückt, gibt mir einen Kuss auf die Wange und lässt sich, wie gewöhnlich, auf dem Stuhl am Küchentisch nieder. Er legt einige Prospekte auf den Tisch und bevor er etwas sagen kann, komme ich ihm zuvor: »Jetzt nicht, Schatz. Leg das bitte ins Wohnzimmer, wir können nachher darüber reden.«

»Ja, aber unser Urlaub, Liebling … ich hab da schon mal ein wenig vorsondiert. Du weißt, wir haben jetzt April und wenn wir nicht rechtzeitig reservieren, dann …«, beginnt er, doch ich winke ab.

»Das können wir alles nach dem Essen besprechen«, unterbreche ich ihn.

»Maja … Tim, Essen ist fertig!«, rufe ich und augenblicklich höre ich, wie die beiden die Treppe herunterstürmen.

»Hey Paps«, sagen sie fast wie im Chor und versetzen ihm einen Kuss auf die Wange. Tim fast im gleichen Atemzug: »Mmh, das riecht aber lecker, Ma.«

»Habt ihr euch die Hände gewaschen?«, hake ich nach, denn ich kenne meine Pappenheimer – vor allem Tim. Nachdem auch dieser Punkt geklärt ist und mein Mann die Prospekte in die gute Stube gelegt hat, essen wir zu Abend.

Später sitzen wir zusammen und wälzen Urlaubsprospekte. Tim wird es schon nach kurzem zu langweilig und er verzieht sich wortlos in sein Zimmer, um sich seinen Computerspielen zu widmen. Maja ergeht es ähnlich, nur zieht sie den Kontakt zu einer Freundin vor, die gleich um die Ecke wohnt.
»Um acht bist du aber wieder hier«, gebe ich ihr mit auf den Weg und ich weiß, dass ich mich auf sie verlassen kann.
Knapp zwei Stunden später zur Tagesschauzeit klingelt das Telefon.
»Hallo Mama«, sage ich, nachdem ich den Hörer abgenommen habe, und höre ihr zu. Irgendetwas stimmt nicht, denn ihre Sprache klingt seltsam. Ich entnehme ihren Worten etwas von schlecht sehen und Taubheit – plötzliche Stille.
»Mama, Mama was ist los? Rede mit mir!«, rufe ich in den Apparat, doch ich bekomme keine Antwort.
»Manfred, hol sofort den Wagen aus der Garage. Mit Mama stimmt was nicht. Sie antwortet nicht mehr, wir müssen sofort hin«, rufe ich meinem Mann zu und wähle die Notrufnummer, nachdem ich die Verbindung zu meiner Mutter getrennt habe. Ich erkläre kurz, worum es geht, und beeile mich aus dem Haus zu kommen. Gottlob, wohnt meine Mutter nur wenige Minuten entfernt und so sind wir noch vor dem Rettungswagen bei ihr.
In sich zusammengesunken hockt sie in einer Ecke auf ihrer Couch und rührt sich nicht. Mein Mann und ich legen sie lang hin. Sanft bettete ich ihren Kopf in meinen Schoss, streichelte ihre Wange, küsse sie auf die Stirn und rede mit ihr – keine Reaktion. Tränen steigen in mir auf, mein Blick verklärt sich.
»Das…«, meine Stimme versagt. Ich schlucke, habe einen Kloß im Hals. »Das kommt alles wieder in Ordnung, Mama«, flüstere ich ihr leise zu, bin mir jedoch nicht sicher, ob ich mir selbst Glauben schenken kann.

Ich reiße mich zusammen und während im Hintergrund die Sirene des Unfallwagens ertönt, raffe ich mit zittrigen Händen ein paar Sachen fürs Krankenhaus zusammen.
Die Männer sind Profis und so erreichen wir in Windeseile die Erste - Hilfe Station einer nahegelegenen Klinik. Der begleitende Unfallarzt und ein Pfleger fahren meine Mutter auf die Station. Ich laufe nebenher und halte ihre Hand, sie ist eiskalt. Ich kann meinen Blick nicht von ihrem Gesicht wenden. Es ist blass, die Wangen sind eingefallen, ihre Augen geschlossen und die Atmung ist flach. ›Ist das der Hauch des Todes, der da über dir schwebt?‹, frage ich mich. ›Bleib bei mir, Mama. Ich liebe dich‹, denke ich und wieder werden meine Augen feucht, trüben meinen Blick. Ich nehme um mich herum kaum etwas wahr. Ein Arzt? Ein Pfleger? Ich weiß nicht, wer – sie drängen mich sanft zur Seite. Ich sehe, wie sie meine Mutter in einen Raum schieben. Er ist hell erleuchtet. Ärzte und Schwestern stehen bereit, dann werden die Türen geschlossen.
Manfred berührt mich. Er führt mich zu einer Bank im Wartebereich. Erst jetzt erwache ich aus meiner geistigen Abwesenheit, schaue ihn an, als sehe ich ihn das erste Mal.
»Sie wird doch wieder gesund, oder?«, frage ich unsicher und schaue ihm erwartungsvoll ins Gesicht, so als ob er die Antwort auf meine Frage kennen würde.
Er lächelt. »Sicher, Liebling. Ich bin mir ganz sicher, dass Mama wieder in Ordnung kommt. Das sind doch alles Profis hier«, erwidert er und küsst mich auf die Wange.
»Du bist der charmanteste Lügner, der mir je begegnet ist«, sage ich lächelnd.
»Im Ernst, Schatz. Jedenfalls kann und will ich mir einen anderen Ausgang gar nicht vorstellen und das ist nicht gelogen«, ist seine Antwort, dann holt er sein Handy hervor.
Mein Mann gibt unseren Kindern kurz durch, was geschehen ist und die Anweisung ins Bett zu gehen, nicht auf uns zu warten. Insgeheim glaube ich nicht, dass sie dieser Weisung

Folge leisten werden, denn auch sie sorgen sich um ihre Oma, die sie beide lieben.
Egal, so mein Gedanke. Die derzeitige Sorge um meine Mutter überwiegt. Glücklicherweise hat der Rettungsarzt sofort erkannt, dass es sich bei Mama um einen Schlaganfall handelt und sie in eine Klinik gefahren wird, die über eine ›Stroke Unit‹ verfügt. Jetzt können wir nur noch warten.
Nachdem die Ärzte der neurologischen Abteilung, die auf solche akuten Schlaganfälle spezialisiert sind, anhand einer Computertomografie sichergestellt haben, dass keine Hirnblutung vorliegt, sondern der Schlaganfall durch ein Blutgerinnsel in einer Gehirnarterie verursacht wurde, machen sie sich daran, die Verschlussstelle auflösen. Hierzu geben sie der Patientin eine Infusion mit einem pfropfauflösenden Medikament. Klingt recht einfach, ist es aber nicht, denn in den meisten Fällen, so auch in diesem Fall, wird eine Katheterthrombolyse vorgenommen. Ein dünner Schlauch wird durch die Gefäße geschoben, bis zu der verstopften Stelle. Überwacht wird das Ganze von einem speziellen Röntgengerät, das diesen Arbeitsvorgang auf einem Bildschirm sichtbar macht. Zusätzlich müssen zum Schutz der Patientin während der Behandlung die unterschiedlichsten Messungen vorgenommen werden, zum Beispiel Messung der Herzfrequenz, der Körpertemperatur, der Hirn- und Nierenfunktion und noch einiges mehr.
All das und noch mehr im Detail hat uns der Oberarzt zu einem späteren Zeitpunkt erklärt. Im Augenblick bekommen mein Mann und ich von all den Maßnahmen nichts mit.
Zur Untätigkeit verurteilt sitzen wir unruhig im Wartebereich, starren uns immer wieder fragend an und können vor Ruhelosigkeit und Herzklopfen Hände und Füße nicht still halten. Unsere Blicke wandern entlang der weißen Wände hinauf an die mit Leuchtstoffröhren bestückte Decke oder die gähnend leeren Gänge entlang. Doch meistens hält es uns nicht auf dem Platz und so wandern mal ich, mal mein Mann, abwech-

selnd mit bangem Herzen, feuchten Händen und in stiller Hoffnung den Flur entlang und wieder zurück. Das Einzige, das sich uns aufdrängt, ist der antiseptische Geruch des Krankenhauses, das Odeur von Krankheit, Leid und Tod, hervorgerufen durch Wundheilmittel und Desinfektionslösungen.

Nach endlos langen Stunden – so unser Gefühl – tritt der behandelnde Oberarzt an uns heran.

»Machen Sie sich keine Sorgen, Frau Berkheim. Die Operation ist gut verlaufen. Eine vollständige Erholung ist so gut wie gewiss. Es braucht anschließend nur etwas Geduld. Das hat ihre Mutter Ihrem schnellen Handeln zu verdanken. Um jedoch eine spätere Hirnblutung nach dieser Lyse - Therapie auszuschließen, muss die Patientin noch eine Zeitlang engmaschig überwacht werden. Alles, was sie momentan braucht, ist Ruhe. Sie können jetzt also unbesorgt nach Hause fahren.«

Uns fällt ein riesiger Stein vom Herzen. Wir bedanken uns und fahren heim, denn es ist, wie wir mit einem Blick auf die Uhr feststellen, schon weit nach Mitternacht.

Natürlich lasse ich es mir nicht nehmen, meine Mama tags darauf auf der Intensivstation zu besuchen. Der leblose Eindruck vom gestrigen Tag ist, Gottlob, verschwunden, so mein erster Gedanke. Ihr Gesicht ist immer noch weiß, liegt aber entspannt auf dem Kissen und sie atmet in regelmäßigen Zügen. Erleichtert setze ich mich dazu und nehme ihre Hand, die schlaff in der meinen liegt. Ich streichele sie. Sie ist weich und zart, wirkt leicht verletzlich, wie die eines neugeborenen Kindes. Ihre Haut ist durchscheinend, transparent, sie macht im Ganzen einen fragilen, zerbrechlichen Eindruck. Ich spreche mit ihr, bilde mir ein, sie versteht mich und während ich ihre Stirn küsse, ist es, als wäre mir eine Last genommen – ich bin erleichtert, kann es jedoch nicht verhindern, dass mir wieder ein paar Tränen über die Wange rollen. In puncto Mama habe ich halt nahe am Wasser gebaut. Zwanzig Minu-

ten später lasse ich sie wieder allein, gönne ihr die Ruhe, die sie jetzt braucht.
Die anschließende postoperative Mobilisation verläuft reibungslos. Nach wenigen Tagen der Überwachung kann ich meine Mutter schon wieder mit nach Hause nehmen. Als Hausfrau habe ich nun alle Möglichkeiten, meine Mama nach allen Regeln der Kunst zu pflegen und zu verwöhnen.
Ich weiß, dass die Farbe Violett bei meiner Mama zu den absoluten Favoriten zählt und das nutze ich, indem ich frische Violen kaufe und sie in einer Schale auf dem Wohnzimmertisch präsentiere. Meine Mutter entdeckt sie mit Begeisterung, was ich sofort an dem Leuchten ihrer Augen erkenne. Das Sprechen bereitet ihr noch ein paar Probleme, also beschränken wir uns auf das Nötigste.
Ich benutze wirklich alles, was auch nur annähernd ihren Lieblingsfarbton enthält, wie Tischdecke, Bettwäsche, Nachthemd, ja sogar den von mir selbst aromatisierten Zucker. Gerade weil meine Mama diesen violetten Farbton so mag, ist mir vor ein paar Wochen der Gedanke gekommen, ein Glas Zucker mit Lavendelblüten aus unserem Garten zu vermischen und ihr auf diese Weise einen selbstgemachten Lavendelzucker zu schenken. Die Freude ist echt riesengroß.
Momentan verständigen wir uns vorwiegend mit Handzeichen, mit Blicken und mit Berührungen, doch eine Geste, ein liebevoller Blick oder eine zärtliche Berührung sagt zwischen uns mehr als hundert Worte.
Ich bin den ganzen Tag für sie da, bringe sie zur Ergotherapie und zu den Sprechübungen. Ich mache ihr Essen, unterstütze sie bei der täglichen Hygiene, gehe, so es denn möglich ist, mit ihr spazieren und lese ihr vor.
Die Wochen vergehen wie im Flug. Sprache, nervliche Reize und Reaktionsvermögen haben sich weitgehend stabilisiert, allem Anschein nach ist sie wieder die Alte. Ein paar Kleinigkeiten, wie das Flimmern ihres Augenlids, ein minimales Zit-

tern um die Mundwinkel und ein unregelmäßiges Zucken ihrer Handgelenke kann ich manchmal ausmachen.
Der August neigt sich dem Ende entgegen.
Mein Mann und die Kinder haben in den letzten Tagen mit meiner Zustimmung einen gemeinsamen Urlaubsplan ausgeheckt und gebucht. Unsere alten Pläne haben wir verworfen. Es soll jetzt kein Urlaub in Portiönchen werden, sondern drei Wochen in einem Stück, denn meine Mama soll die Gelegenheit zur vollständigen Genesung bekommen. Nur eine Kleinigkeit fehlt uns noch und das ist ein Geschenk, Mutter begeht nämlich während dieser Tage ihren sechsundsiebzigsten Geburtstag.
Wir haben auch etwas gefunden – etwas, das sie sich schon sehr lange gewünscht hat – aber selbst immer zu geizig war es sich zu gönnen … gemeint ist ein Strohhut. Er sollte, wie wir später feststellten, das Nonplusultra dieses Urlaubs werden. Durch Zufall haben wir das gute Stück während eines abendlichen Spaziergangs entdeckt und uns sofort darin verliebt … schon die Beschreibung im Schaufenster klang einzigartig.
›Ein sommerlich modischer Strohhut, gefertigt aus leichtem Papierstroh, in einem feminin abgerundeten Design. Die Oberfläche brilliert durch ihren edlen Glanz und ihrer violetten Ton in Ton Färbung. Die gewellte Krempe bietet einen exzellenten Sonnenschutz.‹ Na, das ist es doch, denke ich. Gekrönt wird das elegante Stück durch eine zur Schleife gelegten Ripsbandgarnitur und durch einen luftig - leichten Tragekomfort.
Für uns steht fest, den müssen wir haben.
Das Reiseziel, nach unserer letzten Beratung, wird die Insel Sylt.
Sieben Tage Sonne, Strand und der immer wiederkehrende Klang der Wellen, das beruhigt und entspannt, wobei die jodhaltige Luft an der Nordsee als zusätzlicher heilender Faktor gilt. Es ist herrlich, niemand drängt uns, wir haben massig

Zeit, Mutter geht es gut und der größte Teil unseres Urlaubs liegt noch vor uns, so meine Gedanken.
Im Moment jedoch hat der Geburtstag von Mama den Vorrang, sie ist regelrecht aufgeblüht, strotzt vor Unternehmungslust und jedes Lachen von ihr tut meiner Seele gut.
Manfred hat sich heimlich abgesetzt, ist zum Hotel zurück, um die Hutschachtel zu holen, wir können sie ja schlecht mit zum Spazierengehen mitnehmen, da wäre die Überraschung schnell aufgeflogen. Und während Maja und Tim ihre Oma beschäftigen, ist es an mir, eine Flasche Sekt und ein paar Gläser zu besorgen. Endlich haben wir alles beisammen, stellen uns auf der Promenade in einer Reihe auf und singen: »Happy Birthday to you …«
Die Leute um uns herum schauen, sie lächeln und Mama sitzt in ihrem Strandkorb, hält sich ein Taschentuch vors Gesicht und weint Tränen der Rührung. Mir ergeht es nicht besser. Ich muss das Singen unterbrechen, bekomme keinen Ton mehr heraus, so falle ich meiner Mama um den Hals und wir heulen um die Wette.
Manfred macht die Flasche Sekt auf, gießt ein und wir trinken genüsslich das prickelnde Nass.
In diesem Augenblick bin ich überglücklich, dass mir dieser Moment, meine Mama zu umarmen, noch vergönnt ist.

Violett

wie der Tod

Last Dinner

Renate Zawrel

Joe beschloss, das neue Restaurant zu testen, ehe er seine Geliebte dorthin entführen würde. Seine Ehefrau zum Essen auszuführen, kam ihm nie in den Sinn. Ihre Jahre waren ›abgelaufen‹, das war die Erklärung an sich selbst für dieses Verhalten.

Er hatte einen freien Platz in dem In-Lokal erwischt. Die Lobreden der Presse überschlugen sich, Plakate warben für das ›Dining Violet‹. Schade nur, dass er noch niemanden getroffen hatte, der ihm persönlich von seinen Eindrücken erzählen konnte. ›Was soll's?‹, dachte er beim Eintreten.

Die einfache Tischdeko hatte Stil: eine schmale Vase, darin eine einzelne Rose mit violettfarbigen Blütenblättern sowie ein schlichtes Teelicht. Exquisite Speisenauswahl fand sich auf der übersichtlichen Menükarte. Der Kellner offerierte Weine der Spitzenklasse, insbesondere der gehobenen Preiskategorie.

Joe wählte und seine Bestellung wurde notiert. Aufmerksam ließ er seinen Blick durch das Lokal schweifen. Gediegenes Publikum, stellte der Gast befriedigt fest. Interesse erregten die Nischenplätze, die schwer einsehbar waren. Das würde seiner ›Flamme‹ gefallen und einem romantischen Dinner stand nichts im Wege.

Die verhaltene Konversation anderer Gäste klang plötzlich wie durch Watte an seine Ohren, verschmolz mit den Küchengeräuschen … bis nichts mehr hörbar war. Geisterhafte Stille trat ein.

Die Situation missfiel ihm. Er würde zahlen und das Restaurant verlassen.

Die Kerze erlosch ohne anderes Zutun mit einem leichten Zischen.

Erschrecken war in den Augen des Mannes zu lesen.

Aus dem Halbschatten trat der Kellner an seinen Tisch. Seine

Stimme klang anders als zuvor: tiefer, hohler und vor allem bedrohlicher. »Haben Sie noch einen letzten Wunsch?«

Joe griff sich an die Kehle.

Die Blütenblätter der Rose lösten sich vom dornigen Stiel, fielen auf das blütenweiße Damast-Tischtuch und die violetten Blätter ertranken in rubinrotem Blut.

Aus dem Schatten eines Nischenplatzes trat eine Frau. Sie rief den Kellner zu sich und wies mit dem Kopf zu Joes Tisch. »Die Rechnung meines Gatten übernehme ich.«

Purple Rain

CF Lucas

Da lag Purple nun. Mit einem Verband um den Kopf, einem aufgedunsenen Gesicht und leeren Augen, die ihn anstarrten.
»Sieht´s schlimm aus?«, fragte sie ihn.
»Nah. Keine Bange«, antwortete er ihr.
»Tut´s weh?«, erkundigte er sich im Gegenzug.
»Nah. Überhaupt nicht«, erwiderte sie und dann trat betretende Stille ein. Er musste gestehen, dass das exakt die Qualität ihrer letzten Gespräche widerspiegelte. Sie hatten sich nichts mehr zu sagen. Nichts zu sagen in den letzten Wochen, nichts in den letzten Monaten und genau genommen nichts mehr in den letzten Jahren. Rein gar nichts mehr.
Auch jetzt, als sie nach einer achtstündigen Operation aufgewacht war, noch immer nicht gerettet, noch immer in Lebensgefahr, noch immer so zerbrechlich, niedergeschlagen und einsam daliegend konnte er einfach nichts finden, was er ihr sagen konnte. Floskeln, ja die hatte er parat. Die fielen ihm ein, aber er fand Zeit und Ort zu unpassend, um ein »Hey Schatz, das wird schon wieder … du wirst sehen … die Ärzte haben doch gesagt …«, einzuwerfen oder sie mit einem noch banaleren »Das Essen soll hier ganz gut sein und der Chefarzt meinte, du könntest schon ab morgen ganz normal essen. Ist das nicht toll?«, zu quälen.
Was sagt man in so einer Situation, wenn die eigene Frau sterbenskrank ist und im schlimmsten Fall noch ein paar Tage und im besten noch ein paar Monate zu leben hat?
Was sagt man überhaupt noch zu einer Frau, mit der man zwölf Jahre lang verheiratet war, aber anstatt miteinander eigentlich nur nebeneinander lebte? War er zu kalt? War er zu emotionslos? Fehlten ihm die Gene, die Rezeptoren oder war es hormonell bedingt?
Er schämte sich, denn er hatte kein Mitgefühl, jedenfalls keines, das er verspürte. Nicht im Mark und nicht im Bein, auch

nicht in der Magengegend. Sie hatten seiner Frau gerade einen Tumor aus dem Kopf entfernt, der die Größe einer Vierteldollar Münze hatte und sie lag jetzt da. Einfach da, einfach vor ihm. In diesem Bett, mit diesem Kopfverband, mit diesem aufgedunsenen Gesicht, den leeren Augen und Rückständen von Jod an der Stirn. Ein bemitleidenswertes Häufchen Elend. Und er spürte nichts. Nichts. Rein gar nichts. Natürlich war er bei ihr, aber eher aus Pflichtgefühl und aus Mitleid als aus Angst, sie wirklich zu verlieren, und schon gar nicht war er aus Liebe bei. Er war hier, weil man das ja wohl so zu tun hatte, wenn bei der eigenen Ehefrau Krebs diagnostiziert worden war. Krebs der ganz üblen Sorte. Einer von der Sorte, bei der die Ärzte am liebsten sagen, man solle sich noch ein paar Wochen mit der Familie gönnen und dann, wenn die Schmerzen nicht mehr auszuhalten waren, sich einfach auf der Sterbestation einfinden, um sich, fröhlich gestimmt durch jede Menge Morphium, dem Tod zu stellen. Aber Purples Krebs war noch übler, so übel, dass die Ärzte sie gebeten hatten, an einer Studie teilzunehmen. Objektiv betrachtet wäre ihr Leben nicht mehr zu retten, aber für die Forschung wären die Resultate, die man bei ihrer Behandlung erzielen könnte, von unschätzbarem Wert. Ihr Vorteil? Sie würde medikamentös behandelt werden. Mit Präparaten, die sie sich niemals hätten leisten können und die ihr Leben vielleicht um ein paar mickrige Monate verlängern könnten. Die OP alleine hätte sie finanziell so ruiniert, dass Purple aus Rücksicht auf ihn und Ben, den neunjährigen Sohn, selbst darauf verzichtet hätte, denn schließlich waren die Aussichten auf Erfolg gleich Null.

Sie hätte also darauf verzichtet. Auf eine Operation. Auf ihr Leben. Für ihn und ihren Sohn. Er selbst hätte für sie nicht mal auf das Sunday Night Football Match verzichtet, schon gar nicht, wenn die Bears gespielt hätten. Für sie nicht. Für den Sohn nicht.

Dabei war Purple seine Traumfrau. Also, sie war mal seine

Traumfrau gewesen. Damals, als sie sich bei der 80er - Jahre Revival Party in Ed´s Bar getroffen hatten und wild über die Tanzfläche fegten. Toll hatte sie ausgesehen. Umwerfend anziehend. Sexy. Sie trug ein hautenges violettes T-Shirt, durch das sich die beiden handvollgroßen Brüste abzeichneten, die wie das Pendel eines Metronoms im Takt der Musik hin und her wedelten. Die passenden schwarzen Leggings mit dem obligatorischen übergestülpten weißen Slip waren sogar noch hautenger und er war sofort verliebt in ihren volleyballähnlichen Hintern, der fest und voll und rund am Stoff der Hose zerrte.
Abgerundet wurde ihr Kostüm durch eine frisierte Mähne von schwarzen, vollen Locken, die sie mit einem weißen Stirnband bändigte. Welche Schuhe sie trug, konnte er nun wirklich und beim besten Willen nicht mehr rekapitulieren. Zu sehr hatte sich der Anblick ihres Körpers in sein Gedächtnis gebrannt. Er wusste nur noch, dass sie einfach phantastisch aussah und er wohl eher ziemlich dämlich, als sie zu ihm trat und ihm völlig außer Atem attestierte, dass er ein ziemlich bescheidener Tänzer war und sie wirklich hoffte, dass er besser küssen als tanzen könne. Sie hatte ihn einfach an der Hand genommen und ihn mit nach draußen gezogen, ihn kurzerhand an die Wand gedrückt und ihn innig und feucht geküsst.
»Viel besser!«
Dann hatte sie sich eine Zigarette angesteckt, ihm die Hand hingestreckt, einen förmlichen Knicks angedeutet und sich vorgestellt.
»Ich bin Purple«, und noch, bevor er ihr sagen konnte, dass er erfreut sei und Dylan hieß, fuhr sie fort.
»Und bevor du fragst, so wegen dem T-Shirt und dem Namen und so. Ja, ich heiße Purple. Meine Mutter war der größte Prince Fan auf der Welt und hat mich wirklich nach dem Lied getauft. Mein armer Vater!«, lachte sie und wurde dann für einen Augenblick ernst. Ganz ernst.

»Na ja, lange hat er es ja auch nicht mit ihr ausgehalten. Und kurz nachdem er abgehauen war, und meine Schwester und mich mit unserer verrückten Mutter alleine gelassen hatte, ist sie an Krebs gestorben. Vielleicht wusste er es auch und war einfach nur feige. Dieser alte Bastard, meine Mutter, meine Schwester und mich einfach so in der schlimmsten Zeit alleine zu lassen. Aber davon lassen wir uns ja wohl den Abend nicht verderben oder?«

Sie hatte ihn wieder zurück gezerrt, ohne dass er auch nur ein Wort gesprochen hatte, hatte ihm befohlen ein paar Margaritas zu besorgen, während sie sich schnell die Nase pudern würde und dann hatten sie wild abgefeiert. Die ganze Nacht hindurch. Wilder Parkplatzsex inklusive.

Fortan waren sie ein Paar und sie hatte eigentlich immer das gemacht, was sie wollte und er eigentlich auch. Also das was sie wollte, nicht das, was er wollte.

Das war jetzt in diesem Moment, da er in dem Zimmer des Krankenhauses stand und in das blutleere, geschwollene Gesicht blickte eigentlich das Einzige, an das er sich erinnern konnte. Dass sie alles bestimmt hatte, sein Leben umgekrempelt, seine Freunde ausgesucht, ausgeladen, eingeladen hatte. Sie hatte das Haus seiner Eltern, das er als Alleinerbe nach deren Tod vererbt bekam, so gestaltet, wie sie es wollte. Und was für ein schwachsinniger Name war Ben? Er hätte sich hundert andere Namen ausgesucht für seinen Sohn, aber nicht Ben. Kennen Sie einen Footballstar namens Ben? Wenn ihre Mutter auch nur halb so gewesen war wie sie, konnte er den Schwiegervater, den er nie getroffen hatte, absolut verstehen. Auch er würde am liebsten gehen. Aber kann man das? Ist man ein Feigling, wenn man es tut oder wenn man es nicht tut? Steht man tatsächlich zusammen, bis dass der Tod einen scheidet, oder scheidet man sich bereits durch das Nebeneinander- leben? Vielleicht war ja mit dem Tod in ›bis der Tod euch scheidet‹ dieser dem Tod ähnliche Zustand des gefühlskalten gemeinsamen Vegetierens gemeint, diesem ›wir

leben zusammen, aber ich will dich weder hören, noch sehen und dich schon gar nicht fühlen, riechen, spüren‹. Wäre es so, dann wären sie schon lange geschieden gewesen.
Eigentlich hatten sie keine Gemeinsamkeiten außer der Liebe zu den Achtzigern und insbesondere zu der Musik.
Ob sich wohl jeder da draußen an so Kleinigkeiten klammert, wenn es dem Ende zugeht? Ob sich wohl jedes der Millionen Paare da draußen an den kleinsten gemeinsamen Nenner klammert, um den Nenner und damit sich selbst nicht zu verlieren? Ob sich wohl jeder da draußen mit so wenig zufriedengibt, wie er und natürlich auch sie sich zufriedengegeben hatten?
Jedenfalls hatte ihn der Arzt gebeten, ihr etwas mitzubringen, was Komfort für sie bedeutete, etwas, bei dem sie sich zurückerinnern konnte, zurückerinnern konnte an bessere Zeiten. An damals. Als Krankheit, als Schmerz, als Wut, als Angst, noch keine Rolle gespielt hatten.
›Purple Rain‹ hatte er ihr mitgebracht. Auf CD. Und jenes T-Shirt in Violett, das sie aus melancholischen Gründen nie weggeschmissen hatte und das ihr immer noch stand, immer noch ihre handvollen Brüste hervorhob, sie immer noch zu der schönen Frau machte, die sie immer gewesen war.
Sie lächelte schwach, als er das T-Shirt auf die Krankenhausbettdecke legte, die ihren Oberkörper bedeckte und sagte: »Sergeant! Sie sehen blendend aus!«, und dann plötzlich, in einem Moment, den er mit ihr seit Jahren nicht mehr gespürt hatte, antwortete sie.
»Sergeant! Wo sind meine Leggings, damit sie noch einmal meinen Arsch bewundern können, bevor er für immer im Staub verschwindet? Und überhaupt, wo ist meine Margarita?«
Er hatte sich danach tatsächlich noch einmal davongestohlen, zum nächsten Schnapsladen, hatte zwei Dosen vorgefertigte Margaritas gekauft und war zurückgeschlichen in ihr Zimmer, das sie aufgrund ihres privilegierten Patientenstatus allein be-

wohnen durfte und sich ganz einfach zu ihr ins Bett gelegt. Die Schläuche störten nicht, der Tropf nicht, ihr abgemagerter Körper nicht. Sie legte ihren versehrten Kopf auf seine Brust, so wie damals nach dem Parkplatzsex.

»Komm schon Sergeant. Spiel unser Lied«, befahl sie und kaum hatte er auf ›Play‹ gedrückt und Prince die ersten Akkorde angespielt, die ihnen aus dem kleinen, tragbaren CD-Player blechern gegen die Ohren kreischten, fragte sie ihn zärtlich:

»Meinst du, ich kann eine rauchen?«

Er spürte einen tiefen Stich in der Magengegend und musste plötzlich gegen die Tränen kämpfen.

»Ich weiß nicht. Der Arzt hat es doch verboten«, zitterte seine Stimme.

»Kann man einer Toten etwas verbieten? Her damit!«, forderte sie und voller Schmerz und voller Liebe steckte er zwei Zigaretten in seinen Mund und zündete sie an.

Da lagen sie nun. Rauchend. Margarita trinkend. Purple Rain singend. Und das Letzte, das sie noch zusammen sangen, war:

»Es ist so eine Schande, dass unsere Freundschaft enden musste. Purple Rain.«

Denn als die Lebensgeister ihren Körper verließen, schrie Prince in einer Manier in das Mikro, als hätte man seine Hoden auf Erdnussgröße gequetscht.

»Honey, ich weiß, ich weiß, die Zeiten ändern sich.

Es ist an der Zeit, dass wir uns nach irgendetwas Neuem umsehen. Auch du.

Du sagst, du brauchst einen, der dich führt. Aber du scheinst dich nicht wirklich entscheiden zu können.

Ich denke, du solltest es besser sein lassenund dich von mir führen lassen. Zum Purple Rain.«

Und während sie ein letztes Mal zuckte und der Tod ihre Seele von ihrem kranken Körper befreite, fiel der Purple Rain über ihn her. Gnadenlos, erbarmungslos. Und er weinte. Und wie er weinte.

Erst leise, dann immer heftiger, laut und hemmungslos.
Er hielt sich ihr violettes Hemd vor das Gesicht, legte die von Wind und Wetter gegerbte Hand des Straßenbauers, der er war, auf ihren verletzten Kopf. Jenen Kopf mit dem Kopfverband, dem Jod an der Stirn und den vollen schwarzen Haaren, die ihr geblieben waren, denn die haarfressende Chemotherapie hatte ja noch nicht begonnen.
Friedlich hatte der Tod sie geschieden. Mit einer Zigarette und einer Margarita. Er wusste, dass es keinen Sinn machte, Dingen nachzutrauern, die sie hätten ändern, besser, anders machen können. Es war wie es war. Unabänderlich.
Und nachdem Prince die extended version endlich hinter sich gebracht, er ihr das violette T-Shirt über den Kopf gelegt hatte und sich aus dem Bett pellte, um sie fertig zu machen für ihren letzten Weg, schlug seine selbst zusammengestellte CD gnadenlos zu in Form seines eigenen Lieblingslieds der Achtziger. Jenem Lied, bei dem sie sich das erste Mal geliebt hatten. Cinderella´s ›You don´t know what you got till it´s gone.‹
Und damit würde er zu leben haben. Sein ganzes Leben lang.

Das violette Blumenbeet

Sandra Karin Foltin

Lena Hartmann liegt auf einem Liegestuhl auf ihrer Terrasse und erholt sich vom Schaufeln im Garten.

Besonders stolz ist sie auf ihr Blumenbeet direkt an der Terrasse. Alle Blumen sind violett, ihre Lieblingsfarbe. Tief zieht sie den Duft der Blumen ein. Trotz ihrer Kopfschmerzen mag sie diesen schweren, süßlichen Geruch. Vorsichtig streckt sie sich, alle Glieder tun ihr weh, aber hier in der Sonne entspannen sich ihre verkrampften Muskeln. Ihr Mund ist trocken und sie hat Durst, aber sie will nicht aufstehen. Einfach die Ruhe genießen, jetzt, wo sie alleine, wo der schlimmste Streit mit ihrem Mann vorbei ist, nur erholen will sie sich davon.

Sie könnte ewig hier liegenbleiben, einfach nichts tun und die Sonne genießen. Ihre große Sonnenbrille schützt ihre Augen vor dem blendend hellen Licht, trotzdem schließt sie die Lider und lässt ihre Gedanken abschweifen.

»Frau Hartmann, Frau Hartmann!« Ihre Haushälterin Erna Lauters schüttelt sie. Offensichtlich ist Lena eingeschlafen. Ihre Kopfschmerzen sind immer noch so stark, dass sie kaum denken kann. Sie versucht, ihren Mund zu öffnen, bekommt es aber nicht hin, ihr Durst ist noch viel stärker geworden. Sie will etwas trinken, jetzt sofort. Langsam bewegt sie ihre Zunge im Mund hin und her, um den Speichelfluss anzuregen, damit sie ihren trockenen Mund öffnen kann. Vorsichtig tastet sie nach ihrer Sonnenbrille. Als sie diese abnimmt, stellt sie überrascht sie fest, dass es Nachmittag geworden ist. Ihre Haushälterin schnappt nach Luft.

»Frau Hartmann, was ist passiert?«, fragt sie besorgt.

Lena will den Kopf schütteln, merkt aber, dass das zu schmerzhaft ist. Eine Welle der Übelkeit überrollt sie. Sie will die Zähne zusammenbeißen, aber auch das tut weh.

Erna fasst sie vorsichtig unter den Arm und hilft ihr auf, Lena

fühlt sich ganz steif. Die Haushälterin bringt sie ins Haus und setzt sie auf das Sofa. Dann eilt sie in die Küche, macht ein Geschirrhandtuch nass und bringt es der jüngeren Frau. Als sie es vorsichtig auf ihr Gesicht legt, zuckt Lena zusammen. Einige Tränen der Scham laufen aus ihren Augen.
Erna Lauters setzt sich neben sie, nimmt sie sanft in den Arm und wiegt sie hin und her.
»Sie sollten sich überlegen, doch mal zu einem Arzt zu gehen. Ich kann auch einen hierhin kommen lassen«, sagt sie eifrig.
Aber Lena schüttelt langsam den Kopf.
Die junge Frau versucht immer noch, ihren Mund zu öffnen, Erna versteht und läuft sofort los, holt ein Glas Wasser. Ein weiteres nasses Geschirrhandtuch bringt sie mit und betupft vorsichtig Lenas Mund. Dann hält sie das Glas mit dem kühlen Nass an ihre Lippen, denn Lenas Hände fangen an zu zittern.
Erna redet leise auf sie ein, nette kleine Lügen, wie Mütter sie ihren Kindern erzählen, wenn etwas Schlimmes passiert ist.
Erschöpft lehnte Lena sich an ihre Haushälterin, eine Weile sitzen sie einfach nur da.
Dann steht Erna auf und zieht sie vorsichtig mit hoch. »Also, Sie gehen jetzt duschen und sich umziehen. Ich mache in der Zwischenzeit eine Suppe für Sie. Oder brauchen Sie Hilfe beim Duschen?«
»Ich komme schon klar«, flüstert Lena heiser und geht nach oben, um zu tun, was Frau Lauters gesagt hatte. Sie ist froh, dass die Haushälterin die Initiative ergreift, sie hat nur Watte im Kopf.
Im Badezimmer lehnt sie sich mit geschlossenen Augen an die Holztür. Sie will nicht in den Spiegel sehen. Nach einer Weile macht sie es doch.
Seltsam vertraut ist ihr der Anblick. Das linke Auge ist vollkommen zugeschwollen und beginnt, sich violett zu verfärben. Auch am Kiefer entlang sieht man diese lila Spuren, ebenso wie um ihren Hals. Die Lippe ist aufgeplatzt und hat

stark geblutet, deswegen ist ihr Mund verklebt gewesen. Auch ihre Nase ist geschwollen und blutverkrustet. Sie weiß, wenn sie sich nackt im Spiegel ansieht, sind auch auf ihren Rippen solche Spuren zu sehen und ihre Hände sind überdeckt von Schürfwunden.

So hat sie schon oft ausgesehen.

Sie muss daran denken, wie ihr Mann auf sie eindrischt und sie die ganze Zeit beschimpft. Immer wieder hat er ihr klar gemacht, was er für einen Stress hat und dass es ihre Schuld sei, wenn er ausflippt. Ganz allein ihre Schuld!

Als sie unter der Dusche steht, weckt das warme Wasser ihre Lebensgeister und sie fängt an zu weinen. Sie ist ratlos und schämt sich. Wie hatte es so weit kommen können?

Beim ersten Mal hatte sie ihm geglaubt, dass es ein Versehen gewesen war, ein Ausrutscher. Später hatte sie sich geschämt, zuzugeben, dass sie von ihrem Mann geschlagen wurde, und zum Schluss hatte sie Angst, ihn zu verlassen. Er hatte ihr oft gedroht.

Nach einer gefühlten Ewigkeit klopft es an der Tür.

»Frau Hartmann! Alles in Ordnung?«, fragt Erna besorgt.

»Ja, ich komme gleich. Vielen Dank«, ruft Lena, sie möchte nicht, dass die Haushälterin sie so sieht, in Tränen aufgelöst, einen kleinen Rest Würde will sie sich erhalten.

Sie trocknet sich langsam ab und zieht einen leichten Jogginganzug an. Etwas Bequemes, das die schlimmsten Spuren am Körper bedeckt, aber nicht einengt, denn das tut weh. Als sie wieder in der Küche ist, greift sie nach der Sonnenbrille, aber Erna schüttelt den Kopf und hält ihr einen Beutel Tiefkühlerbsen hin.

»Sonst ist es morgen noch viel schlimmer!«

Lena seufzt und legt sie auf ihr Gesicht, denn sie weiß, die ältere Frau hat recht. Dann nimmt sie die Tasse mit der lauwarmen Suppe, in der ein Strohhalm steckt. Frau Lauters weiß, das Kauen die nächsten Tage wehtun wird. Peinlich berührt stellt Lena fest, dass Erna genau weiß, was zu tun ist.

Sie ist schon seit vielen Jahren bei ihnen und hat sie schon oft so gesehen. Zusammengeschlagen und völlig am Ende.
Eine Art distanzierte Freundschaft ist zwischen den beiden ungleichen Frauen entstanden, als die Tochter von Frau Lauters vor ungefähr fünf Jahren an Krebs gestorben und Lena sehr verständnisvoll gewesen war.
»Diesmal war es wirklich schlimm«, sagt Lena und sieht, dass die Haushälterin dasselbe denkt.
»Sie müssen ihn verlassen, eines Tages schlägt er Sie noch tot. Ehrlich, Frau Hartmann, ich werde Ihnen helfen. Ich tue, was immer nötig ist! Sie müssen hier raus, Sie können auch erst zu mir ziehen.« Dabei sieht sie so aufrichtig aus, dass Lena nicht anders kann. Sie muss es sagen.
»Frau Lauters, das wird nicht nötig sein.« Bevor sie weitersprechen kann, wird sie von der Haushälterin unterbrochen.
»Und wie das nötig ist! Ich kann es nicht mehr mit ansehen. Ich würde es ihm am liebsten mit gleicher Münze heimzahlen!«
Lena schüttelt den Kopf. »Wirklich, das ist nicht nötig! Er wird nicht wiederkommen! Nie wieder!« Sie fängt wild an zu lachen und gleichzeitig zu weinen. Sie wird geschüttelt, wie von Krämpfen, ist unfähig, damit aufzuhören. Erst, als die ältere Frau ihr durch das Gesicht streichelt, wird sie ruhiger.
»Frau Hartmann, wie meinen Sie das?«, fragt sie mit vor Schreck geweiteten Augen.
Lena weiß, dass sie ehrlich zu ihrer Freundin sein muss und holt tief Luft. »Ich habe ihm meine Lieblingsfarbe gezeigt: Violett! Zum Schluss sah er fast so aus wie ich jetzt, ich habe es mit einer Hantel gemacht.« Ängstlich sieht sie die Haushälterin an.
»Wo ist er jetzt?« Frau Lauters hörte nicht auf, sie tröstend zu streicheln.
»Ich habe ihn im Garten vergraben, unter dem violetten Blumenbeet.« Lena ist irritiert, sollte die ältere Frau nicht die Polizei rufen? Aber die scheint nur nachzudenken.

»Wir müssen uns was einfallen lassen! Sein Verschwinden muss erklärt werden. Gut, dass sein Wagen in der Garage steht, der muss weg. Dann könnte er auch abgehauen sein«, überlegt die Haushälterin laut.
»Was meinen sie damit?«, fragt Lena überrascht. Die Haushälterin sieht ihr fest in die Augen.
»Der wird wohl kaum von vielen Menschen vermisst werden! Das Auto lassen wir verschwinden, wir müssen einen großen Betrag Geld abholen und seine Sachen packen und verschwinden lassen«, erklärt ihr die ältere Frau.
»Wieso sind Sie so gelassen? Und wieso haben Sie so schnell einen Plan?«, fragt Lena unsicher.
»Als vor fünf Jahren meine Tochter gestorben ist, haben Sie mir sehr geholfen, das habe ich nicht vergessen! Und ich habe in den letzten zehn Jahren, wann immer er Sie so zugerichtet hat, davon geträumt, ihn umzubringen! Da habe ich verschiedene Pläne geschmiedet. Jetzt haben Sie das gemacht, auch gut, aber Sie werden für dieses Dreckschwein nicht ins Gefängnis gehen!«

Ein paar Tage später bekommt Lena Besuch von der Polizei.
»Frau Hartmann, Kollegen Ihres Mannes haben ihn als vermisst gemeldet. Warum Sie nicht?« Lena sieht, wie die Polizisten die immer noch deutlich sichtbaren Spuren der Schläge mustern.
»Sehe ich so aus, als würde ich meinen Mann vermissen?« Die beiden Männer sehen sich betreten an.
»Ihre Haushälterin hat uns schon erzählt, dass seine persönlichen Dinge und sein Auto fehlen. Er hat in der letzten Zeit große Beträge abgeholt, wir gehen davon aus, dass sich Ihr Mann auf der Flucht befindet, er hat in der Firma seinen Vorgesetzten ermordet. Ihn erwartet eine lebenslange Haftstrafe.
Lena lacht hysterisch, als sie auf die violetten Blumen sieht.

Hommage an meine Omi Ilse

Marlies Hanelt

Meine schon seit langer Zeit verstorbene Omi, ist mir immer noch sehr gut im Gedächtnis. Eine lustige und sehr kluge Frau mit viel Lebenserfahrung. Immerhin musste sie den Zweiten Weltkrieg durchmachen und das hat sie offensichtlich auch grundsätzlich geprägt. Nach Kriegsende galt es, Berlin wieder aufzubauen. Also musste sie, wie alle anderen damals jungen Frauen, als ›Trümmerfrau‹ noch vorhandene Steine vom Mörtel befreien und säubern. Was für eine bis weit über die Körperkräfte gehende Arbeit, die bis heute noch nicht einmal ansatzweise die richtige Würdigung gefunden hat. Ihr Mann, also mein Großvater, kam aus dem Krieg zurück. Schwer verletzt, aber er lebte.

Monate vor seinem Tod hat sie ihn in der kleinen Einzimmerwohnung gepflegt. Das bedeutete Waschen, Kämmen, Rasieren, saubere Nachtwäsche überziehen und natürlich das Wenige kochen, was er noch verdauen konnte. Süppchen, kleine Häppchen und den speziellen Tee für die Schnabeltasse bereiten. Zusätzlich die Gabe des Morphiums, ohne das er nicht die immensen, starken Schmerzen hätte aushalten können. Letztendlich ist mein Opa an Nierenversagen gestorben und in ihren Armen sanft hinüber gegangen. Trauer im Hause Hager/Hanelt.

Die Beerdigung und der im Nachhinein folgende, prozederemäßig sogenannte ›Leichenschmaus‹ sollte nichts daran ändern, dass die Stimmung sehr gedämpft und verhalten schien. Ja, wie sollte man auch lachen, wenn doch Traurigkeit in diesem Moment im Inneren die Seele erdrückte und unsere Kehlen regelrecht zuschnürte. Nur sehr schwer konnte Omi Ilse diese Zeit danach überwinden, ließ sich jedoch keinesfalls hängen. Der Humor drang erneut an die Oberfläche ihres Gemüts und sorgte für ein Weiterexistieren. ›Was für eine starke Frau!‹, ging mir seinerzeit durch den Kopf. Mit wenig

Rente fürderhin auszukommen ist nicht immer leicht und könnte durchaus zu Depressionen führen. Unbeeindruckt dessen hat sich meine liebe Omi nicht den ihr schon immer innewohnenden deftigen Humor und Sarkasmus nehmen lassen, der sie eben in jedweder Lebenssituation aufrecht gehen ließ. Schaute stets nach vorn und genoss den Rest ihrer noch verbleibenden Lebenszeit. Füllte diese mit Wünschen aus, die sich im unteren Bereich von Kleinigkeiten ansiedelten. Zufriedenheit und Liebreiz strahlte sie immer aus. Bis zu ihrem letzten Tag, als sich ihre Seele in den Himmel erhob.

Wie oft ich zu ihr gefahren bin, kann ich heute natürlich nicht mehr sagen. Aber die Angabe von Stunden, Tagen oder gar Monaten ist hier nicht von Belang. Einzig und allein das Zusammensein zählt. Ich meine, wer ist nicht gerne mit einem ihm zugewandten Menschen häufig zusammen, wenn das Herz spricht? Ihm sagt, hier kannst du sein, wie es deinem Naturell entspricht. Eben mit besonderen individuellen Eigenheiten ausgestattet. Musst dich nicht so zeigen, wie man es von dir erwartet. Denn sich verstellen führt im Inneren zur völligen Unzufriedenheit. Hass entsteht, und man verkrampft. Zudem konnte ich mit Omi Ilse über alles reden. Welchen Menschen aus einer älteren Generation wohnt dieses schon inne? Frei nach dem Motto, was nicht sein darf, existiert nicht. Offenheit für jedwede Thematik machte mithin ihre Persönlichkeit aus. Auch die Politik war ihr kein Buch mit sieben Siegeln. Am Leben, zumindest geistig, teilnehmen, und das wusste sie, lässt den unausweichlichen Tod in weite Ferne rücken.

Oft, und immer wieder gerne.

Oftmals hatten wir diese gemütlichen Stunden des Zusammenseins. Schwatzten über die gesamte Familie und zogen über ihre dubiosen Handlungsweisen her. Verdammt, was haben wir gelacht! So schallend, dass es eigentlich jeder im Hause hätte hören müssen. Der Kaffee dampfte dann in der uralten Porzellankanne mit violettem Blümchenmuster und verströmte ein herrliches Aroma. Selbstgebackener ›Frankfurter Kranz‹ selbstredend. Omi mochte sowohl das Backen als auch das Kochen. Einfache Gerichte, aber nach traditioneller Art zubereitet, waren mir immer willkommen. Übernommen von ihrer Mutter, die immerhin den Ersten Weltkrieg miterlebt hatte. Kartoffelsuppe klingt banal, ist es aber nicht. Mit Liebe zubereitet, schmeckte sie wie eine Sauce Béarnaise. Nur eben mit Kartoffeln gekocht.

Die Vorweihnachtszeit genoss ich im Besonderen. Gemütlichkeit und keine Hektik waren angesagt. Kerzen erleuchteten das kleine Zimmer und boten mir regelrecht eine gewisse Sicherheit. Hier bist du willkommen und aufgehoben. Lass es dir einfach gutgehen, schienen sie zu vermitteln. Lange ist es her. Sehr lange.

Ich erinnere mich, dass es wieder einmal daran ging, den Weihnachtsbaum zu schmücken. Wie jedes Jahr. Nichts deutete darauf hin, dass Omi uns so bald verlassen würde. Auf dem Wohnzimmertisch lag eine, im gleichen Muster zur Kaffeekanne passende, selbstgestickte Leinentuchdecke. Natürlich dominierten hier die violetten Blümchen. Wie konnte es auch anders sein. ›Vergissmeinnicht‹ in hellvioletter Farbe waren, sind und werden immer ihre Lieblingsblumen bleiben. Sie wird diese auch ins Reich der Finsternis mitnehmen wollen, um sich daran erfreuen zu können. Wir saßen uns in ihrer guten warmen Stube, wie sie diese immer nannte, gegenüber. Omi lächelte sanft. Zufriedenheit auf ihrem Gesicht. So, als wüsste sie, dass es bald so weit sein würde. Nicht, dass sie mit dem Leben abgeschlossen hätte. Nein, wenn es eben Zeit ist, versöhnt sich der Mensch mit dem Tod, um gelassen und bereitwillig hinüberzugehen. Das erleichtert das unausweichliche Sterben und lässt es nicht mehr so grausam wirken.

Sie begann das Gespräch und sah mir dabei fest in die Augen. Ihre Stimme zitterte leicht. Sie goss uns den heißen Kaffee ein und legte jedem ein großes, schokoladenüberzogenes Lebkuchenherz auf den Teller. Vielleicht wollte sie mir indi-

rekt damit sagen, dass sie mich lieb hatte? Denn immerhin steht ein Herz als Symbol für die Liebe, die ihr immer innewohnte. »Marlies, ich muss dir etwas erzählen. Du weißt ja, dass ich niemals träume. Letzte Nacht waren sie einfach da, diese violetten Blümchen. Ich stand im Hausflur, und der war über und über mit ›Vergissmeinnicht‹ übersät. An der Decke, den Wänden, und selbst auf dem Boden blühten sie in voller Pracht. Zeigten mir ihre wundervollsten, hellvioletten Blütenblätter. Streckten sie mir regelrecht entgegen. Liebkosten meinen alten ausgemergelten Körper, dass ich sie richtig darauf fühlen konnte.« Omi lächelte erneut. Eine kleine, durchsichtige Träne drückte sich aus ihrem Auge und kullerte die Wange hinunter.
Spontan erhob ich mich und wischte sie einfach mit den Fingern fort. In diesem Moment der einträglichen Stille im Zimmer wurde mir bewusst, dass es bald so weit sein würde. Ich musste sie einfach jetzt schon loslassen, damit ihre Seele etwas später ins gefüllte Reich der Düsternis fliegen konnte. Dort, wo es im Überfluss viele violette Blümchen gäbe. Denn sie haben Omi gerufen und warten schon sehnsüchtig. Auch wenn Omi schon sehr lange in den dunklen, mit violetten Blümchen gestreuten Wegen der ewigen Finsternis weilt, wird sie mir unvergessen bleiben. In meinem Herzen fest verankert bleibt sie so lange darin, bis ich Omi Ilse eines Tages treffen werde. Dann rieche ich wieder den Duft des aromatischen heißen Kaffees und esse ein Stück selbstgebackenen ›Frankfurter Kranz‹. Wir lachen, reden, diskutieren, bis uns die Tränen kommen. Ein wundervoller Gedanke, oder? Im Leben so auch im Tode.

Violet – Tagebuch einer Domina

Markus Kohler

Es mag nun schon das achte Tagebuch sein, das ich fülle. Ich habe die anderen nie mehr wieder zur Hand genommen, sondern sie in der untersten Lade der Kommode im Schlafzimmer nach ganz hinten geschoben. Nur dieses hier, dieses ist ein ganz Besonderes. Es beschreibt meine Begegnung mit Jan und was dann passierte. In diesem Tagebuch werde ich wohl noch oft blättern und die Zeit mit Jan wiederaufleben lassen. Aber der Reihe nach.

Ich nenne mich Violet. Ich arbeite als Domina. Auf den Namen bin ich gekommen, weil ein Kunde mir einmal sagte, dass, wenn ich erregt bin, meine Augen violett leuchten. Mein richtiger Name tut hier nichts zur Sache. Es reicht, dass die Polizei und Staatsanwaltschaft diesen kennen.

Mittwoch, 20. Januar 2016

Der Tag begann miserabel. Ich habe verschlafen und wachte mit Kopfschmerzen auf. Das Wetter, nasskalt und windig, tat sein Übriges. Ich torkelte, nur mit meinem ausgeleierten T-Shirt bekleidet, in die Küche, um mir erst einmal eine Kanne Kaffee aufzusetzen. Die Tageszeitung steckte im Briefschlitz und während ich dem leisen ›Plop-Plop‹ der Maschine lauschte, blätterte ich den Anzeigenteil durch. ›Sehr gut platziert‹, dachte ich bei mir und las den von mir selbst aufgegebenen Text durch. »Sie mögen das Strenge, das Außergewöhnliche? Sie lieben es, bestraft zu werden, und möchten aus ihrem Alltag für ein paar Stunden ausbrechen? Dann erwartet sie Violet. Rufen Sie mich an …« Ich ließ die Zeitung sinken, schenkte mir einen Kaffee ein und schluckte dazu zwei Kopfschmerztabletten. Nun musste ich nur noch warten. An anderen Tagen, an denen ich meine Annonce geschaltet habe, kamen immer fünf bis acht Anrufe. Ob das bei diesem miesen Wetter heute auch der Fall sein würde?

Der Kaffee ging inzwischen zur Neige, meine Kopfschmerzen waren verschwunden und ich hatte mich durch die neusten Nachrichten der Zeitung gelesen. Die waren auch nicht gerade dazu angetan, mich aufzuheitern. Ich zog mein T-Shirt aus und ging nackt ins Badezimmer, wobei mich ein leichtes Frösteln überfiel, und meine Brustwarzen sich in der Kälte leicht aufstellten. Schnell war ich nach dem Zähneputzen unter der Dusche und dem warmen Wasser verschwunden. Versonnen betrachtete ich meinen rechten Oberschenkel. Die fünfzehn Zentimeter lange Narbe war immer noch zu erkennen. Ein Andenken an einen Kunden, der mit dem ›Spielchen‹ etwas zu weit gegangen war. Er hatte plötzlich ein Küchenmesser in der Hand und stammelte immer wieder: »Nur ritzen, nur etwas anritzen.« Leider konnte ich mich nicht so schnell in Sicherheit bringen und die Schneide des scharfen Messers hinterließ einen Schnitt an meinem Oberschenkel. Als er sah, dass er mich doch ernsthafter verletzt hatte, als er es vorgehabt hatte, warf er sich in seine Klamotten, räumte seine Brieftasche aus und schmiss sämtliche Geldscheine, die sich darin befanden, vor mir auf den Boden. Dann war er verschwunden. Heutzutage würde mir so etwas nicht mehr passieren.

Nachdem ich meine kurzgeschnittenen, schwarzen Haare mit einem Handtuch trockengerubbelt hatte, schlüpfte ich in meinen Bademantel und lief zurück in die Küche. Mein Handy lag auf dem Küchentisch und ich schaltete es ein, um zu sehen, ob sich schon jemand auf die Anzeige gemeldet hatte. Tatsächlich meldete mir das Display zwei Anrufe einer unbekannten Nummer. Ja, so machen sie es immer, die Kunden. Die Rufnummer ist immer unterdrückt. Ich schenkte mir einen Orangensaft ein und schaute im Kühlschrank nach, ob ich noch etwas Essbares finden würde. Da klingelte mein Handy erneut.

»Hier Violet«, antwortete ich mit einem leicht bestimmenden Unterton. Zuerst war nichts zu hören. Ich kannte das schon, sie mussten zuerst ihren Mut für den Anruf zusammennehmen und dann nochmals Anlauf nehmen, ihre Sprache wiederzufinden. Schließlich hörte ich ein leises Räuspern und eine zaghafte, aber sehr dunkle Stimme meldete sich: »Ähem, ich habe Ihre Anzeige gelesen und war neugierig.« ›Was sonst?‹, dachte ich. Auch hier machte der Anrufer keine Ausnahme von den bisherigen Kunden. Nun war es an mir die Führung zu übernehmen. Ich ging zum vertrauten »Du« über. »Du magst es also etwas härter, richtig? Du warst ein ungezogener Junge und willst bestraft werden, richtig? Hör zu, Violet gibt dir, was du brauchst.« Ich hörte ihn schlucken. »Hat denn der unartige Junge Lust, mich zu besuchen?« Stammelnd entgegnete er: »J… Ja.« Ich gab ihm die Adresse meiner ›Arbeitswohnung‹ und verabredete mich mit ihm um 19 Uhr dort.

Bereits kurz vor 18 Uhr war ich in meiner Zweitwohnung angelangt. Ich musste mich ja schließlich noch für das Date umkleiden und zurechtmachen. Meiner Augenfarbe entsprechend habe ich in einem Spezialgeschäft ein Schnürmieder und High Heels in Violett erstanden. Die Kunden waren beeindruckt, wenn sie mich in diesem Outfit vor sich hatten. Ich strich gerade meine nun mit Gel fast zu einem Helm stilisierten Haare nochmals nach hinten, als es auch schon an der Tür klingelte. ›Pünktlich ist er ja‹, dachte ich und öffnete die Eingangstür.

Vor mir stand ein etwa 1,90m großer Mann mit schwarzen Haaren, einem sehr markanten Gesicht und einem sehr sinnlichen Mund. Das Auffallendste waren jedoch seine Augen. Kristallblau. Diese wirkten durch die dunklen Haare noch intensiver. Ich trat einen Schritt zur Seite, um ihn hereinzulassen. Leise schloss ich die Tür hinter mir, während er sich unsicher in meiner ›Sündenhöhle‹ umsah. Ich fühlte seine Schüchternheit und mir wurde klar, dieses Date war das erste seiner Art, welches er wahrnahm. »Möchtest du vorher noch etwas trinken?«, fragte ich und sah zu dem kleinen Hotelkühlschrank in der Ecke. »Gerne.« Er flüsterte fast. Nach einem Räuspern fuhr er etwas lauter fort: »Mein Name ist übrigens Jan. Ich fürchte, du musst mich ein wenig anleiten. Ich habe so etwas noch nie gemacht.« Ich drehte mich schnell um, damit er mein leichtes Grinsen nicht sehen konnte. »Also, Jan, was möchtest du trinken? Bier, Wein, Sekt, Wasser?« Aufreizend hockte ich mich vor den Kühlschrank und ich konnte seine Blicke förmlich auf mir spüren. »W… Wein, rot«, stammelte er. »Gut, den habe ich natürlich nicht gekühlt.« Mit einer langsamen Bewegung kam ich aus der Hocke und schaute ihn an. Verlegen zog er seine Jacke etwas tiefer nach unten, doch ich hatte seine Erregung schon längst bemerkt.

Mit den beiden gefüllten Weingläsern setzte ich mich neben Jan auf die schmale Couch. »Es ist leider so«, begann ich, »zuerst die Bezahlung, dann das Vergnügen.« »Ja klar«, sagte er schnell und zog sein Portemonnaie aus der Jackeninnentasche. »Wie viel?«, fragte er und eine leichte Röte überzog sein Gesicht. »Jede angefangene Stunde 150€. Neben dir auf dem Beistelltisch steht eine Glasschale, leg das Geld dort hinein.« Mit einem Seitenblick bemerkte ich, dass Jan drei Hunderter in das Gefäß gelegt hatte. Ich schmunzelte und nahm einen kleinen Schluck Wein zu mir.

»Los, zieh dich aus«, gab ich in einem befehlenden Ton von mir, dessen leichte Ironie dabei aber nicht zu überhören war. Umständlich schälte Jan sich aus seiner Jacke und legte sie neben sich auf den Boden. Dann erhob er sich und begann, sein Hemd aufzuknöpfen. Ich stellte mich vor ihn und beobachtete seine fahrigen Bewegungen. Als er mit nacktem Oberkörper vor mir stand, konnte ich es mir nicht verkneifen, zustimmend zu nicken. »Schöner, durchtrainierter Körper. Treibst du Sport?« Mit einem leichten Lächeln sah er mich an und seine blauen Augen fingen an zu strahlen. »Ich spiele Handball.« Ich streckte meine rechte Hand aus und ließ meine violett lackierten Fingernägel über seinen Brustkorb streichen. Bei der linken Brustwarze machte ich halt und kniff sie leicht zwischen Daumen und Zeigefinger. Jan stöhnte leise auf. Ich kann nicht verleugnen, dass mir der Bursche immer besser gefiel, doch ich musste meine Professionalität wahren, nur zu leicht konnte man den sicheren Boden unter den Füßen verlieren.

Jan zögerte und sah mich an. »Nur weiter. Ich will alles sehen«, forderte ich ihn auf. Er öffnete den Knopf seiner Hose und zog den Reißverschluss nach unten. Er schob sich die enge Jeans mitsamt dem Slip vom Körper und so blieb er vor mir stehen. Das Beinkleid um die Schuhe gewickelt und eine Erektion, die in Richtung seines Bauchnabels zeigte. Ich beugte mich über die Rückenlehne des Sofas, um die ›Neunschwänzige‹ dahinter hervorzuholen. Da spürte ich eine Hand von ihm auf meinem Arsch. »He«, ich fuhr herum, »nicht anfassen! Du darfst mich nicht anfassen, ist das klar?« Verängstigt trippelte er zwei Schritte nach hinten und musste darauf achten, nicht über seine eigenen Beine zu stolpern. »Ist gut, ist gut«, sagte er und hob beschwichtigend beide Hände. Ich hatte die Peitsche erreicht und baute mich vor ihm auf. »Knie dich hin, du Nichtsnutz!« Ich deutete mit dem ›Folterinstrument‹ auf die Erde. Jan drehte sich herum und ließ sich auf die Knie sinken. Sein blanker, strammer Po ragte mir entgegen und ich versetzte ihm mit der Peitsche einen leichten Hieb. Ein leises, wimmerndes »Ja« kam über seine Lippen.

Es dauerte nicht lange und Jan verlangte: »Bitte etwas Fester.« Das konnte er haben. Sein Stöhnen wurde lauter, ebenso seine Forderung nach neuen Schlägen mit noch mehr Härte. Die ersten roten Striemen wurden auf seinem Hinterteil sichtbar. Erneut schlug ich zu. Ohne, dass er sich oder ich ihn anfasste, bekam er einen Orgasmus und ließ sich dann erschöpft auf den Rücken sinken. »Wow«, sagte er nach einer Weile. Ich dachte so bei mir, dass dies ja nun wirklich die Blümchennummer unter den SM-Spielchen ist, war aber froh darüber, mich nicht verausgabt zu haben. Langsam rappelte er sich hoch und zog seine Hose nach oben. Während er den Knopf schloss fragte er: »Können wir das wiederholen? Ich meine, die nächsten Tage oder so?« Ich nickte wohlwollend. »Logo, meine Nummer hast du ja.«

Donnerstag, 21. Januar 2016
Tatsächlich rief Jan schon am darauffolgenden Tag an. Noch immer spürte ich in seiner Stimme eine leichte Verlegenheit, doch längst nicht mehr in dem Maße wie gestern. »Hallo Violet«, sagte er fast fröhlich, »ich wollte dir sagen, wie gut mir unser Treffen gestern gefallen hat. Außerdem bist du eine atemberaubende Frau. Hat dir schon mal jemand gesagt, dass du Augen wie Veilchen hast?« ›Jetzt wird es poetisch‹, dachte ich bei mir und setzte mich an meinem Küchentisch in meiner ›Alltagswohnung‹. »Solange du nur die Augenfarbe meinst«, erwiderte ich. Er stockte einen Moment und schien über das von mir Gesagte nachzudenken, dann lachte er los. »Ach so – Veilchen, verstehe.« Es war ein warmes und herzliches Lachen und ein leichter Schauer kroch mir über den Rücken. ›Nein, Violet‹, sagte ich zu mir, ›alles, nur das nicht. Lass die Gefühle aus dem Spiel!‹ Das war ein Befehl an mich selbst. »Wann können wir uns wiedersehen?«, nahm er all seinen Mut zusammen. Ich sah kurz zur Zimmerdecke, schließlich platzte es aus mir heraus: »Wann möchtest du denn?« »Heute, 19 Uhr«, kam es spontan durch den Hörer. Diesmal war ich verblüfft und gab leise zurück: »Gut.«
Jan trat sofort in meine ›Lusthöhle‹ als ich die Tür geöffnet hatte. Anders als am Vortag ließ er seine Jacke sofort auf den Boden fallen und warf 200€ in die Glasschale. Ich sah ihn verblüfft an. »Violet«, begann er aufgeregt, »ich bin bald bereit.« Meine linke Augenbraue zog ich fragend nach oben. »Wofür?«, fragte ich schließlich. Er war dabei sein Hemd zu öffnen und sah mich mit starrem Blick an. »Alles zu tun, was sich in meiner Phantasie normalerweise abspielt.« Ich setzte mich auf das Sofa und verlangte nach einer Erklärung. »Nun«,

sagte ich, »wir werden uns hier auf ein Spiel einlassen, aber du solltest mir schon sagen, was sich in deinem Kopf so tut.« Jan zog sich ganz aus. Als er nackt und diesmal ohne Schuhe vor mir stand, stemmte er beide Hände in die Hüften, sein Blick war mehr als herausfordernd. Schließlich begab er sich vor mir auf die Knie, nahm meinen linken Fuß mit dem violetten High-Heel in die Hand und beugte sich darüber. Seine Zunge hinterließ feuchte Spuren auf dem Leder und auch ich verspürte eine leichte Erregung. Jan legte sich auf den Rücken, ich trat breitbeinig über ihn, stellte meinen Fuß auf seine Brust und führte die Schuhspitze zu seinem Mund. Er leckte weiter und verlangte dabei, dass ich den Druck mit den Absätzen auf seinem Brustkorb erhöhte. Als der erste Blutstropfen, hervorgerufen durch meinen Stöckel, zwischen seinen Brustwarzen hervortrat, hatte Jan seinen zweiten Orgasmus mit mir.
Als er sich angezogen hatte, beugte Jan sich leicht über mich. Ich hatte das Gefühl, er wollte mich küssen, doch ich drehte rasch meinen Kopf zur Seite. »Dann nicht«, bemerkte er leicht verärgert. »Wann darf ich dich wiedersehen?« Ich bekam langsam ein merkwürdiges Gefühl und zog mich weiter in das Polster der Couch zurück. »Morgen habe ich schon einen Kunden«, sagte ich schnell. Jan grinste mich an. »Okay, dann eben übermorgen.« »Ruf mich bitte wieder an.« Ich erhob mich. Mit meinen High-Heels habe auch ich eine stattliche Größe von gut 1,80 Meter. Jan nickte nur und verließ meine Wohnung. Ich gebe es zu, ich war durcheinander und es kommt selten vor, dass ich in meiner ›Arbeitswohnung‹ auch die Nacht verbringe, aber heute legte ich mich nach der Dusche total erschöpft ins Bett und schlief auch sogleich ein.

Freitag, 22. Januar 2016

Mitten in der Nacht wurde ich durch ein ungewöhnliches Geräusch an der Haustür geweckt. Ich bin wahrhaft nicht von ängstlicher Natur, doch das Verhalten von Jan hatte mich doch etwas verunsichert. Langsam erhob ich mich und schlüpfte in meinen Kimono. Darunter war ich nackt. Ich habe mir am Abend zuvor das Mieder förmlich vom Leib gerissen und die Schuhe in eine Ecke gekickt. Nach der Dusche war ich, so wie ich war, in das Bett geschlüpft. Vorsichtig näherte ich mich der Tür. Mit beiden Händen stützte ich mich daran ab und legte mein rechtes Ohr auf das Türblatt. Ich hörte ein Keuchen und ein Kratzen an der Schließanlage. Erschrocken fuhr ich zurück und sah mich in dem dämmerigen Zimmer nach meinem Handy um. Ich konnte es nicht finden. Dann schlug jemand laut gegen die Wohnungstür. »Jetzt mach schon auf, Violet. Ich weiß, du bist da.« Mein Herz begann zu rasen. Ich hatte die Stimme sofort erkannt. Natürlich war es Jan. »Nach deinem Handy brauchst du nicht zu suchen, ich habe es hier in der Hand.« ›Mist‹, dachte ich, er hatte es mir gestern Abend geklaut. Ich schluckte schwer. »Was willst du?«, schrie ich fast. »Noch ein Spiel«, hörte ich ihn sagen, »noch ein einziges Spiel.«

Was sollte ich tun? Ich öffnete die Tür. Als er mich ohne mein übliches Kostüm und Make-Up sah, blieb er verdutzt stehen. Doch dann drängte er mich in die Wohnung zurück und folgte mir. Ich hatte mich in ihm getäuscht, ich hatte einfach nicht geglaubt, dass ein solches Gewaltpotential in ihm steckte. Wehmütig dachte ich an den letzten Mittwoch zurück. Da war mir dieser Mann fast wie ein Kind erschienen. Nur zwei Tage später stand ein Psychopath vor mir. Gerade noch konnte ich mich an der Flurkommode festhalten, sonst wäre ich lang auf den Boden hingeschlagen. Er riss meinen Kopf mit der rechten Hand in meinem Haaren nach hinten. Sein Gesicht war nur wenige Millimeter von mir entfernt. Seine blauen Augen leuchteten vor Wut und Zorn.

»Veilchenblau – violette Augen«, schrie er mich an und versuchte, mir einen Kuss auf die Lippen zu geben. Ich wollte mich befreien, doch sein Griff zeugte von ungeheurer Stärke und ich bemerkte unter Schmerzen, wie sich Haare von meiner Kopfhaut lösten. Er stieß mich weg und ich verlor nun tatsächlich das Gleichgewicht. Ich lag vor ihm auf dem Boden und er stellte sich über mich. Ebenso, wie ich es gestern Abend bei ihm getan hatte. Mein Kimono hatte sich bei dieser Rangelei geöffnet und nun besah er sich meine Brüste und meinen Schambereich. »Schade, dass du das alles immer versteckst«, meinte er und fuhr mit seiner Schuhspitze über meine Brustwarzen. Ich wollte mich unter ihm hervorwinden, doch im selben Augenblick stemmte er mir seinen Fuß in den Bauch.

»Du bleibst hier«, brüllte er, »wir spielen jetzt unser letztes Spiel!« Ich weiß nicht, woher er es hatte, aber plötzlich hielt Jan ein Küchenmesser in der Hand. Alles in mir zog sich zusammen und plötzlich spürte ich die Narbe an meinem Oberschenkel pochen. »Jan. Bitte«, flehte ich. Er ließ seinen Fuß von mir ab, doch bevor ich mich auch nur irgendwie bewegen konnte, setzte er sich mit seinem ganzen Gewicht auf mich. Mit der rechten Hand hielt er das Messer vor mein Gesicht, mit der Linken hatte er sich in meine Haare vergraben und versuchte mich stillzuhalten. »Ihr seid alles Nutten«, zischte er mir zu. Ich sah ihn ungläubig an. »Ja, glotz du nur. Auch meine Mutter war so eine wie du. Violett war ihre Lieblingsfarbe. Doch du setzt allem noch die Krönung auf. Selbst deine Augen sind violett. Ich hasse Veilchen.« Er setzte das Messer unter mein rechtes Auge. Schweiß brach mir am ganzen Körper aus, ich schluckte schwer. »Jan …«, begann ich zu betteln. Er begann laut zu lachen. »Jan? Wer ist Jan? Denkst du Schlampe eigentlich, ich bin so blöde, dir meinen richtigen Namen zu nennen?« Ich fühlte mich verloren und glaubte mich einer Ohnmacht nahe.

Doch dann nahm ich all meinen Mut zusammen. Ballte meine Rechte zur Faust und schlug ihm mit aller Kraft gegen die Nase. Er strauchelte und sah mich überrascht an. Das war meine Chance. Es gelang mir, ihm das Küchenmesser zu entwenden und im nächsten Moment richtete ich es gegen

ihn. »Runter von mir, du Missgeburt«, schrie ich ihn an. Inzwischen hielt er sich mit beiden Händen die Nase und ich sah, wie Blutstropfen zwischen seinen Fingern hervordrangen. Er richtete sich langsam auf und ich konnte unter ihm hervorkriechen. In Sekundenschnelle war ich auf den Beinen und streckte ihm das Messer, das ich inzwischen in beiden Händen hielt entgegen. »So nicht. So darf es nicht enden«, flüsterte Jan und stürzte sich mit erhobenen Armen direkt in das von mir entgegengestreckte Messer.
Sein Aufprall warf mich mit ihm um. Ich lag unter ihm und fühlte, wie das Messer bis zum Schaft in ihn eingedrungen war. Langsam hob er den Kopf und sah mir direkt ins Gesicht. »Lass mich deine Augen nochmals sehen. Diese violetten Augen«, flüsterte er. Mit aller Kraft schob ich ihn von mir. Er rollte zur Seite und blieb still liegen. In Panik rappelte ich mich hoch und betrachtete den leblosen Körper vor mir. Jan schien nicht mehr zu atmen. In aller Eile durchsuchte ich seine Jackentaschen nach meinem Handy. Ich wurde fündig und verständigte die Polizei.

Donnerstag, 11. Februar 2016 – Heute
Ich sitze immer noch in Untersuchungshaft und ich schätze, das werden auch die Gesetze nicht großartig ändern. Als sich der Herr Staatsanwalt bei mir ›vorgestellt‹ hatte, erkannte ich in ihm den Kunden, der mich damals ›Schlitzen‹ wollte. Nun habe ich nur noch dieses Tagebuch und ich versuche, dort etwas zu finden, das meine Unschuld beweisen könnte.

Blutschwestern

Michaela Kaiser

Monika dreht ihr Gesicht zur Sonne und schließt die Augen. Sie spürt, wie die warmen Strahlen ihre Haut aufheizen und sich langsam Schweißtropfen auf ihrer Stirn und der Oberlippe bilden. Gänsehaut und ein wohliger Schauer laufen ihr den Rücken hinunter. Am liebsten würde sie ihr Innerstes nach Außen kehren und die Sonne mit jeder Faser ihres Körpers aufnehmen. Doch dann seufzt sie und zieht sich in den Schatten des knorrigen Baumes zurück, die einzige Schattenquelle auf diesem weiten Feld. Sie verträgt nur wenig direkte Sonnenstrahlen; viel zu schnell rötet sich ihre Haut und ein Sonnenbrand ist unausweichlich. Obwohl es jetzt auch nicht mehr wichtig ist, Sonnenbrand oder nicht. Sie hat so oft schon mit ihren roten Haaren und der empfindlichen Haut gehadert, heute will sie davon nichts wissen. Aber Jana zuliebe setzt sie sich in den Schatten, denn die Labradorhündin ist seit Ausbruch ihrer Krankheit noch empfindlicher geworden, und würde ohne sie nicht im Schatten bleiben. Der Hund setzt sich neben Monika und sie blickt wieder über das weite Feld, das ganz aus hüfthohen, violetten Blüten besteht. Lavendel, so weit das Auge reicht. Eine Wohltat für die Seele und der beste Grund, um heute, an ihrem letzten Tag, hier zu sein. Tief atmet sie ein und hält den typischen Duft der Pflanze, den Duft, der in diesem Landstrich jede Ecke bedeckt, tief in sich fest. Ganz am Ende der schnurgeraden Linien aus Pflanzen kann sie gerade noch die Dächer der Abtei erkennen. Es scheint eine Ewigkeit her zu sein, dass sie von dort aufgebrochen ist. Und doch war es erst vor wenigen Stunden. In der schon heißen Morgensonne war sie über das Feld gelaufen, bis zu diesem Baum inmitten vom Nirgendwo. Zweimal musste sie anhalten, weil Jana eine Pause brauchte.

Sie holt aus ihrer großen Umhängetasche einen Napf und eine Flasche Wasser. Sie füllt den Napf für Jana und trinkt selber den Rest der Flasche, während sie der Hündin zuschaut, die das mittlerweile lauwarme Wasser dankbar trinkt. Dann breitet sie das Tuch auf dem Boden aus und richtet ihr Mittagsmahl. Käse, Wein und ein Stück trockenes Brot. Mehr braucht sie nicht, nicht heute. Es reicht ihr der Genuss dieses kargen Mahles.

Der Nachmittag schreitet voran und sie beobachtet, wie die gelbe, gleißende Sonne ihre Bahn über den Himmel zieht. Zwischen den Pflanzenreihen weht ein leiser Wind, aber er bringt keine Abkühlung. Jana steht einmal auf und wandert ein paar Schritte, sie erleichtert sich und kommt dann in den Schatten zurück. Irgendwann schläft Monika ein und als sie erwacht, steht die Sonne nur noch auf halber Höhe, aber es ist immer noch heiß. Hochsommer und beinahe Erntezeit für die kostbaren Pflanzen. Schade, sie wäre gerne noch einmal bei der Ernte dabei gewesen. Aber diesmal sollte es nicht sein, dieses Mal nicht.

Monika legt den Arm um die Hündin und lässt den Blick wieder und wieder über die violette Ebene schweifen. Jana lässt sich schwer an ihren Körper sinken und hechelt. Dann dreht sie den Kopf und schaut Monika vertrauensvoll in die Augen. Monika vergräbt ihr Gesicht in dem weichen Fell und drückt das Tier ein wenig fester an sich. Jana hebt den Kopf und schmiegt ihre Schnauze in Monikas Hand. Dann lässt sie sich sinken und dreht sich auf den Rücken, bietet Monika die Brust zum Kraulen an. Auch ihr nackter Bauch wird sichtbar und deutlich hebt sich die Beule darauf ab. Monika streicht darüber und spürt die Hitze, die davon ausgeht. Heiß und tödlich. Jana scheint aber momentan keine Beschwerden zu haben. Sie legt den Kopf rücklings flach auf den Boden, dabei fallen ihre Lefzen ein wenig zurück, so dass es aussieht, als würde sie lächeln. Monika lächelt auch und empfindet tiefen Frieden.

Schwestern im Geiste, so empfindet sie. Und sie weiß, dass sie im nächsten Leben wieder mit ihrer Schwester vereint sein wird. Sie muss nur das Ritual einhalten, so wie es vorgeschrieben ist. In diesem Leben wartet niemand auf sie, hier hat sie nur einen Körper, der ihr bald nicht mehr gehorchen wird und eine Schwester, deren irdischer Leib von dem innewohnenden Dämon zerfressen wird. Zwei Seelen, verbunden und doch in Leibern, dessen irdische Existenz vergehen wird. Das Ritual, sie muss das Ritual einhalten, damit sie und ihre Schwester sich im nächsten Leben wieder finden. Sie schaut zur Sonne und schätzt die Uhrzeit. Bald ist es so weit, sie sollte beginnen.

Sie öffnet ihre Umhängetasche und holt die kleine Dose hervor. Die Leberwurst hat sie schon heute früh präpariert, Leberwurst ist Janas Lieblingssnack. Der Hund schnüffelt aufgeregt und hebt den Kopf, hat die Wurst schon gerochen. Monika öffnet die Dose und füttert den Inhalt an die Hündin. Jana schlingt die gerollten Portionen herunter, ohne zu kauen, ohne zu schmecken. Als sie sieht, dass die Dose leer ist, legt sie sich wieder lang an Monikas Füße und streckt die Hinterbeine aus, um ihren erhitzten Bauch fest an die kühle Erde zu pressen.

Monika entspannt sich. Es wird nicht lange dauern, sie weiß es. Sie hat das ganze Röhrchen des tödlichen Inhalts in die Wurst gerollt. Kleingedrückt und in dem Lieblingssnack versteckt. Um ganz sicher zu gehen. Sie soll nichts spüren, keine Schmerzen mehr erleiden.

Mitten in diesem überirdisch schönen Lavendelfeld sitzt sie mit ihrem treuen Labrador und genießt den Tag, der sich langsam dem Ende zuneigt. Ein leichtes Lächeln umspielt ihre Lippen, als sie die Synonymität zu ihrem Leben erkennt. Und doch, nirgends ist sie heute lieber als genau hier, an diesem Ort der Düfte und Farben.

Jana ist eingeschlafen. Ihr Kopf ruht auf den Pfoten und die Augen sind geschlossen. Ihr Atem geht flach. Nach einer Weile rutscht sie zur Seite und die Atemzüge kommen in immer größeren Abständen. Monika legt sich zu ihr auf die kühle Erde und umfängt den vertrauten Körper mit ihren Armen. Janas Kopf hält sie in ihrer Armbeuge und mit einer Hand streicht sie dem Tier über die Stirn, die sich trotz der nachmittäglichen Hitze kühl anfühlt. Sie hält den sterbenden Hund im Arm und erzählt ihr von all den schönen Erlebnissen, die sie miteinander verbinden. Sie redet und redet, lauscht dabei auf die immer flacheren Atemzüge und merkt, wie der Körper schlaffer wird.

Zehn Jahre ihrer Leben haben sie miteinander verbracht. Zehn Jahre, in denen sie nie mehr als einige Stunden getrennt waren. Ihre Mutter hatte Monika den Hund geschenkt, einige Wochen, nachdem ihre menschliche Schwester gestorben war. Gestorben an demselben Dämon, der auch sie nun fest in den Fängen hält. Jana sollte Monika über den Verlust hinweg trösten, aber sie hatte sehr bald erkannt, dass die Hündin mehr war als ein Tier. Sie hatte erkannt, dass dies ihre wahre Schwester war, ihre Schwester im Geiste und bald auch im Blut, ihre Blutschwester. Bald wären sie für immer vereint und würden im nächsten Dasein wieder zusammen sein. Monika findet die Aussicht spannend, vielleicht wäre dann Jana der menschliche Part und sie der vierbeinige Begleiter?

Sie legt eine Hand auf die Flanke, die sich jetzt kaum mehr hebt und senkt. Ja, sie muss sich schon sehr anstrengen, um überhaupt noch eine Bewegung wahrzunehmen. Tiefliegende Sonnenstrahlen bahnen sich ihren Weg durch das hohe, violette Blütenmeer und tauchen Monikas unmittelbare Umgebung in ein unterirdisches Licht. Janas Flanke ist seit mehr als zehn Minuten still geblieben. Monika greift ein letztes Mal in ihre Tasche und holt das kleine Skalpell hervor, das sie, in mehrere Lagen Stoff gewickelt, seit ihrer Abreise dort aufbewahrt hat. Sie setzt sich auf und bettet den Kopf der Hündin auf ihren Schoß. Dann setzt sie das Messer am Hals der Hündin an und öffnet mit einem entschiedenen Schnitt die Halsschlagader. In einem Schwall quillt das Blut hervor und tränkt augenblicklich Monikas Hose und versickert in der trockenen Erde des Lavendelfeldes. Dann setzt sie zu einem präzisen Schnitt an ihrem eigenen Handgelenk an, versenkt die Spitze tief zwischen den Sehnen, bis das Blut hervorspritzt. Sie nimmt das Skalpell in die andere Hand und schneidet auch am zweiten Handgelenk tief ins Fleisch. Erstaunlicherweise schmerzt es weniger, als sie gedacht hatte. Dann legt sie beide blutenden Hände an Janas Hals und sieht zu, wie sich ihr Blut mit dem der Hündin vermischt und dann versickert. Blutschwestern. Sie schaut zum Horizont, um den Zeitpunkt nicht zu verpassen, und presst die blutenden Handgelenke dichter an Janas Halsschlagader. Das Blut des Tieres fließt gemächlich, im Gegensatz zu ihrem wird es kaum noch gepumpt. Langsam breitet sich Kälte in ihr aus und eine angenehme Schwäche überkommt sie. Sie legt ihren Kopf an den Baumstamm hinter sich und beobachtet, wie die allerletzten Sonnenstrahlen das violette Blütenmeer in einem ultimativen Aufschrei aus Farbe in Brand setzen. Dann schließt sie die Augen. Es ist vollbracht. Der rechte Zeitpunkt zum Sterben ist gekommen.

Tückisches Violett

Marlies Hanelt

»Nein – verdammt noch mal, nein! Ich ziehe diese enge dämliche Korsage nicht an«. Wutentbrannt, mit hochrotem Gesicht schleudert Vanessa ihrem liebsten Tristan pausenlos Absagen an den Kopf. »Das Teil mit dem abgefahrenen Violett steht mir überhaupt nicht. Es schnürt mir meine Taille derart ein, dass ich kaum Luft bekomme. Willst du meinen Tod heraufbeschwören, du alter Sadist«? Vanessa stemmt ihre Hände auf die Hüften, schaut Tristan herausfordernd aus funkensprühenden Augen an, will sich nicht so einfach damit abfinden, dass Tristan das Sagen hat. Ihn törnt Violett total an, während es bei Vanessa Abneigung – ja, regelrecht Ekel - erzeugt. »Was hast du gesagt«? Tristan wendet noch nicht einmal den Kopf in ihre Richtung. Sitzt in seinem antiken Ohrenbackensessel, schmaucht ein Pfeifchen und schlürft dazu den heißgeliebten Creoles Cream mit zwei Oliven. Weißer Rum, trockener Martini und ein Schuss Angostura bitter. Schwebt gedankenverloren in seiner mit extremem Sex ausgefüllten dominierenden Welt. Alles, was die Fantasie hergibt, wird praktisch umgesetzt. Vanessa hat sich dem unterzuordnen. Wird zu einer Sexmarionette, an deren Fäden Tristan zieht und heftig agiert.

Eigentlich wollte sich Vanessa schon längst von ihm trennen. Hin und her gerissen, im Taumel von Gefühlswelten, die sich nicht wirklich erklären lassen, weilt ihre Wenigkeit immer noch an seiner Seite und erduldet alle grausamen Spielchen von Tristans perfide gewickeltem Gehirn. Seit geraumer Zeit verlangt Tristan jedoch von seiner holden Vanessa immer mehr. Nicht nur abartig geformte violette Sexspielzeuge finden ihre Relevanz, sondern auch extrem einzwängende Kleidung als auch Schuhe im Renaissance - Stil, begleiten das Sexszenario auf dubiose Weise. Alles in violetten Farbnuancen gestaltet. Tristan suhlt sich förmlich darin. Wie in ein Bad der lilafarbenen Erotik getaucht, erlebt er einen Orgasmus nach dem anderen. Vanessa hingegen fühlt absolut nichts. Spielt ihm jedes Mal etwas vor. Er ist der dogmatische Mann und zeigt das auch, bis zur letzten Konsequenz. Lässt seiner Gesinnung freien Lauf, die ihn bis zum Zenit aufgeilt.

Tristan wähnt sich in absoluter Sicherheit, denn Vanessa ist ihm hörig und vor allem kräftemäßig unterlegen. Zumindest glaubt er es. Dass sich dieses Empfinden später als Irrglaube erweist, kann Tristan im Moment noch nicht wissen. Mit feixendem Mimik - Spiel, diebisch reibenden Händen, entsteigt er majestätisch seinem Ledersessel wie ein Regent dem Thron, schreitet ebenso zum Schlafgemach und kramt in der hölzernen, mit schmiedeeisernen Beschlägen versehenen Truhe, nach dem Lieblingsfolterstück – einer dunkellila eingefärbten Knute, an deren Ende deftige harte Lederriemen sehnlichst darauf warten, auf einen Körper eindreschen zu dürfen. Während sich sein Trieb langsam, aber ständig wachsend, auf den Gipfel zubewegt, schwebt er regelrecht zurück ins Wohnzimmer und verliert völlig den Boden unter seinen viel zu großen Füßen. Die Knute dabei im Rhythmus auf jene wuchtigen Hände schlagend, setzt die Kontrolle über jedwede Handlung aus, weicht einer bis ins Extreme gehenden sexuellen geilen Gier, von der nur noch Kälte ausgeht. Tristan ist nicht mehr er selbst, sondern ein wütender, vor Zorn geifernder Zombie. Zwei Welten wohnen in Tristan, dem das Gute ständig vermittelt wird, dass es hier nichts zu suchen hat. Das Böse treibt sich jeden gottverdammten Tag um und will quälende Spielchen der Züchtungen ausleben. Nicht dass es verwerflich wäre – nur gehören hierzu immer noch zwei Menschen, die es einvernehmlich miteinander treiben.

Vanessa weiß ganz genau, was jetzt auf sie zukommt. Steht einfach nur stocksteif da, hat die Korsage wütend in die Ecke geschmissen. »Diesmal gehst du zu weit, mein Lieber«, flüstert sie mit einer gewissen angedeuteten Freude im Gesicht. »Wart‘s nur ab - ich drehe den Spieß einfach um – wirst sehen, es kann dir danach nur gut gehen – lass mich machen«. Tristan platziert seinen wuchtigen dominierenden Astralkörper zwischen Tür und Angel, weidet sich vorab an dem, was hernach folgen wird, hört schon jetzt die Schläge der Knute, wenn sie auf Vanessas zartem Leib ihrer Bestimmung frönt, höhnt mit fiesen Fäkalworten, die noch nicht einmal ansatzweise verständlich klingen, eher wie das Grunzen eines läufigen Moschusochsen, der dabei ist, den Gegner auszuschalten, bis aufs Blut kämpft, um final das Weibchen begatten zu dürfen. Nur Gehabe, eine Laune der Natur oder was? Nachahmer gibt es auf der ganzen Welt. Sehen nur den einzigen Sinn und Zweck in einer tierischen Paarung und verhalten sich dementsprechend. Wohliges Miteinander ist ihnen zuwider und gehört nicht in ihr scheinbar vorgeprägtes Repertoire.

Vanessa fokussiert sich auf die Lederriemen, will Tristan in Sicherheit wiegen nur keinen Verdacht aufkommen lassen, dass ihre Person etwas Besonderes für ihn im Petto hält. Leiden sollst du, mein Ehrerbietender. Jede Sekunde diese verdammten Lila-Knute auskosten, bis dass dich der Tod in seine knochigen Arme nimmt, sich die Unendlichkeit deiner abscheulichen Seele erbarmt, schwirren Gedanken der Rache in ihrem Hirn herum, lassen sich nicht ordnen. Wozu auch? – Denn alles läuft nur auf eines hinaus - Genugtuung als letzte Gefühlskonsequenz des sich Befreiens ob des menschenunwürdigen Daseins. Für einen kurzen, unachtsamen Moment lässt Tristan vom teuflischen Lederspielzeug ab. Legt es neben sich auf den Boden. Fummelt mit beiden Händen am Kragen des lilafarbenen Hemdes herum. Reißt und zerrt wie ein vom Satan Besessener daran, gebärdet sich wie ein lüsternes Monster. Sämtliche Knöpfe platzen ab. Sausen wie Wurfgeschosse in Richtung Vanessa - prallen an ihr ab. Deutlich erkennt sie auf Tristans Brust dunkle Haare, die sich, stetig wachsend aus seiner immer dunkler werdenden Haut, durch jede Pore bohren und ihn nicht mehr wirklich menschlich ausschauen lassen. Das Szenario wird seiner Vollendung zugeführt. Haare in jedweder Farbnuance sprießen aus jedweder Körperöffnung, wobei die Farbe Lila dominiert. Kräuseln sich bis auf den Fußboden. Das Ganze wirkt wie ein neuerlich entworfener Wisch-Mopp, der eigentlich nur bevorzugt für das Säubern bestimmt ist. In Vanessas Augen flammt sekundenschnell das Humorige auf, quittiert es mit einem kurzen Lächeln, was sofort der nüchternen Mordlust weicht.

Es ist der Überraschungseffekt, der jetzt zum Tragen kommt. Die Chance nutzen, während Tristan weiterhin in ein obskures Wesen mutiert. Vanessa bückt sich blitzschnell, hebt die Knute auf, hüpft gummiballartig und dreht sich wie ein Brummkreisel, entzieht ihren Körper Tristans Blicken, die ohnehin kein festes Ziel haben, dreht drei Lederriemen zu einem, und zwirbelt so lange, bis diese einer Kordel ähnlich sehen, für die es jetzt kein Halten mehr gibt, schwingt sie um seinen sehnigen Hals und drückt heftig zu. Tristans Glubscher heben sich aus den Höhlen, beginnen einen beispiellosen Basedow'schen Tanz, der in Vanessa Euphorie auslöst. Aus den Fäkalworten werden zeitgleich gurgelnde röchelnde Laute, gleich eines in der Nähe des Todes befindlichen Sterbenden. Er schreit regelrecht um Hilfe und bettelt um Erlösung. Vanessa lässt von Tristan ab. Aber nur für einen Moment, um im Nachhinein noch kräftiger zu würgen. Immer mehr wächst in ihr die Begeisterung – denn das Vergnügen, eine gewisse Kontrolle über den violetten Tod zu besitzen, kann sie nicht leugnen. Erachtet doch ihre holde Weiblichkeit das langsam dahin Vegetierende die Faszination der Überlegenheit. »Wann es so weit sein wird, bestimme ich, du violettes, stinkendes Irgendetwas. Abschaum eines Kretins, der nur genussvoll sterben sollte. Fahr zur Hölle und begrüße den Leibhaftigen. Ihr gehört zweifelsohne zusammen«! Hohn Spott und Ironie liegen in ihrer Stimme und gewinnen immer mehr an Dominanz.

»Wie gefällt dir das, du Tölpel«? Keine Antwort. Mit letzter sich aufbäumender Intensität drückt Vanessa final zu, versetzt ihrem Tristan den Todesstoß, der sie fürderhin von ihm befreit.

»Habe ich dir nicht versprochen, dass es dir gutgehen wird, liebster Tristan«? Sie beugt sich über sein langsam violett anlaufendes Gesicht und kann ihrer Freude kaum den richtigen Ausdruck verleihen. Sie seufzt tief und wirkt erleichtert. »Es ist vollbracht, mein guter Tristan. Der Höllenschlund erwartet dich schon sehnlichst«! Sie richtet sich auf und reckt ihren einst so makellosen Körper, der noch einige Zeit von blauen Flecken, Narben und Wunden übersät sein wird. Irgendwann heilen diese. Aber Narben auf der Seele bleiben. Wie ein geprägtes Zeichen der Lieblosigkeit, in Form von Foltermethoden der grotesken Art.

Nachwort

Solange der Mensch nicht bereit ist, sein individuelles Umfeld zu respektieren als auch zu akzeptieren , wird das Böse immer unter uns weilen und gibt diesem einen grundsätzlichen Nährboden, damit es daraus seine Kräfte ziehen kann. Das teuflisch Böse besitzt viele Namen. Mal kommt es in Form von Tristan daher. Dann wiederum erscheint es als tückische trügerische violette Versuchung in anderer Form. Gebt auf EUCH acht.

Wie viele Punkte ist Dein Leben wert?

Katja Michels

»… ich meine, wenn Dein Traum Dich tötet, bist Du nicht mehr da, um es erzählen zu können, oder? Man wird es einen Herzinfarkt nennen. Man wird sagen, Du seist im Schlaf gestorben. Man wird nie erfahren, was wirklich passiert ist. Dass Dein schlimmster Albtraum Dich letztlich doch eingeholt hat« (Allison Dubois)

Ist der Tod wirklich das Ende?

Der ansonsten ganz in schwarz gekleidete Notar richtete seine leuchtend violett schimmernde Krawatte und blickte in ernste, auf den letzten Willen ihres Vaters bedachte Gesichter. Nur Katrina war nicht wirklich bei der Sache, ihr erschien noch immer alles so unwirklich. »Dein Vater überlebt uns alle, ich glaube, er ist nicht geboren, um zu sterben.« Diese Aussage ihrer Mutter, die bereits vor zehn Jahren bei einem Verkehrsunfall ums Leben gekommen war, wollte ihr niemals wirklich aus dem Kopf gehen. Wie eine bekannte Melodie, die nun seit genau zwei Wochen als verstummt galt. Seit jenem Tag, als Anton Behler nicht mehr zur Arbeit erschienen, seiner Tochter keinen guten Morgen mehr gewünscht und sich auch nicht mehr jugendlich grinsend auf sein altersschwaches Motorrad geschwungen hatte. (In seinem Herzen war es eine original Harley Davidson) Seit diesem Tag, an dem sie ihn tot in seinem Bett vorfinden musste, war alles anders. Aber nicht nur, weil er nicht mehr da war, sondern eher deshalb, weil er seit diesem 20.11. plötzlich überall auftauchte. »Nur nicht mehr in der Realität«, wimmerte Katrina leise vor sich hin. »Was sagtest du?« Notar Karl Schüller sah von den Wertpapieren, die er für Margot und Hauke Behler ordnete auf und versuchte, seine Aufmerksamkeit auf den jüngsten Sprössling seines besten Freundes zu richten. »Alles in Ordnung, Kleine?« Eine Frage, die sich genauso stumpfsinnig in Katrinas Kopf festzusetzen schien wie jener Satz ihrer Mutter: »Dein Vater überlebt uns alle!« »Es geht schon«, antwortete die Zweiundzwanzigjährige leise und wischte sich einige Tränen von der Wange. »Ich habe jetzt alles so weit sortiert, er hat euch sein Haus in Bonn-Lengsdorf, seine Münzsammlung, seinen alten Ford und seine Harley vermacht.« Während des letzten Erbstückes lächelte Karl sanft und strich über das Farbfoto, das seinen Freund auf einer alten Kawasaki zeigte. »Für deinen Vater war seine Harley real.« Ein scheues Lächeln huschte auch kurz über Katrinas Gesicht. Karl kramte bereits weiter und förderte schließlich einen dunkelviolett leuchtenden Umschlag zu Tage und zum ersten Mal war da dieses seltsame Gefühl, sich auf einem Terrain zu bewegen, das den Sterblichen aus gutem Grunde verschlossen bleiben sollte: »Ich habe hier unter seinen diversen Papieren und Formularen noch etwas gefunden, womit ich leider überhaupt nichts anfangen kann. Ich vermute, dass euer Vater da irgendeinem Club, einem Verein, beigetreten ist, aber mir sagt der Name leider gar nichts. Bezahlt hat er nichts, da steht nur, dass er freigeschaltet werden muss, bevor die Frist abläuft.« »Willkommen bei den ›Violettilisten‹«, prangte in verschwommenen Zeilen auf dem Umschlag. Es folgten ein Anmeldeformular ihres Vaters sowie ein fast leeres Blatt, wo am unteren linken Rand eine einzige Zeile prangte: ›Link für Katrina Behler, im Auftrag ihres Vaters, Herrn Anton Behler, weitere Informationen erfolgen nach Freischaltung.‹

Während ihre Geschwister sich mit den Papieren, in denen der Wert der Erbschaft aufgelistet war, beschäftigten, betrachtete Katrina nur dieses eine Blatt Papier. Eine Vorahnung stieg in ihr auf, die sie allerdings nicht zuordnen konnte. Ihr Blick richtete sich wieder auf den Anwalt.

»Onkel Karl, weißt du, dass deine Krawatte farblich genau zu diesem Club hier passt?« Katrina nahm den violetten Umschlag und hielt ihn im warmen Licht der Glühlampe dicht neben die Krawatte ihres Patenonkels. Und da war es wieder, dieses Gefühl, etwas tun zu müssen, was abseits der Norm stattfinden würde. Karl Schüller warf einen kurzen Blick auf ihre Geschwister, die auf einem Block herumrechneten und so von ihm und Katrina abgelenkt waren. Er beugte sich ein wenig vor und senkte seine Stimme zu einem Flüstern. »Ich weiß, und du musst dir merken, dass es kein Zufall ist. Seine Punkte reichen aus, gib den Link ein, wenn du zu Hause bist, aber pass auf, es gibt einen Grund, warum dieser Weg für Sterbliche nur in Ausnahmefällen geöffnet wird.« Das junge Mädchen versuchte herauszufinden, was ihr geliebter Onkel damit meinte. »Was?«, war das einzige Wort, das es noch hervorzubringen bereit schien, woraufhin der Notar die Rückansicht seiner Krawatte offenlegte »Willkommen bei den Violettilisten«, die gleichen verschwommenen Buchstaben wie auf dem Umschlag, nur eben fein säuberlich auf weißen Untergrund genäht. Noch ehe Katrina es sich getraute, weitere Fragen zu stellen, führte Onkel Karl seinen Zeigefinger zum Mund, um seiner Geste des Schweigens noch mehr Ausdruck zu verleihen. »Folge dem Link«, raunte er ihr noch leise zu, ehe er sich wieder Katrinas älteren Geschwistern zuwandte.

Folge dem Link!

»Der Alte ist doch vollkommen durchgeknallt.« Margot stieg wild gestikulierend neben ihrem jüngeren Bruder die Marmorstufen des Amtsgerichtes hinunter. »Kein eigenes Büro, keinen Parkplatz, aber ne violette Krawatte von irgend so nem Sektengedings. Der hat sie doch nicht mehr alle.« Katrina hörte noch, wie Hauke versuchte, seine Schwester zu beschwichtigen, dann waren die beiden aus ihrem Wahrnehmungsfeld verschwunden, so wie eigentlich ihr gesamtes Leben lang. Margot und Hauke zählten mit ihren 38 und 40 Jahren über fünfzehn Jahre mehr und irgendwie hatte sich niemals eine innige Verbindung herstellen lassen. In manchen Situationen, so empfand Katrina häufiger, benahmen sich die beiden so dermaßen daneben, rein menschlich betrachtet zumindest, dass sie im Grunde ihres Herzens froh war, nicht Teil ihrer allzu oberflächlichen Welt sein zu müssen. Zu Hause angekommen, gab sie sofort den Link des Schreibens der ›Violettilisten‹ ein und augenblicklich nahm der Bildschirm ihres Computers einen Farbton von dunklen, überreifen Pflaumen an. Wie von Geisterhand erschienen fremdartige Symbole und Schriftzeichen auf dem Monitor. Die seltsame Ahnung, nicht mehr alleine im Raum zu sein, ergriff von Katrina Besitz, sodass sie bei jedem kleinsten Rascheln ruckartig zusammenzuckte. »Wie lautet das Passwort?«, ertönte eine dunkle, jedoch sanfte Stimme. »Das Passwort? Woher sollte ich wissen …?», ohne die letzten Worte auszusprechen, tippte sie die Worte des letzten violetten Gegenstandes ein, der sich noch vor gut zwei Stunden ganz genau vor ihrer Nase befunden hatte: »Krawatte.« »Lieben Dank.« Die seltsame körperlose Stimme begann ein Sammelsurium an Zahlen/Worten/Lauten vor sich hinzubrabbeln: »Fristende am 09.12.2012, bitte bestätigen Sie die Freischaltung und genehmigen Sie die Weiterleitung an Ihren Portalöffner. Sie finden ihn in der Nacht zum 06.12. an dem Grabmal aus dem Reich der Toten, dem Ihres Vaters, erkennbar an der entsprechenden Farbmarkierung. Und haben Sie keine Angst, Ihre Seele ist noch rein, die Unterwelt wird demnach keinen Zugriff auf die Ihre in Anspruch zu nehmen wissen.« Katrina starrte unverwandt auf das Emblem der Violettilisten und fragte sich, was sie dort eigentlich tat. Das konnte doch nur ein schlechter, makabrer Scherz sein. ›Aber die Trauer ist es, die einen antreibt, alles zu glauben‹, dachte sie stumm und überlegte, wie es nun weitergehen sollte. Seit dem Tod ihres Papas vegetierte Katrina gefühlsmäßig nur noch dahin und wusste schon gar nicht mehr, ob sie nicht vielleicht doch einfach nur aus Erschöpfung eingeschlafen war. In der Nacht zum 06.12., morgen Nacht, hatte sie demnach ein Date an dem Grabstein ihres Vaters, mit wem auch immer. Schlimmstenfalls mit einem Verrückten, der sich seine Opfer auf solch sonderbare Weise sucht oder …

»… aber jedes Kind wird Ihnen sagen, dass es eines gibt, was man im Traum nicht machen kann. Man kann nicht sterben. Wenn man in seinem Traum stirbt, dann stirbt man auch im wahren Leben.« (Allison Dubois)

Gibt es einen Ausweg?

»Geschlossen, junge Dame, sämtliche Gräber werden eingeebnet, aber was wolltest du denn zu solch später Stunde noch hier auf dem Friedhof?« Der Landschaftsgärtner blickte sie über seine Schutzbrille hinweg skeptisch an. »Du gehörst doch wohl nicht etwa zu diesem Lumpenpack, das jede Nacht über meine mit viel Mühe bepflanzten Kunststätten trampelt und alles verwüstet?« »Nein, nein!« Katrina hatte keine Ahnung, was sie ihm erzählen sollte. Vor allem, weil sie doch selbst nicht wusste, was sie hier wirklich gedachte zu tun. »Ich … ich wollte zum Grab meines Papas.» »Ah so, ja dann, wo liegt denn das Grab deines Papas?« Katrina wies auf das obere Gelände Richtung Kapelle hinauf. »Dann beeil dich, das wird nämlich auch wieder dem Erdboden gleich gemacht.« Katrina geriet ins Grübeln: »Wie meinen Sie das, mein Vater wurde doch erst vor zwei Wochen beerdigt, wieso …?« Ihre Gedanken schweiften ab, irgendetwas in dem Gesicht des Gärtners sagte ihr, dass er nicht hier war, um Blumen zu pflanzen und Hecken zu stutzen. Als etwas in seiner Hand verdächtig violett aufblitzte, lief es ihr eiskalt den Rücken hinab. Es entpuppte sich als ein einfacher Malerpinsel, dessen Spitze in einem zarten Brombeerton funkelte. »Sie sind gar kein Gärtner, oder?« Der Mann drehte sich verheißungsvoll um und lächelte leise in sich hinein: »Wie lautet das Passwort?« »Also, sind Sie der Portalöffner?« »Wie lautet das Passwort?« »Sie dürfen nicht mit mir sprechen?« »Jede Welt hat Ihre Geheimnisse, ich kann dir nicht sagen, wer ich wirklich bin, aber ja, ein Gärtner bin ich nicht. Sag mir einfach nur das Passwort!« »Ähm, Krawatte?«, hauchte Katrina vorsichtig in die kalte Dezembernacht hinaus. Und das große Portal zum Friedhof schwang lautlos auf, der Nichtgärtner war plötzlich verschwunden. Am Grab ihres Vaters ging sie leise wimmernd in die Knie, gedankenverloren strich sie im Schein einer mit Unkraut halb zugewucherten Laterne über den kalten Granitstein. Und da war sie, die benannte Markierung, ein violettes Kreuz, wie aus dem Inneren des Steines heraus gemeißelt. Doch die Farbe hinterließ Spuren auf Katrinas Fingerkuppen und im selben Moment, als ihr bewusst wurde, was es mit dem Pinsel auf sich hatte, spürte sie, wie die Erde unter ihr nachgab und sie in der selbigen versank.

»Als ich auf dem College war, habe ich mal einen Aufsatz gelesen. Darin hieß es, wirklich frei seien wir nur in unseren Träumen. Wir können die Fesseln unseres Alltags abstreifen. Wir können gehen, wohin wir wollen.« (Allison Dubois)

Es war nur der Morast, der Matsch der letzten Wochen voller Regens, da war keine Geheimtür, noch nicht einmal eine wirkliche Unebenheit des Erdbodens ersichtlich. Enttäuscht ließ sie sich ins nasse Gras zurückfallen und mit einem Mal befiel sie die bis dahin ausgeblendete Dezemberkälte mit voller Wucht sowie die Erkenntnis, dass der Nichtgärtner wahrscheinlich doch nur hier war, um unerwünschtes Gesindel vom Friedhof fernzuhalten.

»Katrina, ich denke, ich bin dir eine Erklärung schuldig.« Erschrocken und halb erfroren wich die zweiundzwanzigjährige vom Grabstein zurück. »Wer ist da?« Ein Mann, ganz in Schwarz gehüllt, trat zügig aus dem nächtlichen Schatten in den nur spärlich erleuchteten Kreis der Laterne, wo er seinen bodenlangen Umhang vorsichtig vom Kragen des Hemdes löste. Das violett aufblitzende Innenfutter verflüchtigte sich in dem Augenblick, als er ihn zusammenlegte und über seinen rechten Arm schwang. »Onkel Karl?« Katrina versuchte, ihre steifen Glieder mit neuem Leben anzufüllen, doch schon der erste Schritt brachte sie wieder zu Fall. »Es ist alles gut, mehr als nur gut.« Mit sanftem Griff umfasste er Katrinas schlanke Handgelenke, damit sie nicht erneut stürzte. Auf dem Grab seines Freundes glitzerten einige Kieselsteine im langsam aufgehenden Mondlicht und plötzlich war da ein orangerotes Licht in der Ferne. »Ah, unsere Feuerstelle ist gerichtet.« Fast majestätisch erhob sich Karl Schüller. Gerade im Begriff, auf die kleine beleuchtete Kapelle zuzugehen, drehte er sich nochmalig um. Katrina saß unschlüssig vor dem Grab ihres Vaters und blickte sich verzweifelt um …

Willkommen im Club der Violettilisten

»Kommst du nicht mit? Den letzten Weg gehen wir gemeinsam.« Vorsichtig nahm er ihre kalte Hand in seine und führte Katrina zu dem Platz, an dem sich all das, was ihr bisheriges Leben ausmachte, von Grund auf und unweigerlich ändern würde. Als sie das schmale Portal der Friedhofskapelle erreicht hatten, öffnete sich dieses leise quietschend und gab den Blick auf einen kreisrunden Saal frei, drei Stühle standen vor einem gewaltigen erloschenen Kamin. Es roch schwach nach Maiglöckchen, dem Lieblingsduft ihres Vaters. Auf einem der Stühle saß der Gärtner oder in Katrinas Gedanken der Nichtgärtner und blickte sie unverwandt an: »Alles gut, die Unterwelt hat Feierabend und kein Interesse an Katrina und ihrem Vater, er kann gehen.« Kristallklare Tränen rannen über Karls Wangen. »Wer ist das?«, fragte Katrina ehrfurchtsvoll. »Ein Freund, sagen wir mal, das wundervollste Gegenteil von abgrundtief Böse.« »Ein Engel?« »Sagen wir einfach, er ist derjenige, der schon immer da war und auf ewig da sein wird, der, der über alles wacht und diejenigen beschützt, die seiner Hilfe bedürfen. Doch sprechen wir nicht weiter über ihn dort oben, sprechen wir lieber über deinen Vater«, und er wies auf den Stuhl direkt neben dem nun Wärme spendenden Kamin. »Ich bin dann weg, alles Gute dir, Katrina, bleib so.« Und mit diesen Worten verschwand der Nichtgärtner zum Portal hinaus. Mit dem Schließen der Tür verwandelten sich die Wände des Saales in ein violettes Lichtermeer, der Duft nach Maiglöckchen intensivierte sich, sodass Katrina glaubte, ihr Vater stünde direkt hinter ihr, eingesprüht mit seinem Lieblingsparfum. »Der Club der Violettilisten, wie erkläre ich dir das, ohne dass du mich für verrückt hältst? Jeder Mensch erhält ein geheimes Punktekonto, sobald er als geboren gilt. Jede Handlung, jeder Gedanke, jede Berührung, einfach alles, wird bepunktet und ausgewertet. Quasi dein Leben in Punkten. ›Wie viele Punkte ist Dein Leben wert?‹ Eine gute Kampagne, wenn es denn so etwas wie Werbung für uns gäbe.« Katrina saß stumm einfach nur da und hing ihrem Patenonkel wie ein Verdurstender auf der Suche nach Wasser, der Oase, an den Lippen. »Manche Menschen können sich von ihren Punkten nicht mehr als ein paar Topflappen leisten und so etwas wie Mord löscht das Konto unwiederbringlich aus, nicht, dass derjenige dies zu bemerken wüsste, er weiß ja schließlich noch nicht einmal etwas von seinem Glück, das er soeben verspielt hat. Und dann gibt es Menschen, wie deinen Vater, die sich den Hauptgewinn zu leisten verstehen. Reicht das Punktekonto aus, erhalten die Betreffenden Post vom Club, mit dem einzigen Hinweis, den Vertrag sofort zu unterzeichnen und jemanden zur Freischaltung einzutragen.« »Wann erhalten sie Post?« »Einen Tag, bevor sie sterben. Es ist alles an nur zwei Bedingungen geknüpft. Die Punkte spiegeln deinen Lebenswandel wider. Kurzum, zur Einlösung der traumhaftesten Prämie musst du ein guter Mensch gewesen sein und es muss mindestens eine zurückgelassene Person geben, die dich von Herzen liebt und bereit ist, alles für dich zu tun. Es ist eine Prämie, in deren Genuss auch ich damals kam, dein Vater war mein ›Linköffner‹ und deine Mutter wiederum war **deiner**.« Katrina zitterte vor Angst und unfassbarer Erleichterung, die sich in ihrem Herzen ausbreitete, seitdem ihr Patenonkel am markierten Grab aufgetaucht war. »Meiner? Heißt das …?« »Ja!« »Wann?« Karl Schüller holte tief Luft: »Du warst zehn Jahre alt und wurdest im nahe gelegenen Wäldchen von einem tollwütigen Fuchs angefallen. Du hattest keine Chance, aber ein volles Punktekonto.« Seltsamerweise reagierte Katrina weder äußerlich noch innerlich schockiert ob dieser Nachricht, vielleicht, weil sie schon die ganze Zeit ahnte, dass da irgendetwas anders war, besonders, magisch. »Und du bist der Portalöffner?« »Nein, ich bin nur jemand, der schon mal tot war und weiß, was es bedeutet, zurückzukehren. Ich will dir mal etwas ehrlich sagen, es gibt nichts Schöneres als dabei zuzusehen, wie ein frisches Grab eingeebnet wird, nur weil es der ›Tote‹ nicht mehr benötigt. Das Totenreich, so wie es tatsächlich ist, würde jeden Horrorfreak zu Tode langweilen, denn einen wundervolleren Ort hast du niemals zuvor gesehen. Der Club der Violettilisten, bezogen auf den ersten helleren Streifen am schwarzen Nachthimmel, dem einen Streifen gewidmet, der jedem, der ihn anblickt, sagt, ›die Dämmerung schluckt nun die Finsternis und gibt den Morgen frei‹, ist ein Club der unsichtbaren Wunder. Es gibt rein gar nichts zu sehen, es gibt keine Falltüren, keine Monster, keine Engel. Es ist nur wie ein Gefühl, das dir sagt, es ist etwas im Gange, es wird etwas geschehen, etwas, das du dir nicht erklären kannst. Als wenn man in den Augenwinkeln glaubt zu sehen, was es nicht in unserer Welt geben kann, doch schauen wir genauer hin, ist es verschwunden. Es ist ein Club, deren Mitgliedschaft sich von Herzenswärme nährt, diese Tatsache lässt die Aussage, dass Liebe selbst den Tod überwindet, in einem völlig neuen Licht dastehen.«

Katrina räusperte sich leise: »Warum reagiere ich so, als wäre ich nicht wirklich überrascht? Ich müsste doch eigentlich denken, du seist verrückt.« Karl Schüller lüftete seinen Umhang schwungvoll und löschte damit das orangerot lodernde Kaminfeuer. »Du denkst eben das nicht, weil nun das eingetreten ist, was sich jeder Mensch auf diesem Planeten von Herzen wünscht. Dass sich der Grabstein auftut und plötzlich alles wieder gut ist, jeder, der schon um einen Liebsten trauern musste, weiß, was es bedeuten würde, nicht mehr um denjenigen weinen zu müssen, weil er ihn schon längst wieder in seine Arme schließen kann. Weißt du, wenn ein gebrochenes Herz zu heilen beginnt, fragen die Menschen plötzlich nicht mehr nach dem ›wie‹, sondern sehen diese schier unmögliche Chance vor sich. Oder viel mehr meine ich, wer würde schon nein sagen, wenn man ihm anböte, einen Toten wiederkehren zu lassen, um den er schon so lange trauert und ohne den er glaubt, nicht mehr leben zu können. Das Herz glaubt nun mal mehr als der Verstand.« Katrina bemerkte, dass die Konturen der Kapelle um sie herum schwanden, sie fühlte sich wie Teil einer Zeichnung, die man ausradierte, um Neues schaffen zu können. »Was ist mit meiner Mutter, warum ist sie nie zurückgekommen?« »Es geht nicht immer gut, Kleine«, ein tosender Sturm erfüllte den Raum mit klirrender Kälte und dem Krach von zerberstendem Glas. »Es geht nicht immer gut, deine Mutter konnte nicht … Sie kommt, wenn sie so weit ist, wenn sie so weit ist …

Ja, da ist ein Leben vor dem Tod!

Katrina wanderte an diesem 6. Dezember gedankenverloren durch die Straßen, bis sie am Hauptfriedhof auf einen äußerst unpassend für diese Kälte gekleideten Mann stieß. Er kam ihr seltsam bekannt vor, wie aus einem anderen Leben. »Kennen wir uns?« Der Mann sagte nichts, nicht ein einziges Wort, das einzige, was er tat, er zückte seinen schmalen Pinsel, versehen mit einer violetten Spitze und wies auf einige zerstörte Grabmale, die zu seinen Füßen ruhten. Als sie von der anderen Straßenseite das laute, ein sehr vertrautes Knattern vernahm, musste Katrina noch nicht einmal mehr den Blick wenden, um zu wissen, dass Anton Behlers Lebenspunktekonto nun erst einmal wieder auf Null stand …

»Träume sind wahr, solange sie anhalten. Und leben wir nicht in Träumen?« (Alfred Lord Tennyson)

Jakob

Alexander Urban

Hallo Jakob!
Ich sitze hier, schreibe und höre mir härtesten Heavy Metal an. Das erinnert mich an dich. Du mochtest die Musik zwar nicht, hast sie dir aber immer angetan, wenn ich mein Autoradio rücksichtslos einschaltete. Ich freute mich immer über deinen Kommentar: »Typisch, es fängt harmlos an, dann geht die Post ab!« Dabei lachtest du immer. Und die Post ging ab. Du musstest zuhören. Oder aussteigen. Aber wir hatten ja Dinge zu erledigen. Für dich.

1996 - Teil 1

Ich befand mich seit zwei Wochen in der Psychiatrie in Herne-Eickel. Mein Zustand hatte sich gebessert, ich hatte keine Selbstmordgedanken mehr, konnte wieder nach draußen, ohne Panikattacken zu bekommen. Ich machte die diversen Therapien, die mich interessierten, mit. Jeden Morgen beim gemeinsamen Stationsgespräch konnte man auswählen. Meine Mitpatienten waren Alkoholiker, Drogensüchtige, manisch Depressive und was weiß ich noch alles. Ich war »nur« nervlich zerrüttet, ohne Perspektive, am Ende. Aber es besserte sich ja. »Du trinkst nicht und nimmst keine Drogen?«, wurde ich gefragt. Nein. Aber diverse Medikamente wie Antidepressiva, Neuroleptika, die nicht mehr halfen. Jetzt nahm ich die, die mir von den Ärzten unserer Station verordnet wurden. Trockenen Mund inklusive.
Wir und ein paar andere saßen rauchend auf dem Stationsflur, als ein ›Neuer‹ kam. Du. Interessiert hörten wir deiner Vita zu, die du, wie jeder, in der Sitzgruppe am Fenster einer Ärztin diktiertest. Natürlich konnten wir alles mithören. Ging keinem anders. Datenschutz ist in der Klapse nicht gerade Usus. Da war die fünfzehnjährige Vollgepiercte, die meinte, richtige Liebe gäbe es nur unter Frauen. Das Tattoo im Nacken hatte sie sich vollgedröhnt machen lassen: Sonne mit

Augen. Peinlich, aber sie war auf den Knien und hatte sich das machen lassen, während sie ... Sie blieb nicht lange.
Scheiße, wo war ich gelandet? Zigarette an, lauschen.
Du sahst interessant aus: nettes Gesicht, mittelgroß, Bürstenhaarschnitt, Ohrring, um die 40. Trekkingjacke und Jeans, Rucksack. Du gefielst mir.
Wir hörten deiner Vita also zu. Ex-Junkie, Alkoholiker, mehrfach obdachlos. Du trankst noch eine Flasche Jägermeister auf ex und liefertest dich selbst ein. Um endgültig aufzuhören.
Du wurdest aufgenommen. Sieben Tage Entgiftung, natürlich. Deine Beschäftigung beschränkte sich damit auf das Kennenlernen der Anderen und Rauchen im Stationsflur. Du hattest wirklich ein sympathisches Wesen. Viele mochten dich. Ich auch. Irgendwie warst du anders. Sicher, ein Alki, aber einer mit einer Geschichte, wie ich dann herausfand. Wir unterhielten uns über unser bisheriges Leben. Wir hatten einen Draht zueinander. Du erzähltest frei, aber vieles habe ich erst sehr viel später erfahren. Als wir Freunde waren. Da hörtest du auch mehr von mir.
Du warst der Erste, der mir bei epileptischen Anfällen Anderer Hilfe leistete, oder bei Gewaltausbrüchen von Rausgeworfenen, tagelang nicht mehr Aufgetauchten. Einer wollte den Stationsarzt im Vollrausch erwürgen. Natürlich haben wir ihm immer die uns gereichte Hand gegeben, er wollte sich verabschieden. Der Doktor hatte die andere Hand an seiner Kehle. Würgegriff. Wir haben deeskaliert, bis die harten Wärter kamen und danach die Polizei. Mein verdammtes Hilfesyndrom. Ich hatte und habe Zivilcourage. Auch heute noch. Obwohl, manchmal möchte ich es lassen, da sich in unserer Gesellschaft nichts zu ändern scheint und die Gewalt zunimmt.
Interessant war dein Interesse an meinen aus dem Wochenende für alle (ich wurde darum gebeten) mitgebrachten pornografischen Mangas, die ich aus den USA importiert hatte.

Du hast die Bilder des weiblichen Geschlechtsorgans kopiert. Wir befanden uns in einer ›gewaltfreien Psychiatrie‹ mit Ausgang in einem sterbenden Stadtteil. Edeka (Zigaretten und Kopiergerät), Woolworth. Heute alles weg. Aber du konntest den Comic kopieren.
Das bestätigte meine Vermutung. Ich bin sehr gut im Einschätzen anderer Menschen. Das kann ein Problem sein. Du hast das Profil schon im Kopf. Und fühlst dich überlegen. Arrogant könnte man das nennen. Bin ich arrogant? Vielleicht etwas …
Nach deiner Trockenphase hingen wir immer zusammen, ich möchte jetzt nicht darauf eingehen, was wir auf der Station sonst noch so mitgemacht haben. Das schreibe ich vielleicht noch irgendwann. Vielleicht doch ein Beispiel: Eine Mitpatientin mit manischer Störung (himmelhoch und plötzlich gleich voll unten) hatte bis einundzwanzig Uhr Ausgang. Ging in eine Disco. Am nächsten Tag erfuhren wir, dass sie in himmelhoher Stimmung vergewaltigt worden war ...

***

Kleiner Zwischenschritt
Da ich am Wochenende Freigang hatte (Samstag Mittag ab nach Hause, wohlversorgt mit der Medikation bis Sonntag Abend) und mein Auto vor dem Krankenhaus stand (voll der Privilegierte ...), rutschte ich mal eben über die Autobahn zu meiner Junggesellenbude (in der ich dies schreibe), meinen Haustieren, die mein Vater und meine Stiefmutter täglich betreuten und meinem doch recht neuen PC (ich stamme vom Amiga) mit dem Modem dran. Es gab damals noch Mailboxen, ich war Benutzer diverser: CyberCity war meine bevorzugte, da war ich auch recht beliebt. Haben sogar Treffen veranstaltet und wir sind gemeinsam ins Kino (»Das Netz« - ziemlich albern aber mit Sandra Bullock … und wenn schon).

***

Natürlich habe ich alle meine Psychiatrie-Freunde in diesen anderthalb Tage in der Klapse allein gelassen. Dies könnte

man als egoistisch deuten.
Bin ich ein Egoist? Vielleicht ein wenig ...

1996 - Teil 2

Du hattest wirklich alles erlebt, was sich ein zwar etwas außerhalb des Mobs lebender, nein, existierender Mensch wie ich kaum vorstellen kann. Wie bereits erwähnt, bist du in jungen Jahren auf Heroin gekommen, wohntest mal selbst, das nicht lange, dann mal bei Freunden, in Männerwohnheimen, auf der Straße. In der Scheiße. Ungefähr 30 Jahre lang. Deinen Erzählungen zuzuhören war einerseits interessant, aber auch erschreckend. Ich sog alles auf.
Wir verloren uns ein wenig aus den Augen, nachdem ich nach Wochen und finanziell erheblich bessergestellt, psychisch auch, später als du das Krankenhaus verlassen konnte. Habe noch einen Mitpatienten nach Essen gefahren. Der sich während der Fahrt einige Biere reinzog. Nicht mein Problem. Kannst dich totsaufen, nachdem du auf Kasse therapiert wurdest. Lach. Lach! Fuhr nach Dortmund und kaufte mir ein PC-Spiel.
Meine zwischenzeitliche Freundin brachte ich nach zwei Tagen, sie war wieder angesoffen, in die Klapse. Habe sie jeden Tag besucht. War echt verknallt oder notgeil. War Spitzensex. Als ich sie wieder mit nach Hause nehmen durfte (Wochenende, Sie wissen?). Plötzlich standest du vor meiner Wohnungstür - ja, ich hatte dir meine Adresse gegeben ...
Wir unterhielten uns, während Frau ziemlich abgewürgt im Bett schlief, ja, es ist schon ein Kreuz mit dem Entzug. Drei Tage später haben wir uns getrennt.

***

Du hattest eine Wohnung an der Dorstener Straße gemietet, Zugang über den Hof, geradeaus zu Matratzen Real, Treppe rauf zu den Wohnungen. Deine ganz oben. Und voll mit Möbeln zugestellt: alles vor der Tür, in der Küche kreuz und quer weitere Möbel. »Die habe ich bezahlt!«. Aha, aber zu viel ist zu viel. Das Wohn-/Schlafzimmer ging ja noch. Natürlich das von mir bereits vermutete ebenerdig gebaute Bett in Übergröße. Und ein Dachfenster, das sich nicht dicht schließen ließ. Der Verkehrslärm war furchtbar – Tag und Nacht. Aber den Vermieter darauf aufmerksam machen; das war nicht so dein Ding.

1997 - Teil 1

Dorstener Straße. Von meinen Möglichkeiten mit dem Computer begeistert wolltest du selbst einen haben. Internet gab es schon. Kein Problem, zu der Zeit kaufte ich bei Atelco.

Also fuhren wir nach Dortmund und beschafften dir ein komplettes PC-System auf Karte (Du hattest durch einen Anwalt verwaltetes Geld. Viel Geld, was du gar nicht wusstest).

Dann habe ich die Anlage mal zusammengebaut, wie immer hatte ich nur die Teile, Mainboard, Prozessor und RAM waren drauf, Rest machte ich selber. Platte, Soundkarte, Verkabelungen etc. Dein Keyboard funktionierte auch. Du warst sehr musikalisch. Dann erklärte ich dir noch ein wenig, wo du für dich Interessantes herunterladen konntest (Usenet).

***

Es mussten noch Sachen aus deiner zwischenzeitlichen Luxus-Mietwohnung in Breckerfeld (das Nobelkaff mit der Windmühle) nach Bochum gebracht werden (wie du in Breckerfeld landen konntest?) Aber du warst immer sauber, ordentlich gekleidet (bis auf wenige Ausnahmen). Zum Glück hattest du niemals deinen Führerschein verloren, so dass du dir ein Auto zulegen konntest. Ein russisches. Eine Art Kleingeländewagen. Bestens geeignet für unebenes Gelände. Auf normalen Straßen flogen einem allerdings die Eier bei jedem Schalten in alle Richtungen. Könnte ein Lada gewesen sein. Habe stundenlang ein Martyrium erlebt. Aber ich wollte ja helfen. Aua.

Du hattest schon fast alles, was du allein bewältigen konntest, rüber gefahren. Blieben noch Küche, Schreibtisch, Keyboard, ein Foto eines nackten Mannes mit einem prächtigen Ge-

mächt, eine violette Lilie in der Hand haltend, ein Riesenposter von Marylin Manson auf dem Klo sitzend - und die Regenbogenflagge mit Violett als unterster Farbe. Um deren Bedeutung ich wusste. Was du *nicht* wusstest. Noch nicht.
Als alles erledigt war, botest du mir Geld an, was ich erbost ablehnte. Wir waren doch Freunde. Mir genügte eine neue Flasche Mineralwasser.

1997 – Teil 2

Ich hatte seit Monaten nichts von dir gehört, bis du eines Tages an meiner Tür schelltest. Ich sah einen in Kleiderkammerklamotten vor mir stehenden Menschen mit deutlichen Schlagspuren im Gesicht. Entsetzt bat ich dich herein.
Beim Kaffee erzähltest du, was passiert war: Du hättest mit einem Bekannten zuhause auf dem Sofa gesessen. Ihr trankt Wein, bis er plötzlich auf dich einprügelte: »Jetzt wirst du wissen, wie ich wirklich bin!«. Das wusstest du dann – ich fragte, wer denn dieser ›Bekannte‹ war, weil ich mir so einen Gewaltausbruch nicht vorstellen konnte. »Das war Jemand, mit dem ich geschlafen habe. So, bist du jetzt schockiert?«, kam die Antwort.
Endlich Klartext: »Nein, dass du Homo bist, wusste ich schon längst. Aber das war und ist mir egal. Ich habe dir geholfen, weil ich es wollte. Weil ich dich nicht als Schwulen, sondern Freund betrachte! Mach dir keine Gedanken deswegen.«
Das war eine für mich belanglose Tatsache, Freund bleibt Freund.

2000

Du bist tot. Ich trauere um dich noch heute. Die Scheißdrogen haben dich also doch erwischt.

Violett

wie das Leben

Es wird Zeit für Violett

Rudi Treiber

Die Glocken läuten schon lange nicht mehr so hell und klar, wie sie sollten. Der Ton wirkt blechern und verlogen und keinesfalls mehr beruhigend und Hoffnung gebend. Ihr Klang erreicht nicht mehr die Ohren derer, die kommen sollten, sondern wirkt auf die breite Masse störend und unangenehm. Die Kirchen werden leerer und leerer. Doch die Herrscher der Kirche träumen weiter, wollen die Gründe dafür nicht wahrnehmen. Lieber suhlen sie sich im Märchen der vergangenen Zeit. Damals, als die Armut groß, die Zeiten schlecht und die Kirchenbänke voll waren.

Ja, in schlechten Zeiten, da rückt man zusammen. Kommt sich näher, braucht Gott und den Glauben. Sonst hat man ja nichts mehr. Kaum Geld, keine Arbeit, keine Ziele. Die Familien zerrissen von Tod und Armut, keinen Mut mehr, um etwas zu ändern und die einzige Möglichkeit, etwas Abwechslung in das triste Dasein zu bekommen, ist die Kirche.

Die Kirche, ein Ort des Zusammenhaltens und des Friedens. Ist sie das wirklich? Braucht man auch jetzt und heute die Kirche? Zumindest diese Kirche, so wie sie ist?

Rückständig, erzkonservativ, diktatorisch im Inneren - hilflos nach außen. Mag sein, dass dies immer schon so gewesen ist, dass sich an diesen Grundmauern nichts geändert hat, doch früher konnte das durch Unterdrückung und Macht gut verborgen werden, heute geht das nicht mehr so einfach.

Leise schleichen geheime Informationen durch, die im Laufe der Zeit entstandenen Risse der Kirchenformation. Fakten über Gier, Missbrauch, mittelalterliche Standpunkte, an denen keiner zu rütteln wagt und Weigerungen, die Weiterentwicklung der menschlichen Rasse auch nur im Entferntesten akzeptieren zu wollen.

Eisern halten die Mitarbeiter der Firma Kirche und selbsterhobene Boten Gottes an Regeln fest, die bereits seit Jahrhun-

derten unverändert bestehen. Die wenigen, die es wagen, in den eigenen Reihen auch nur eine winzige Änderung vorzuschlagen, finden sich bald darauf ausgeschlossen und verleumdet im Dschungel der Wirklichkeit.
Die Denkanstöße, die von der Gesellschaft der Kirche kommen, bleiben ohne Reaktion. Sie verzettelt sich in Kleinigkeiten, winzigen Schritten und realitätsfremden Aktionen. Kaum eine Institution bietet so viele Verbesserungsmöglichkeiten wie die Kirche in der jetzigen Zeit. Es ist ihr einfach nicht möglich, die Diskrepanz zwischen Gott und Kirche, zwischen Glauben und Organisation, auszugleichen. Noch immer halten sich die vielen Gegensätzlichkeiten und Unglaubwürdigkeiten verbissen fest.
Wenn ein „weltliches“ Unternehmen es wagen würde, sich so vehement zu wehren, auch nur einen einzigen Schritt in die Jetztzeit zu versuchen, würde das den sofortigen wirtschaftlichen Untergang bedeuten.
Für einen normalen Menschen ist es absolut unverständlich, warum Priester noch immer kein normales Familienleben führen dürfen, aber in ihren Predigten und bei Hochzeiten so intensiv darüber berichten, dass es lächerlich wirkt. Warum Nonnen nicht heiraten können oder Geschiedene zwar brav Kirchensteuer bezahlen müssen, aber keine Sakramente empfangen dürfen. Warum der Papst, der jährlich millionenverschlingende Reisen unternimmt, die Pille verbietet, Kondome ablehnt und Geburtenregelung missbilligt. Da sieht er lieber zu, wie Millionen von Kindern leidend an Hunger und schwer krank in den Armen ihrer AIDS-kranken Mütter sterben. Warum Frauen keine Priesterinnen werden dürfen, obwohl der Großteil des kläglichen Restes an Kirchenbesuchern weiblich ist und warum die Vertreter der Firma »Kirche«, mit ihren mittelalterlichen Äußerungen, die immer kleiner werdende Zahl an Gläubigen noch mehr dezimieren.
Voller Hoffnung holte man den Mann aus Argentinien an die Spitze der Kirchenmacht. Zwar ist er nicht bis ins Knochen-

mark konservativ - wie seine Vorgänger - aber trotzdem befindet er sich in der Geiselhaft von Rom und seiner Tradition. Es ist ihm also vorbestimmt, auf den Wellen der verrosteten Tradition weiter in der Vergangenheit herumzutümpeln.
Kritik innerhalb dieser Diktatur ist nicht gestattet und wird rigoros bestraft. Kaum einer bringt genug Mut für das Wagnis auf, sich gegen die verhärteten Strukturen dieser männerdominierten Altherrenwirtschaft aufzulehnen.
Skandale würgt man ab und viele »göttliche Lustmolche« können so lustvoll weitermachen, wie bisher. Kaum findet die eine oder andere Handanlegung oder Schlimmeres an kleinen „Zöglingen" den Weg in die Öffentlichkeit und wenn, dann meist erst nach Jahrzehnten.
Die fettbäuchigen Kuttenträger halten zusammen. Aber Vergangenes ist nicht vergessen und trotzdem schützen sie die aus den eigenen Reigen.
Die Mitglieder der Bodencrew des Himmels sind auch nur Menschen und haben menschliche Bedürfnisse. Wenn sie diese nicht offiziell ausleben dürfen, dann suchen sie sich halt ihren eigenen Weg.
Es verwundert nicht, dass sich kaum noch junge Menschen finden, die den Beruf des Priesters ergreifen wollen. So holt man sich für manches Gebirgsdorf einen Priester aus Nigeria oder für ein burgenländisches Dorf einen aus dem Kosovo.
Millionen Menschen flüchten auf der ganzen Welt in Ersatzreligionen oder Sekten. Esoterik boomt. Heiler, Handaufleger, Wahrsager und andere Scharlatane machen ein gutes Geschäft, weil die Menschen in ihrer Sinnfindung von solchen Dampfplauderern magisch angezogen werden.
Diese Entwicklung zeigt bereits sehr deutliche Signale. Deutlicher können sie gar nicht mehr sein. Doch die Kirche mit ihr ihren „Systemfundamentalisten" schläft dahin. Tief und fest. So verringert sich weiterhin die ohnedies kleine Schar der Schäfchen am Sonntag und das, obwohl die Menschen den Halt, die Hoffnung und die Gemeinschaft dringender

bräuchten als zuvor.

Die Kirche findet sich in der Ignoranz der Entwicklung ihrer Gläubigen, und in der Unfähigkeit sich selbst durch Erneuerung zu retten.

Es ist gelungen den Kommunismus hinwegzufegen. Wird es auch gelingen, die unzeitgemäße Struktur dieser Kirche zu ändern?

Viel Zeit ist nicht mehr. Die Glocken läuten nicht mehr so hell und nicht mehr so lange. Es ist Zeit aufzuwachen, ehe uns die Generation der alten »Mutterln« wegstirbt und niemand mehr nachkommt.

Öffnet die Kirche! Lasst die Pfarrer Sex machen, denn das machen sie ohnehin schon immer. Lasst die Nonnen Kinder bekommen, anstatt die Totgeburten irgendwo zu verscharren. Hört auf, für die unehelichen Kinder der Pfarrer Alimente zu bezahlen und seid endlich einmal ehrlich zu euch selbst.

Setzt euch in euren eigenen Beichtstuhl und tut Buße! Tragt Violett – die Farbe der Buße - das ganze Jahr und zeigt damit den Menschen, dass ihr aus der Vergangenheit gelernt habt. Vielleicht könnt ihr dann das geben, was eure Aufgabe ist: Zukunft, Glaube, Hoffnung und Trost.

Jetzt, bevor es zu spät ist!

Die erste Geschichte
Karin Pfolz

Wurde aber auch Zeit, denke ich mir, als die kleine Kinderhand mich nimmt und die Staubschicht von mir wischt. Sie dreht und wendet mich. Hebt mich in die Höhe, damit die Augen mich genauer betrachten können. Schön, ich scheine dem Geschmack des kleinen Menschen zu entsprechen. Immerhin legt sie mich nicht zurück, sondern trägt mich fest umklammert zu einem Tisch, auf dem nichts anderes als ein großes Gerät steht, das ziemlich laute Geräusche von sich gibt.
Eine halbe Ewigkeit verbringe ich schon in diesem Regal, eingepfercht zwischen den hochnäsigen Royalblauen. Wirklich eine Zumutung, diese Nachbarn. Die können leicht reden und große Reden schwingen, wie beliebt sie sind, stehen sie doch ganz oben auf der Beliebtheitsskala. Täglich werden viele von ihnen aus dem Fach abgeholt und durch Neuzugänge ersetzt.
»Na geh, neben dieser alten Ladenhüterin werden wir platziert! Schaut euch doch einmal die Staubschicht an, in der sich die wuzelt!«, das sind noch die netteren Begrüßungen, die ich hier erlebe. Schrecklich.
Doch nun ist es anders. Ich habe es geschafft.
Eine fremde Hand hebt mich, betrachtet mich, dann macht die Maschine wieder ein lautes Geräusch und ich werde der Kinderhand übergeben, die mich sofort in eine mit weichem Stoff gefütterte Hülle legt.

»Schön, wirklich wunderschön!«, sagt meine neue Besitzerin. Diese Worte machen mich so glücklich, dass ich besonders gut ihrer Bewegung folge. Die Linien, die wir gemeinsam machen, ergeben eine Geschichte. Zumindest glaube ich das, denn die Stimme, die ich höre, erzählt sie mir, während wir sie schreiben.

Wir beide, das Kind und ich, finden täglich Zeit, dass wir unser Werk vollenden. Ich darf nur in diesem einen Heft dabei sein. Für alle anderen nimmt das Kind eine von den Royalblauen. Aber das stört mich keinesfalls, denn der Hochmut wurde meiner Kollegin bereits ausgetrieben. Sie wird nach getaner Arbeit in ein schmutziges Etui verbannt, ich hingegen darf immer in meiner weichen Hülle schlummern.

Heute ist der große Tag, ich darf mit in die Schule. Etwas, was mir sonst nicht erlaubt wird. Es ist Schularbeitstag und meine kleine Herrin ist so aufgeregt, dass sie Unterstützung braucht.
So darf ich während des Unterrichts am Arbeitstisch liegen und zusehen. Schreiben muss meine Kollegin.
Der Aufsatz der Schularbeit ist bald fertig und es bleibt noch Zeit, bis zum Stundenende. So nimmt mich mein Mädchen, schlägt unser Heft auf und wir beide arbeiten an unserer Geschichte weiter. Ganz konzentriert ist meine Kleine. Die Zunge zwischen die Zähne und den Blick fest auf dem Blatt. So merkt sie nicht, dass der Lehrer näher kommt, sich hinter sie stellt und ihr über die Schulter blickt. Er liest, was wir schreiben.
»Karin!«, sagt er auf einmal, »gib sofort das Heft her!«
Sie erschrickt und reicht dem Lehrer das Heft.
»Warum schreibst du mit violetter Tinte! Das ist nicht erlaubt! Was nimmst du dir heraus! Glaubst du, du bist etwas Besonderes?«
»Nein ...«, bekommt sie gerade noch heraus, da ist der Lehrer schon mit unserem Heft verschwunden.
Diesmal vergisst sie, dass ich in die weiche Hülle komme. Ganz traurig sitzt sie da und starrt auf die Schularbeit. »Das wird sicher ein Fleck«, murmelt sie vor sich hin.
Endlich läutet die Pausenglocke. Alle anderen Kinder stürmen aus dem Klassenraum - nur mein Kind nicht. Sie gibt die Schularbeit ab und will zurück zum Tisch.

»Bleib!«, mahnt der Lehrer.
»Ich bin erstaunt, eine so schöne Geschichte habe ich in meiner gesamten Schullaufbahn nicht gelesen. Wenn du erlaubst, werde ich sie in der nächsten Stunde vorlesen. Aber die violette Tinte, die verwendest du nur für deine Geschichten. Im Unterricht kann ich das nicht erlauben.«

Meine Besitzerin ist seit diesem Tag sowohl mir, ihrer violetten Füllfeder, treu geblieben, als auch den Geschichten, die sie schreibend erzählt, damit die Menschen ein wenig glücklicher sind.
Die Schularbeit damals, nun, die wurde zwar kein »Fleck«, aber nur knapp daran vorbei.

Violett

Beate Kidd

Nachdem Babs schon einen Großteil der Umzugskisten ausgepackt hatte, beschloss sie, dass die restlichen Kartons bis zum nächsten Tag warten konnten. Sie wollte endlich einen Spaziergang durch die kleine Ortschaft machen und sich etwas umsehen. Die Läden hatten leider schon alle geschlossen, aber für den Anfang reichte es Babs völlig, sich einfach nur die Auslagen in den Schaufenstern anzusehen. Es gefiel ihr in dem Dorf. Die einzelnen Häuser waren mit blühenden Pflanzen geschmückt, die den allgegenwärtigen Duft der umliegenden Blumenwiesen noch verstärkten. Der Ort hatte seinen ganz eigenen Charme, zu dem auch die holprigen Straßen und unebenen Gehwege zählten. Babs war in eine der zahlreichen kleinen Gassen abgebogen, die von der Hauptstraße abzweigten. Ziemlich am Ende des Gässchens fiel Babs ein kleiner Laden auf. Über dem Schaufenster war in Großbuchstaben der Schriftzug ›VIOLETT‹ angebracht. Sie presste ihr Gesicht an die Scheibe und hielt ihre Hände rechts und links neben ihr Gesicht, um besser sehen zu können, um welche Art Laden es sich handelte. Auslagen gab es keine, aber Babs vermutete schnell, dass es eine Wollstube war. Sie konnte kleine und große Wollknäuel sehen, die in den verschiedensten Schattierungen von Violett in den Wandregalen lagerten. Andere Farben schien es nicht zu geben. Nur Violett – was natürlich auch zum Namen des Ladens passte. Außer den Regalen, die bis zur Decke mit violetter Wolle gefüllt waren, konnte Babs noch ein paar alte Sessel und eine Kaffeemaschine erkennen. Ihr war nicht ganz klar, ob es sich um eines der üblichen Geschäfte handelte. Die Sessel und die Kaffeemaschine sprachen dagegen. Aber wie so vieles in diesem kleinen Ort wird auch diese Wollstube etwas ganz Besonderes sein, dachte Babs und beschloss, am nächsten Tag noch einmal herzukommen, wenn der Laden geöffnet hatte. Voller

Neugierde machte sie sich am Tag darauf auf den Weg zum ›VIOLETT‹. Die Eingangstür war geöffnet und man konnte die Unterhaltung mehrerer Personen hören. Babs betrat langsam den Laden. Vier Frauen unterschiedlichen Alters saßen in den Sesseln und strickten mit violetter Wolle. Das Gespräch verstummte, als die Frauen Babs bemerkten. Eine der Strickerinnen legte ihre Handarbeit zur Seite, stand auf und drückte Babs herzlich an sich. »Willkommen im Violett! Ich bin Hedi, mir gehört der Laden.« Noch völlig verdutzt von der ungewohnt persönlichen Begrüßung stammelte Babs: »Barbara. Ich heiße Barbara. Aber alle nennen mich Babs.« »Setz dich zu uns, Babs. Möchtest du Kaffee?«, fragte Hedi. Babs nickte und machte es sich in einem der freien Sessel bequem. Hedi drückte Babs einen großen Becher Kaffee in die Hand und stellte ihr die anderen Frauen vor: Lissy, Gerda und Edith. Während diese ihre Unterhaltung wieder aufnahmen, sah Babs sich in Ruhe um. Es gab tatsächlich nur violette Wolle. Dafür aber in mehr Farbabstufungen, als man sich vorstellen konnte. Auch die Wände des Ladens waren in einem zarten Violett gestrichen. Hedi war Babs Blicken gefolgt und erklärte: »Ich hatte schon immer eine Schwäche für violette Sachen. Mittlerweile habe ich diesbezüglich wohl schon einen ganz persönlichen Tick. Aber das macht nichts.« Hedi grinste verschmitzt. Edith sah lächelnd von ihrer Strickarbeit auf und sagte: »Da es bei Hedi immer so gemütlich ist, stricken wir alle auch nur violette Socken, Jacken, Pullover und was uns sonst noch in den Fingern juckt. Für uns ist das ›VIOLETT‹ ein heißgeliebter Treffpunkt geworden. An manchen Tagen ist es richtig voll hier und Hedi muss noch ein paar Stühle zusätzlich aufstellen. Manche Frauen kommen gar nicht zum Stricken hierher, sondern nur zur Unterhaltung. Einige sogar aus den umliegenden Dörfern.« Lissy fiel Edith ins Wort und fragte: »Kannst du stricken, Babs?« Babs lachte und winkte ab. »Nein, ich bin im Handarbeiten nicht so gut.« »Das ist gar kein Problem«, meinte Lissy. »Wir zeigen es dir.«

Noch bevor Babs sich versah, lagen ein violetter Knäuel Wolle und zwei Stricknadeln in ihrem Schoß. Sie lachte. »Na, da muss ich dann jetzt wohl durch!« Die anderen nickten und stimmten in ihr Lachen ein. Gerda rückte ihren Sessel neben den von Babs und sagte: »Ich schlage dir die ersten Maschen an und zeige dir dann, wie du weitermachen musst. Es ist wirklich ganz einfach.« »Und was stricke ich?«, fragte Babs vorsichtig. Gerda antwortete lachend: »Zunächst nur ein Testfleckchen. Wenn du ein bisschen Übung hast, dann suchen wir aus Hedis Strickzeitschriften etwas Schönes für dich aus.« Wenige Wochen später war es auch für Babs zu einer lieben Gewohnheit geworden, so oft es ging im ›VIOLETT‹ zu sitzen und zu stricken. Sie mochte die Atmosphäre dort sehr und fand den Austausch mit Hedi und all den anderen Frauen großartig. Es war für Babs nur schwer vorstellbar, dass es auch Zeiten ohne violette Wolle gegeben hatte.

Das Leben der Lady Violett

Veronika M. Dutz

Es war ein sonniger Tag im Mai. Der Himmel war strahlend blau und mit weißen Wattewolken gespickt, die gemächlich am Firmament dahinzogen. Agnes saß auf ihrer Terrasse und genoss diesen Anblick, gedankenverloren strich sie mit ihren Händen über ihr lilafarbenes Kleid. Sie hatte einen Lebensabschnitt erreicht, in dem man viel Zeit für solche Augenblicke hatte. Ihr Blick schweifte in den herrlichen Garten, der im Kontrast zu dem blau und weiß des Himmels farbenfroh leuchtete. Das satte Grün der Wiese, die tollen Blüten in den Farben Orange, Rot, Lila und Gelb. Agnes war dankbar für ihr Leben, das sie bis zum heutigen Tage gehabt hatte. Gut, es war kein Spaziergang gewesen, trotzdem hatte sie alle Unwägbarkeiten gemeistert. Das Leben an sich geht die merkwürdigsten Wege und wir sind jeweils aufs Neue gefordert, Entscheidungen zu treffen. Welche Richtung schlage ich ein? Diese Frage stellt man sich jedes Mal aufs Neue! Natürlich waren viele von ihren Entscheidungen Fehlentscheidungen gewesen, so war das Leben. Nicht gradlinig! Jeder musste, auf die ein oder andere Weise, seinen Weg meistern! Egal ob er steinig, holprig, matschig, sumpfig oder eben war. Heute, wenn Agnes auf alles zurückblickte, sah sie manche Dinge aus einer anderen Perspektive! Leider war einem das in dem jeweiligen Lebensabschnitt oft nicht möglich, da man seine eigene Entwicklung noch nicht durchlaufen hatte. Agnes war jetzt 83 Jahre alt und sie hätte nie geglaubt, dass sie dieses Alter erreichen würde. Das Leben geht seinen speziellen Weg und das Schicksal trägt einen gewissen Anteil Würze dazu bei. Es liegt in einem gewissen Maße an einem Selbst, was man aus der entsprechenden Situation macht. Es gibt dieses schöne Sprichwort:

»Jeder ist der Schmied seines eigenen Glücks!«

Dieses Zitat hatte sehr viel Wahres! Gut, in einem gewissen

Maße trägt das Schicksal seinen Teil zu allem bei.

Agnes war in den Wirren des Zweiten Weltkrieges geboren und aufgewachsen. Sie hatte keine richtige schulische Ausbildung bekommen, das war zu dieser Zeit nicht möglich. Sie hatte von jüngster Kindheit an lernen müssen zu kämpfen, wer aufgab, der war verloren. Das hatte sich durch die Erfahrungen im Krieg fest in ihr Bewusstsein gebrannt, die sie in ihrem restlichen Leben nicht mehr losgelassen haben. Nach dem Krieg war Agnes ein Flüchtling, man wollte sie und ihre Familie nirgends haben. Um ein einigermaßen vernünftiges Leben zu führen, in einer Welt, die einen nicht wollte, musste man kämpfen! Trotz ihrer schlechten Schulbildung machte sie eine Ausbildung als Näherin. Agnes hatte ein Faible für Kleider und Stoffe, ganz besonders für die Farbe violett, was in der damaligen Zeit verpönt war. Ihre handwerklichen Fähigkeiten wurden erkannt und geschätzt, so dass sie darauffolgend Schneiderin werden konnte, was Agnes sehr glücklich machte! Nach dem Krieg nutzte sie jede freie Minute, um zu lernen. In ihrer Freizeit begann sie viel zu lesen, womit sie sich am Anfang sehr schwertat. Agnes hatte einfach zu wenig in ihrer Kindheit und Jugend in der Schule gelernt. Sie wollte nicht aufgeben und verschlang ein Buch nach dem anderen. Ihre Ausdrucksweise und Rechtschreibung verbesserten sich zunehmend.

Agnes lernte ihren Mann kennen und bekam zwei wunderschöne Kinder. Einen Jungen und ein Mädchen. Ihr Nachwuchs war ihr ein großes Glück. Der ewige Kampf in ihrem Leben sollte weiter gehen. Ihr Mann wollte, dass sie nicht mehr arbeitete, das bräuchte sie nicht, er sorge für alle. Agnes liebte ihren Beruf, Dinge zu schneidern und zu entwerfen. Dies war eine der schwersten Entscheidungen in ihrem Leben. Das war eine dieser extrem großen Weggabelungen, sie entschied sich damals richtig. Das wusste sie heute nur zu genau! Wer weiß, was geworden wäre, wenn sie sich ihrem Mann gefügt hätte? Sie wäre heute keine bekannte Modede-

signerin. Agnes hatte ihr eigenes Lable kreiert: *›Lady Violett‹!* Ja, manchmal ist das Leben ein Gräuel, man darf nie den Mut verlieren. Es war eine harte Zeit für sie, viele neideten es ihr. Vor allem die Familie und ihre acht Geschwister. Was sie bis heute nicht verstehen konnte. Das war ihr ein Rätsel, zu dem es nie eine Lösung geben würde. Das sind die Dinge, die das Leben für uns auf unserem Weg bereithält.
Der Erfolg im Job ließ sie ihr eigenes Ich eine Zeit lang, viel mehr ein paar gute Jahre, vergessen. Als die ersten Befindlichkeitsstörungen einsetzten und ihr Arzt irgendwann das Wort Wechseljahre fallen ließ, wachte sie aus dieser Trance, die sie gelebt hatte, auf. Die Arbeit war schließlich nicht alles im Leben! In diesem Lebensabschnitt musste sie schmerzhaft diese Erfahrung machen. Sie wäre nicht Agnes, wenn sie aufgeben würde. Also stellte sie sich dieser Herausforderung. Es ist im Leben alles eine Art Entwicklung, wir begreifen dies erst richtig, wenn wir diese Stufen durchlaufen haben. Ihr kamen die Worte ihrer Mutter und Großmutter in den Sinn, welche oft gesagt hatten:
»Kind, komm du in unser Alter, du wirst manches in der Welt mit anderen Augen sehen!« Heute verstand sie, was die beiden gemeint hatten.
Agnes liebte in jungen Jahren den Rock´n Roll und tanzte für ihr Leben gern. Ihre Mutter sagte dann oft, mach diese närrische Musik aus. Die Meinung ihrer Oma war, das sei keine Melodie, geschweige ein Tanz, wo man dermaßen herumhopst. Heute erkannte sie diesen wiederkehrenden Kreislauf der Dinge. Als ihre Kinder die Neue Deutsche Welle und R'n'B hörten, konnte Agnes dies erst richtig verstehen. Die Welt verändert sich in einem immerwährenden Kreislauf, jeder Einzelne durchlebt seinen für sich eigenen Kosmos des Älterwerdens. Im Rückblick auf ihren andauernden Kampf war sie recht zufrieden mit ihrem Leben. Agnes hatte ihre Bildungslücke aus der Kindheit und dem Krieg geschlossen. Das war nicht der einfachste Weg gewesen, den sie gegangen

war. Agnes hatte trotz Widrigkeiten eine Ausbildung als Näherin und sogar eine zweite als Schneiderin gemacht. Jede Kollektion, die Agnes bis heute entworfen hatte, enthielt ein lilafarbenes Kleid, so hatte sich ihre Marke ›*Lady Violett*‹ entwickelt. Schließlich hatte sie als Kind bereits diese Farbe in ihr Herz geschlossen, wofür sie viele hinter ihrem Rücken belächelt hatten! Heute als bekannte Modedesignerin und ›*Lady Violett*‹ wollten sich alle gern mit in ihrem Ruhm sonnen! Agnes hatte eine wundervolle Familie, obwohl ihr Mann einsehen musste, dass sie ihren Weg ging! Ihr berufliches Vorankommen war der Dank ihres unermüdlichen Kampfes gewesen. Das hatte ihr reichlich Anerkennung gebracht und wenig Freunde! Weil der Neid sie auffraß, anstatt anzuerkennen, dass es der Lohn für die harte Arbeit war, den Agnes erntete! Sie erinnerte sich an die Aussage eines guten Freundes vor vielen Jahren:

»Auf dem Weg nach oben hast du keine Freunde!« Sie hatte damals darüber gelacht. Heute sah sie die Weisheit hinter diesen Worten. Über ihre Vernarrtheit in den Job und darüber, Karriere zu machen, hatte sie Freunde und sich selbst vergessen. Zum Glück hatte das Schicksal ihr zum richtigen Zeitpunkt eine Gabelung ihres Weges angezeigt. Entscheiden musste Agnes und sie hatte sich richtig entschieden, das wusste sie heute! Unser Weg im Leben ist gepflastert mit richtigen und falschen Entscheidungen und Schicksalsschlägen. An uns liegt es, nicht aufzugeben, aufzustehen und weiter zu kämpfen! Es gibt nichts Gradliniges! Diese Höhen und Tiefen des Lebens müssen wir meistern. Das einzig Gute an dieser Sache ist, dass wir ein gutes Stück an Erfahrung mitnehmen. Das macht unseren weiterführenden Weg etwas einfacher. Nehmt jede Erfahrung des Älterwerdens als eine Bereicherung an, mit dieser Erkenntnis werdet ihr euren Weg machen. Menschen, die diese Veränderung ignorieren und nicht annehmen wollen, quälen sich selbst. Es bewirkt, dass sie stehen bleiben und sich dabei ihrer eigenen Entwicklung im

Weg stehen. Bewusstes Erleben heißt Erfahrungen sammeln und eine gewisse Weiterentwicklung zu durchlaufen. Macht euch nicht zu viel Gedanken um das eine oder andere graue Haar. Ob man Falten bekommt. Genießt es und steht zu euch, es ist der Lauf der Dinge. Manch einer ist vom Schicksal begünstigt und bekommt später diese Alterungserscheinungen, wie graue Haare und Falten. Dies ist die jeweilige Entwicklung eines jeden Betroffenen, weil jeder sein ganz eigenes Päckchen zu tragen hat. Es ist nur für jeden einzelnen Menschen anders gepackt. Wir sollten das annehmen, mit dem wir beschenkt wurden und nicht nach den Dingen Ausschau halten, die wir nicht haben! Jeder Einzelne von uns ist reich beschert, die meisten erkennen ihren wahren Wert nie! Agnes musste nacheinander einige Zyklen in ihrem Leben durchlaufen, um das zu verstehen. Das Einzige, was sie stetig begleitet hatte, war die Farbe Lila! Keiner ist gefeit, jeder muss seinen persönlichen Weg gehen. Agnes Lebensweg war Violett! Vielleicht sollte man ab und zu darüber nachdenken, jemandem, der stolpert oder fällt, die Hand zu reichen. Es kommen bestimmt Situationen, in denen man gerne selbst eine Hand annimmt, die einem aufhilft.
Agnes‘ Blick ging gegen den Himmel zu den weißen Wolken. Mit den Händen strich sie abermals über ihr violettes Kleid. Die Frau war mit sich und ihren 83 Jahren zufrieden. Ihre Hoffnung lag darin, dass sie ihren Kindern genug von ihrer Lebenserfahrung vermittelt hatte, die sie in den vielen Jahren ihres Lebens und des Älterwerdens sich angeeignet und gesammelt hatte. Der Konsens aus ihrem ganzen Dasein als ›*Lady Violett*‹ war für Agnes:
»Lasst uns in Würde alt werden, denn es ist der Lauf der Dinge und tragt die Farbe Lila!«

Meine violette Bluse

Petra Weise

»Hier ist dein neues Passwort!«

Ich schaue auf den Papierschnipsel, den mir Iris hingelegt hat. Violett. Das Passwort gefällt mir, Lila ist meine Lieblingsfarbe. Davon hatte ich Iris noch nichts erzählt. Offenbar schaue ich etwas verwundert, denn Iris erklärt: »Du scheinst nur violette Kleider zu haben, also wirst du dir das Passwort merken können.« Das klang herablassend.

Iris ist mir nicht sympathisch. Sie trägt nur schwarze Pullis. Ihr Passwort ist sicher ›Schwarz‹ oder ›hängender Mundwinkel‹. Iris verzieht das Gesicht, als ob sie fragt: »Was hast du jetzt schon wieder falsch gemacht?« Sie ist der Computerspezialist in der Firma, in der ich arbeite.

Ich arbeite im Vertrieb und habe den ganzen Tag mit Leuten zu tun. Meist am Telefon. Aber manchmal kommen sie in mein Büro, um etwas zu bestellen oder zu reklamieren. Bei schwierigen Kunden holt mich der Chef dazu.

»Viola, du bist unser letzter Versuch«, neckt mich mein Chef. Dabei spielt er auf meine lila Bluse an. Ich muss zugeben, dass fast alle meine Blusen und Kleider violett sind. Viele sind kariert, manche gestreift, aber die meisten haben blaue und rote Streublümchen. Ich habe auch rote und blaue Kleider – rot und blau gemischt ergibt ebenfalls violett. Das ist mir vorher noch nie aufgefallen. Sogar meine Sofakissen, Handtücher und Topfpflanzen sind violett, manchmal kombiniert mit Rot oder Blau.

Ich gebe ›violett‹ in meine Suchmaschine ein und lese: »Violett liebende Menschen reagieren intuitiv und sind dadurch fähig, unkonventionelle Ideen zu entwickeln.« Wahrscheinlich arbeite ich deshalb so gern im Vertrieb, wo man schnell reagieren muss. »Sie wirken oft ernsthaft, hinterfragen alles, was um sie herum geschieht.« Ich bin wirklich ernst, ernster als meine beiden jüngeren Schwestern. Vielleicht, weil ich als Älteste immer vernünftig sein sollte, helfen musste, während die Kleinen spielen durften. Mag ich Violett, weil ich so ernst bin? Lila ist auch die Farbe der Macht und der Leidenschaft, aber auch die des Todes. Aber das ist mir eigentlich gleichgültig, denn für mich ist Violett einfach die schönste Farbe.

Meine Lieblingsbluse hatte eine dunkle, violette Farbe, je nach Lichtverhältnissen schimmerte sie pink, weinrot oder dunkelblau. Einmal hatte ich sie zu heiß gebügelt und dadurch einen hässlichen Abdruck auf dem Stoff hinterlassen, ausgerechnet über dem gesamten linken Brustteil. Der Stoff war nicht direkt versengt, aber ganz glatt und schimmerte nicht mehr wie der Rest der Bluse. Ich konnte sie nicht mehr tragen, brachte es aber nicht fertig, die schöne Bluse wegzuwerfen. Zuerst hängte ich sie zur Dekoration vor meinen Kleiderschrank, aber da hatte ich das Malheur ständig vor Augen und ärgerte mich jeden Tag aufs Neue darüber. Dann versteckte ich sie im Schrank zwischen all den anderen violetten, lila, roten und blauen Blusen. Aber dafür war sie trotz des Schadens viel zu schade. Schließlich schenkte ich sie meiner Schwester Ute. Die jubelte, denn lila war die Farbe der Saison. Bei der nächsten Party trug Ute meine Bluse.

»Wo ist denn der Fleck?«

»Ach, der ist weg«, antwortete Ute. »Ich habe die Bluse gewaschen und danach sah sie aus wie neu.« Ute drehte sich hin und her. Ich liebe meine Schwester sehr, aber ich sah sofort, dass ihr die Bluse überhaupt nicht stand. Die Farbe tat zu ihren goldblonden Haaren richtig weh in den Augen.

»Bist du jetzt sauer?«, wollte Ute wissen.

»Sauer? Ich? Wieso?« Natürlich war ich sauer. Und wie! Aber ich konnte doch nicht zugeben, dass ich ihr die Bluse nur gegeben hatte, weil ich sie wegen des Flecks nicht mehr hatte tragen können.

Der Frühling kam und mit ihm der Geburtstag meiner

Schwester. Ich trug einen dünnen, lila Rolli und dachte an meine schöne Bluse, die ich manchmal wie einen Blazer über diesem Pulli getragen hatte. Ute trug ein giftgrünes Shirt mit tiefem V-Ausschnitt, das ihr umwerfend gut stand. Ihre großen grünen Augen leuchteten noch intensiver.
»Ich habe dich schon lange nicht mehr in der violetten Bluse gesehen«, sagte ich so ganz nebenbei.
Ute winkte ab. »Lila trägt man heute nicht mehr, grün ist in.«
»Sicher hast du sie in den Müll gedonnert, oder?« Ich hoffte, dass Ute meiner Stimme nicht anmerkte, wie ängstlich ich auf ihre Antwort lauerte.
»Ich glaube nicht.« Ute lief zum Kleiderschrank und kam mit meiner wunderschönen violetten Bluse zurück. »Kannst sie wiederhaben, so etwas trägt heute kein Mensch mehr.«

Ich schon! Die Mode und die Farbe der Saison sind mir völlig gleichgültig. Für mich ist Violett die schönste Farbe der Welt.

Zeit der violetten Rose

Sebastian Görlitzer

Die schönste Zeit des Jahres ist für manche der Winter, andere mögen den Frühling mehr und der Sommer ist die wohl beliebteste von allen vier Jahreszeiten, trotz Hitze. Die Blumen; Astern, Rosen, Sonnenblumen, alle haben ihre Höchstform erreicht. Das Besondere aber ist, dass sie alle ihre eigene Sprache sprechen, sie reden nicht, zumindest verstehen wir sie nicht, doch unterschätzen sollte man sie darum keinesfalls. Das wohl bekannteste Sprichwort nennt sich: »Lasst Blumen sprechen …« Und diese Redewendung hatte schon immer Sinn. Die Natur hat so viel Schönes zu bieten, da darf diese Farbenpracht natürlich nicht fehlen. Es wäre auch dumm, wenn es nur grün gäbe, dann müsste man davon ausgehen, dass die Welt auch nur eintönig wäre. Das Auge für die Faszination der Natur sollte man schon haben. Aber auch ein klein wenig Gefühl im Umgang mit Pflanzen. Und gelegentlich entstehen durch Blumen Verbindungen und Wunder, wie Geschichten zu erzählen wissen. Eine Geschichte, die mir in Erinnerung geblieben ist, möchte ich heute erzählen. Eine ganz besondere. Meine Schwester und ich, so unzertrennlich wie wir waren, so unterschiedlich waren wir, und fanden unsere Freude meist darin, nach der Schule draußen in der Natur neue Orte zu erkunden. Bei schönem Wetter drinnen zu sitzen kam für uns selten in Frage. Wir mochten die Freiheit, die wir als Kinder genießen durften. Ich war gerade zehn und meine Schwester elf Jahre alt. Wir kamen an Wäldern vorbei, naschten von den wilden Himbeeren. Zogen weiter und kamen an Gärten vorbei. An einem Zaun wuchs eine Rose, eine wunderschöne, violette, die mit ihrer Schönheit glänzte. Wir kannten rote, gelbe, orange, blaue, aber niemals zuvor sahen wir eine violette. Wir waren wie gebannt, bewunderten sie beide und konnten unsere Blicke kaum von ihr abwenden. Ihre Farbe war so angenehm und plötzlich hatte meine

Schwester die Idee, eine Blüte dieser Rose abzuschneiden und mit nach Hause zu nehmen. Ich fand es nicht richtig. Doch meine Schwester blieb stur. Sie wollte eine Rose und gab keine Ruhe. Also ließ ich mich mal wieder überreden. Ich hatte mein Taschenmesser dabei, wollte gerade über den Zaun klettern, als eine Stimme an mein Ohr drang.

»Was, bitte, hast du vor, Junge?«

Fast schon über den Zaun geklettert, fiel ich vor Schreck glatt darüber. Letztendlich saß ich mitten in dem fremden Garten.

»Also?«, wurde ich erneut aufgefordert, Antwort zu geben.

Eine alte Frau stand vor mir, womöglich die Besitzerin.

»Es tut mir leid, ich wollte mir nur ihre Rose, diese violette, aus der Nähe anschauen.

»Nein, das wolltest du nicht. Du wolltest sie stehlen.«

»Es tut mir leid«, entschuldigte ich mich beschämt.

»Keiner hat es nötig zu stehlen, Junge, es ist eine böse Sache.«

Ich gab mich einsichtig. Immerhin war es wahr, Stehlen war falsch.

»Weißt du was, ich gehe davon aus, dass so etwas nicht noch einmal vorkommt, und sicher hattest du keine bösen Absichten. Darum habe ich eine Idee.«

Ich wurde hellhörig und hörte gespannt zu.

»Du sollst wissen, dass man im Leben nicht immer alles geschenkt bekommt. Etwas Arbeit ist manchmal nötig«, sagte sie weniger streng und sah sich in ihrem Garten um, »wenn du diese Rose wirklich möchtest, dann wirst du dieses kleine Beet vom Unkraut befreien.«

Sie zeigte dabei auf ein nahegelegenes, kleines Beet. Ich sah zu meiner Schwester, sie war nicht mehr da. Aus Angst war sie nach Hause geeilt und hatte mich allein zurückgelassen. Sie war schon immer ein wenig unvernünftig, doch so oft nahm ich es einfach hin. Die meiste Zeit bekam ich deshalb den meisten Ärger. So auch dieses Mal. Bereit, für eine Rose etwas Unkraut zu entfernen, bekam ich einen Eimer und eine kleine Harke und so machte ich mich an die Arbeit und merkte dabei schnell, dass es Spaß machte, für etwas, das man haben möchte, etwas zu tun. Als ich fertig war, sah sich die alte Frau das Beet an und lobte mich. Die Gartenschere hatte sie bereits in der Hand.

»Gut gemacht, mein junger Freund, jetzt weiß ich, dass du aus dieser Lektion gelernt hast. Darum sollst du die violette Rose bekommen.« Dankbar wartete ich, bis sie eine der hübschen Blumen abschnitt. Sie ging hin, bückte sich, aber stand gleich wieder auf.

»Bevor ich dir jetzt eine Rose abschneide, möchte ich dir noch ihre Bedeutung erklären. Du wirst sie verstehen, da bin ich mir sicher. Und wenn du irgendwann erwachsen bist, dann umso mehr.«

Ich sah sie bewundernd und respektvoll an und war bereit ihre Geschichte zu hören.

»Diesen violetten Rosen wird nachgesagt, dass sie Bewunderung und große Freude auslösen. Wenn du also später ein Mädchen kennenlernst, dann wird sie ganz ohne Worte wissen, was du ihr sagen möchtest und sie wird sich bei dir wohlfühlen. Weil in dir ein Romantiker steckt. Aber nicht nur, sondern noch viel mehr. Und glaub mir, du wirst ebenso an die große Liebe glauben, dein kleines Herz verrät es mir.« Ich war sprachlos. Woher sollte eine alte Frau, mit der ich vorher noch nie etwas zu tun gehabt hatte, so viel von meiner Zukunft wissen? Sie machte nicht den Eindruck, als wäre sie eine Hellseherin.

»Und dann steht sie noch für etwas anderes«, sprach sie weiter. »Sie steht dafür, dass du in einer Zeit deines Lebens Ausgleich benötigst. Aber auch Hoffnung und Zuversicht. Die wird sie dir geben, dein Mädchen, das du kennenlernen wirst. Du brauchst dich nicht zu verändern und du brauchst kein Geld, um glücklich zu sein. Denn das wirst du in anderer Form finden. In einer ganz Besonderen. Aber eine solche Rose wirst du nicht mehr finden, die brauchst du aber auch nicht. Vertraue einfach deinem Gefühl.«

Ich war irritiert, war dies wirklich der Ernst der alten Frau? War es wirklich wahr, was sie über mein Leben wusste? Sie musste eine Glaskugel haben, aus der sie anderen ihr Schicksal voraussagte. Auf den Jahrmärkten gab es so etwas schließlich, dachte ich mir in meinem kindlichen Glauben.
Nach der Schule fand ich mit ein paar Bemühungen einen Ausbildungsplatz in einem Beruf, der mich interessierte. Während dieser Ausbildung lernte ich ein Mädchen kennen. Sie war etwas ganz Besonderes, anders als alle Mädchen, die ich vor ihr kennengelernt hatte. Schnell war klar, sie gibt mir Freude und an ihrer Seite war ich zu jeder Zeit ausgeglichen. Wir verstanden uns von Anfang an. Auch nach der Ausbildung blieben wir zusammen und waren verliebt wie am ersten Tag.
Wir fanden beide schnell einen Job, heirateten und dann dauerte es nicht lange und wir bekamen ein Baby. Vater sein war das Wunderbarste, was mir passieren konnte. Wenn ich den kleinen Bobby, so nannten wir unseren Erstgeborenen, auf dem Arm hielt, stand Celine oft neben mir und strahlte viel Ruhe auf mich aus. Als Bobby krank wurde, sorgten wir uns sehr, denn es stand nicht gut um ihn. Tag und Nacht waren wir bei ihm im Krankenhaus. Nicht nur ich war der Verzweiflung nahe, auch Celine schlief keine Nacht mehr. Trotzdem war sie diejenige, die nie die Hoffnung aufgab. Letztendlich schaffte er es, wie durch ein Wunder wurde er wieder gesund und wir durften ihn wieder mit nach Hause nehmen. Es war unser kleiner Schatz. Gemeinsam überstanden wir diese schwere Zeit. An einem angenehm, warmen Sommertag fuhren wir zu meinen Eltern, die freuten sich immer, wenn sie den kleinen Bobby sahen und sie liebten ihn sehr. Sie waren bei der Geburt dabei gewesen und wir sahen uns, so oft es ging. Über Celines Familie wusste ich kaum etwas. Eigentlich so gut wie gar nichts. Sie sprach nicht gern über sie. An diesem Nachmittag gingen wir spazieren, dabei liefen wir unbewusst den Weg, den ich damals mit meiner Schwester gegan-

gen war, den Weg, der zu dem Garten mit den violetten Rosen führte. Mir kam alles vertraut vor, doch ich hatte im Laufe der Zeit die violette Rose, die ich meiner Schwester mitbringen wollte und die alte Frau, die mir voraussagte, dass ich die wohl wunderbarste Frau kennenlernen würde, vergessen. Celine! Ihr hatte ich noch nie von dieser Geschichte erzählt. Das holte ich jetzt nach. Es machte den Eindruck, als ob auch sie diesen Weg kannte, doch sie sagte, es verband sie nichts mit dieser Stadt. Doch nun, nach zwanzig Jahren, fiel ihr scheinbar doch ein, dass sie als Kind hier gewesen sein musste.

»Kennst du diesen Ort?«, fragte sie mich, als wir an dem Garten mit den violetten Rosen vorbeikamen.

»Ja, als Kind war ich oft in der Nähe. Aber hier war ich nur ein einziges Mal mit meiner Schwester.«

Zunächst schwieg sie. Doch dann hatte sie das Bedürfnis sich mir gegenüber zu öffnen und sie erzählte mir:

»Ich habe es dir nie gesagt, doch ich kenne diesen Ort ebenfalls. Er ist mir sogar sehr vertraut.«

Sie vernahm kurz meinen neugierigen Blick und sprach weiter.

»Weißt du, meine Eltern waren sehr strenggläubig, haben mich religiös erzogen und so manches hatte keinen Platz in ihrer vollkommen heilen Welt. Deswegen kam ich, je älter ich wurde, kaum noch mit ihnen klar. Sie haben sich verschlossen, weil sie Angst vor dem Unbekannten hatten. Meine Tante, die Schwester meiner Mutter, passte nicht in unsere Familie, meinten sie. Das verstand ich nie. Es fiel mir schwerer und schwerer, mit ihnen zu reden und eines Tages war ich weg. Sie wissen bis heute nicht, wo ich lebe.« Ich spürte, wie erleichtert sie war, dass sie das Geheimnis, das sie all die Jahre vor mir verschwiegen hatte, endlich aussprach. Ich hatte bisher nicht viel von Kirche und Religion erfahren, wusste aber, dass sie viele Regeln und Gebote hatten und dass es wohl irgendeinen gerechten Gott geben soll.

Irgendwie hatte ich den Verdacht, dass sie noch etwas sagen wollte und so fragte ich sie: »Möchtest du weiter erzählen?«
Sie nickte und nahm meine Hand.
»Dieser Garten gehörte früher einer alten Frau.«
»Richtig. Ich durfte sie als Kind kennenlernen.«
Verblüfft sah mich Celine an. Damit hatte sie nicht gerechnet.
»Du kanntest sie?«
»Ja, sie war immer sehr nett zu mir.«
»Sie war meine Tante.« Sie blickte in den Garten, sah die violetten Rosen, sie waren verwelkt und keiner war mehr da, der sich um sie kümmerte. Alles sah so trist und leer aus. Von weitem konnte man sehen, dass viele der Pflanzen von Krankheiten befallen waren. Das Grundstück war vollkommen verwildert. Die alte Frau gab es nicht mehr, einsam sah nun alles aus. Ich erinnerte mich, wie die Rosen damals in der Sonne in ihrem besonderen Violett leuchteten. Seitdem habe ich keine dieser einzigartigen Rosen mehr gesehen. Nachdem ich die mir selbst erarbeitete Rose Zuhause in eine Vase gestellt hatte, fand sie einen Platz in meinem Zimmer. Sie blühte viele Wochen und mit meiner Schwester sprach ich tagelang kein einziges Wort. Damit musste sie leben. Doch irgendwann gab ich doch nach, nachdem sie sich wiederholt für ihr Verhalten entschuldigt hatte. Dann ergriff Celine erneut das Wort:
»Ich weiß nicht, was meine Tante dir alles erzählt hat, sie war ein bewundernswerter Mensch.«
Ich sagte ihr vorerst nichts von dem Gespräch mit ihrer Tante. Aber ich wusste noch vieles, was sie mir erzählte. Und mir wurde erst jetzt richtig bewusst, dass sie schon damals Celine gemeint hatte. Sie war das Mädchen, das ich kennenlernen und das mein Leben erfüllen sollte. Sie und Bobby. Wir waren eine Familie. Das größte Geschenk von Glück und Liebe. Meine kleine Familie könnte man mir mit keinem Geld der Welt ersetzen. Das war völlig unmöglich.
»Meine Tante hatte die Fähigkeit, nur vor einem anderen

Menschen zu stehen und durch dessen Ausstrahlung, die sie spüren konnte, die unterschiedlichen Visionen aus der Zukunft zu sehen, die meistens auch wahr wurden.«

Dann erzählte ich ihr die ganze Geschichte, wie ich ihre Tante kennengelernt und aus welcher Lektion ich an diesem Tag gelernt hatte. Celine reagierte nicht überrascht, sie schien ihre Tante gut genug gekannt zu haben, obwohl ihre Eltern ihr den Umgang mit der alten Frau verboten hatten.

»Früher wohnten wir genauso wie du mit deinen Eltern in dieser Stadt«, setzte sie fort.

»Ich traf mich mit meiner Tante heimlich, bis es aufflog und meine Eltern durch Gemeindemitglieder davon erfuhren. Ich fand sie interessant, fühlte mich wohl, doch das missfiel meinen Eltern.«

Mit dem Verhalten der Erwachsenen hatte ich schon als Kind meine Probleme. Alles musste kompliziert sein, umständlich und alles war an Bedingungen geknüpft, das konnte ich schon als Kind nicht nachvollziehen.

»Wir zogen fort, weit weg von dieser Stadt, das war meinen Eltern wichtig. Danach sah ich meine Tante nie wieder und als ich alt genug war, meine eigenen Entscheidungen zu treffen, entschloss ich mich, meinen Weg allein zu gehen. Das war die Zeit, als wir uns kennenlernten, doch ich erzählte dir nie von meinen Eltern. Eben aus diesem Grund. Ich will sie nicht mehr wiedersehen.«

Celine litt noch heute darunter. Also nahm ich sie in den Arm und es ging ihr allmählich besser.

Es ist wahr, manchmal sollte man an das glauben können, was wie Zauberei erscheint, mag es auch noch so unvorstellbar sein. Wie sonst könnte man an Wunder glauben? Auch für Unvorstellbares ist auf dieser Welt genug Platz und Wunder können schneller geschehen, als man glaubt. Blumen sind dabei die Boten, die für uns Menschen sprechen, wenn wir keine Worte mehr finden. Die uns unsere Welt bunter und schöner machen.

Daniel

Tamara Wiegand

Prolog

Vor vielen Jahren war Ibiza ein Traum. Der Tourismus hatte es noch nicht ganz in Beschlag genommen, der Flughafen erweckte den Eindruck eines Blumengartens, und die ganze Insel war einfach paradiesisch. Eine Freundin meiner Mutter und ihr Bruder, der während des Krieges nach Chile ausgewandert war, hatten sich dort niedergelassen. Er war alleinstehend und mit seinem Freund nach Ibiza gekommen. Die Freundin meiner Mutter war verwitwet und kinderlos.

Meine Mutter war ebenfalls schon sehr lange verwitwet. Mein Vater starb mit vierundfünfzig Jahren, als ich noch ein Kind war. Ich, Yvonne, hatte noch eine ältere Schwester, Helga, die aber seit langem verheiratet war. Eigentlich war meine Mutter nicht begeistert gewesen, mich mit fast vierzig Jahren noch zu bekommen. Mein Vater jedoch hatte sich sehr über meine Geburt gefreut.

***

Ich war achtzehn Jahre alt, frisch verheiratet, da nahm sie mich mit in den Urlaub nach Ibiza. Geld brauchte ich nicht, sie bezahlte mir den Urlaub. Mein Ehemann hatte nichts dagegen, da er aus beruflichen Gründen nicht mitkommen konnte.

Ich nannte die Freundin meiner Mutter immer schon Tante Anneliese und ich mochte sie gerne. Mir war auch bekannt, dass ihr Bruder Erich nur Männer liebte. Ihn kannte ich zu dieser Zeit noch nicht.

Glücklicherweise akzeptierten meine Mutter und auch ich jeden Menschen ohne Vorurteile. Der Empfang war herzlich. Tante Anneliese hatte mich schon immer gemocht und ihr Bruder hatte mich auch in sein Herz geschlossen. Ich verlebte einen wunderbaren Urlaub, lernte viele Freunde kennen und alle waren sehr fröhlich, anders als in Deutschland. Sie liebten das Leben.

Fünfzehn Jahre später

Meine Schwester Helga hatte ihren Ehemann an Krebs verloren, unsere Mutter war ebenfalls verstorben. Ich lebte in Scheidung und beide hatten wir keine Kinder.
Helga und ich hatten einen Urlaub (all-inclusive) nach Ibiza gebucht und ein Hotel in Santa Eulalia del Rio gewählt. Es hieß Riomar, das wir uns im Internet noch einmal angeschaut hatten. Bis zum Strand war es nur einen Kilometer. Es gefiel uns.
Glücklich landeten wir auf Ibiza. Der Flughafen war anders, als ich ihn in Erinnerung hatte. Die Technik hatte ihn total verändert. Auf mich wirkte er sehr unpersönlich, nicht mehr märchenhaft. Das sagte ich auch meiner Schwester, die mit Ironie in der Stimme fragte, was ich denn erwartet hätte. Ich hielt es für besser, darauf nicht zu antworten. Sie behandelte mich von jeher wie ein Kind. Also warteten wir auf unsere Koffer und gingen zum Eingang. Da stand unsere Reiseleitung und begleitete uns zum Bus, in dem die Koffer verstaut wurden. Es befanden sich ungefähr 25 Personen im Inneren, dazu die Reiseleiterin. Zuerst begrüßte sie uns, stellte sich vor und erklärte uns einige wichtige Dinge für unseren Aufenthalt auf Ibiza. Nacheinander fuhren wir vier Hotels an, bis nur noch sieben Frauen übrig waren. Unser Hotel war das letzte auf der Route. Unsere Reiseleiterin bat uns, einen Moment zu warten und ging zur Rezeption, während ich mit fünf der Damen eine Zigarette rauchte. Einzig Helga war Nichtraucherin. Wir warteten eine Viertelstunde, dann kam die Reiseleiterin zu uns und sagte, dass das Hotel komplett belegt sie und wir für zwei Tage in dem nahegelegenen Hotel Don Carlos untergebracht würden. Wir sollten unsere Koffer jedoch nicht auspacken und nur das Nötigste herausnehmen. Die Enttäuschung war zwar groß, aber trotzdem stiegen wir, ziemlich genervt, wieder ein. Das Hotel war schon informiert und wir konnten einchecken. Es war mittlerweile schon acht-

zehn Uhr, die Sonne schien und es war angenehm warm. Wir hatten Glück und bekamen ein Zimmer auf der Südseite mit Meerblick, einem großzügigen Balkon, Minibar, TV und einem wirklich fantastischen Bad. Eine schöne Sitzecke rundete das Zimmer ab. Es wirkte alles sehr elegant. Ich sagte zu Helga: »Hier gefällt es mir, ich würde gerne bleiben.«
»Yvonne, mir gefällt es ebenfalls. Ich werde mit der Reiseleiterin sprechen!«
»Das wäre schön. Sie ist ja morgen früh um zehn Uhr zum Begrüßungscocktail da. Selbst wenn wir noch etwas drauflegen müssten, ich meine, es würde sich lohnen.«
Ich war froh, dass meine Schwester so reagierte. Sie war immer sehr viel mit ihrem Mann in Urlaub gefahren, kannte Australien, die Karibik, Ägypten, die USA, Singapur und auch Russland, außerdem hatte sie mehrere Kreuzfahrten gemacht und war auf Mallorca gewesen. Mein verstorbener Schwager hatte sie sehr geliebt und verwöhnt. Ibiza kannte sie bisher noch nicht.

Wir machten uns erst einmal frisch und gingen dann zum Speisesaal, wo ein herrliches Buffet mit allem, was die spanische Küche zu bieten hatte, aufgebaut war. Nach dem Essen gingen wir noch zum Strand, der in einer Bucht mit feinem, weißen Sand und kristallklarem Wasser lag, was auf Ibiza selten ist. Viele Strände dort haben kleine Kieselsteine und schroffe Klippen, was ich im Gegensatz zu Helga, die keinen Computer besaß und sich auch damit überhaupt nicht auskannte, im Internet recherchiert hatte. Langsam versank die Sonne scheinbar im Meer. Wir gingen auf unser Zimmer, machten uns für die Nacht fertig und schliefen sehr schnell ein.

***

Pünktlich erschienen wir zum Frühstück und warteten auf unsere Reiseleiterin. Diese sprach mit einem Herrn des Hotels und wir konnten ohne Zuzahlung bleiben, was allen gefiel.

Gutgelaunt gingen wir auf unser Zimmer und packten unsere Koffer aus. Es dauerte eine Weile, bis wir damit fertig waren. Heute wollten wir nur an den Swimmingpool gehen, fanden noch jeder eine freie Liege und genossen die Sonne. Ein passendes Sommerkleid für das Mittagessen hatten wir beide schon mitgenommen. Aus dem Lautsprecher ertönte aktuelle Musik und wir sahen uns die anderen Hotelgäste an, die sehr gutsituiert aussahen. Einige Kinder spielten im Kinderpool und man hörte ihr fröhliches Lachen. Sehr junge Urlauber sah man hier am Pool nicht. Gegen zwölf Uhr standen einige Gäste schon auf und eilten zum Mittagsbuffet. Meine Schwester und ich blieben noch liegen. Wir mochten es nicht, wenn man sich sofort auf ein Buffet stürzte, und warteten noch eine halbe Stunde. Wie bereits am Vorabend sah es fantastisch aus. Ein netter Kellner führte uns an einen Tisch für vier Personen und fragte nach unserem Getränkewunsch. Wir nahmen jeder eine Karaffe Rotwein und bedienten uns dann am Buffet. Als wir an den Tisch zurückkehrten, saß dort ein junger Herr und stellte sich höflich vor. »Daniel«, lächelte er uns freundlich an. Er war höchstens dreißig Jahre alt, gut gekleidet, blond, muskulöser Körper. Das Idealbild eines Mannes. Er sagte, er wäre heute Morgen aus Frankfurt gekommen und mit der Wahl des Hotels sehr zufrieden. Nachdem wir gegessen hatten, verabschiedeten wir uns und gingen zu unseren Liegestühlen, um den Rest des Tages am Pool zu verbringen.

Dort gab es eine Bar, an der man Getränke und Kuchen kaufen konnte. Helga holte sich einen Saft und ein Stück Erdbeerkuchen, ich nahm mir einen Café con Leche. Wir waren ungefähr eine gute Stunde am Pool, da setzte sich ein junger Mann auf einen freien Liegestuhl, auch ungefähr dreißig Jahre alt und stellte sich vor. Er hieß Frank und war der Chefanimateur. Morgens würde Frühsport und jeden Nachmittag verschiedene sportliche Aktivitäten angeboten. Es würde ihn freuen, wenn wir ebenfalls dabei wären. Ich sah Helga an, sie

nickte bejahend und Frank sagte nur noch, dass es uns sicher gefallen würde. Als er gegangen war, sagte Helga zu mir: »Frühsport werde ich in jedem Fall mitmachen. Du doch sicher auch?«
»Ja, ich bin auch dafür!«
Damit war das Thema für uns erst einmal erledigt. Wir blieben aber nicht lange alleine, da gesellten sich drei Damen aus unserem Bus zu uns und fragten, ob wir ebenfalls bei den Angeboten von Frank mitmachen würden. Sie stellten sich vor und fragten und schnell waren wir beim ›Du‹. Es waren Britta, Inge und Gaby. Gemeinsam gingen wir zu der Wiese, auf der Frank bereits wartete und wo auch unser Tischnachbar Daniel war. Nachdem wir uns alle vorgestellt hatten, merkte der Animateur an, dass es für alle einfacher wäre, wenn wir uns beim Vornamen ansprechen würden, womit wir alle einverstanden waren. Es wurde ein sehr schöner und lustiger Nachmittag. Als wir uns trennten, hielt mich Frank noch einmal fest und fragte mich, ob ich Lust hätte, bei seinen Programmen fest mitzumachen. Er hätte für Samstag eine tolle Show vor. Die müsste allerdings auch vorbereitet werden, wofür ich vor dem Abendessen eine Stunde einplanen sollte. Ich sagte zu. Freundschaftlich nahm er mich in den Arm und sagte: »Das finde ich klasse von dir, Yvonne«, und fügte hinzu: »Du bist für diese Rolle die richtige Frau, schön und charmant!«
Ich lachte nur und ging.
Als wir auf unserem Zimmer waren, fragte mich Helga, was Frank denn von mir gewollt hatte. Ich erklärte es ihr und sie sagte nur, dass ich das selbst wissen müsste. Sie wollte auf jeden Fall noch die Insel kennenlernen.
»Dafür haben wir ja auch genug Zeit, Helga. Wir können uns nach dem Schwimmen am Pool oder im Meer schickmachen und uns erst einmal die Stadt ansehen. Irgendwo Café con Leche trinken, durch die Geschäfte bummeln und vielleicht das eine oder andere kaufen. Im Internet habe ich gesehen,

dass es hier tolle Boutiquen gibt.«
»Ist gut Yvonne, ich wollte dir halt nur sagen, dass ich gerne mehr als nur das Hotel sehen möchte.«

***

Wir machten uns für den Abend zurecht und gingen zum Restaurant. Der Kellner begleitete uns wieder zu unserem Tisch und nahm unsere Getränkewünsche entgegen. Daniel war schon da, er hatte sich ein Bier bestellt. Er war toll angezogen und sah wieder super aus. Er sagte uns, dass er nach dem Essen mit dem Bus nach Ibiza-Stadt fahren würde, wäre aber um zweiundzwanzig Uhr wieder zurück. Das wäre der letzte Bus und er hoffte, dass wir dann noch auf der Terrasse wären. Er hatte sich erkundigt und wüsste, dass man dort tanzen könnte, was uns nicht bekannt war. Ich tanze sehr gerne und dachte, da wird schon jemand kommen und mich auffordern. Das sagte ich Helga natürlich nicht. Im Gegenteil, sie sagte mir, dass sie froh sei, dass unser Zimmer auf der anderen Seite war.
Nach dem Essen bummelten wir Richtung Stadt Santa Eulalia, die immer noch bunt war. Es waren sehr viele Menschen unterwegs. Man sah Hippies, die Schmuck verkauften, Boutiquen waren noch geöffnet, die Restaurants voll belegt mit Gästen. Lachende, glückliche Jugendliche alberten durch die Straßen und Gassen. Es war ein lustiges und fröhliches Treiben überall. Wir fanden ein schönes Lokal, in dem Helga sich einen Eisbecher bestellte und ich einen Café con Leche nahm. Dabei rauchte ich und sah mich um. Uns gefielen die Komplimente einiger Herren, besonders Helga genoss diese. Gegen zweiundzwanzig Uhr waren wir wieder an unserem Hotel angelangt, wo wir schon unsere neuen Freundinnen hörten. Sie riefen uns zu sich und wir setzten uns zu ihnen. Daniel war auch schon wieder zurück. Britta, Inge und Gaby tranken Sangria, Daniel wieder Bier. Gaby sagte uns, dass die Sangria vorzüglich schmeckte und wir sollten uns ebenfalls einen Krug an der Bar holen. Sie war wirklich köstlich mit

dem frischen Obst, nicht zu vergleichen mit dem, was man bei uns in Deutschland als Sangria verkaufte. Daniel forderte mich auch recht bald zum Tanzen auf und es war, als hätten wir schon immer zusammen getanzt. Viele sahen uns bewundernd zu. Daniel wollte nicht aufhören, doch ich bat ihn, dass wir wieder zurück zum Tisch gingen. Mittlerweile war es schon nach dreiundzwanzig Uhr. Ich wollte es nicht übertreiben und meine Schwester ärgerlich machen. Ich kannte sie und wusste, dass sie schlafen wollte. Die drei anderen Frauen wollten noch etwas bleiben. Daniel verabschiedete sich ebenfalls. Wir verabredeten uns zum Frühsport. Es war ein sehr schöner Urlaubstag gewesen und wir schliefen schnell ein, die Sangria hatte uns zusätzlich schläfrig gemacht.

***

Am nächsten Morgen standen wir zeitig auf und beschlossen, nach dem Frühstück und dem Sport ans Meer zu gehen. Wir hatten jeder nur eine Badematte dabei und liehen uns einen Sonnenschirm. An dieser Stelle, an der das Wasser türkis schimmerte, fließt der einzige Fluss der Insel ins Mittelmeer. Es war dort nicht besonders tief, man konnte gut schwimmen und viele Kinder spielten am Wasser. Hippies liefen am Strand auf und ab und boten wieder ihre Handarbeiten zum Verkauf an. Frisches Obst konnte man bei jungen, spanischen Händlern kaufen. Die Bucht war voller Leben, das konnte kein Swimmingpool ersetzen. Auch wir gingen am Strand entlang, das war besser, als nur in der Sonne zu liegen. Es wehte immer ein angenehmer Wind. Gegen siebzehn Uhr gingen wir zurück zum Hotel. Ich musste ja noch zu Frank, um mit ihm die gemeinsame Show zu besprechen, und war gespannt, was er wohl vorhatte. Ein wenig höhnisch wünschte Helga mir viel Vergnügen. Wir sind zwar Schwestern, aber grundverschieden, der Altersunterschied machte sich stark bemerkbar. Gemeinsam wollten wir um zwanzig Uhr zum Abendessen gehen.

***

Frank sah mich und wir gingen in sein Büro. Er zeigte mir ein Video von Liza Minelli. Sie sang darin, in ein lila Kleid gehüllt, ›Life is a Cabaret‹ und ›Bye, bye mein lieber Herr‹. Ich hätte die Aufgabe, zu dieser Musik die Bewegungen von Liza nachzumachen. Bei dem Stück ›Bye, bye mein lieber Herr‹ musste ich auf einem lila Stuhl tanzen. Ich fand das toll, ich liebe diese Farbe und sagte ihm, dass ich ein Shorty, ein Abendkleid und Netzstrümpfe in dieser Farbe hätte.
Frank war begeistert und sagte: »Yvonne, du bist super! Komm, proben wir mal etwas. Toll machst du das. Es wird ein Erfolg werden.«
»Das hoffe ich. Ich weiß nur nicht, was meine Schwester dazu sagen wird. Aber ich bin alt genug. Ich werde in jedem Fall bei der Stange bleiben! Jetzt muss ich allerdings auf mein Zimmer und mich für heute Abend zurechtmachen. Wir sehen uns später. Ist das okay für dich?«
»Und wie okay das für mich ist, liebste Yvonne, see you later.«
Ich lachte und ging.

Epilog

Mein Beitrag war ein voller Erfolg. Den ganzen Urlaub tanzte ich mit Daniel. Er betreibt mit seinem Freund, mit dem er sehr glücklich ist, ein erfolgreiches Restaurant mit deutscher Küche auf Ibiza.

Wir telefonieren noch heute miteinander.

Lavendel

Maria Hertting

Denk´ ich an meine Großmutter, sehe ich eine ältere Dame mit silberweißem Haar. Ihre gemütliche Figur, stets mit einer Kittelschürze bekleidet, lehnte lässig im Türrahmen, wenn ich kam. Großmutter gehörte zu der Generation, die kleine, duftende Säckchen zwischen die Wäsche legte, damit die Motten diese nicht zerfraßen. Wohl auch deshalb, weil er so schön duftete, der Lavendel – frisch, herb, holzig und ein wenig ›uralt‹, genau wie sie.

Immer, wenn ich sie besuchte, zogen mich die kleinen, blauvioletten Flaschen auf der Ablage im Bad magisch an. Ich wog sie in meinen Händen, öffnete sie und roch daran. Wenn die Großmutter nicht hinsah, gab ich einen Tropfen dieser duftenden Köstlichkeit hinter mein rechtes, einen hinter mein linkes Ohrläppchen, ganz genauso, wie ich es bei ihr gesehen hatte und hoffte, sie würde meinen Raub nicht bemerken. Doch der Duft verriet mich jedes Mal. Dann lächelte Großmutter und sagte: »Du riechst lecker, mien Jung.«

War die Flasche leer, durfte ich sie behalten. Ich füllte Wasser hinein und schüttelte kräftig, bis sich auch der letzte Rest gelöst hatte. Dieses ›Eau de Toilette‹ gehörte dann nur mir allein und ich hütete es wie einen Schatz.

Als meine Großmutter von uns ging, hatte ich Mühe, dies zu glauben, weil die Wohnung noch immer so roch, als käme sie jeden Augenblick zur Tür herein. Der Duft von Lavendel schien so untrennbar mit ihr verbunden, dass ich ihn und die Farbe Lila mit ›uralt‹ assoziierte.

Jahre später, als ich erwachsen geworden war, hatte ich den Lavendel und seinen Duft fast vergessen, bis eine Reise in die Provence die Erinnerung wieder zurückbrachte. Damals war ich Student, hatte wenig Geld, aber große Träume von Reisen in ferne Länder. Meine Abenteuerlust ließ sich nur stillen, weil ich mir regelmäßig in den Semesterferien eine Arbeit

suchte, meist irgendwo als Erntehelfer.
Ende Juli fuhr ich mit dem Bus in ein kleines Dorf auf der Hochebene von Valensole. Die Landschaft sah aus wie vor hundert Jahren. Eine unbarmherzige Sonne ließ die Luft flirren. Rosmarin und Thymian wuchsen auf dem staubtrockenen Boden, unterbrochen von endlosen Sonnenblumenfeldern. Platanen spendeten vereinzelt etwas Schatten.
Die Lavendelernte stand kurz bevor. Anfangs bekam ich ihn allerdings nicht zu Gesicht, diesen scheuen Lippenblütler. Er verriet sich nur durch seinen Geruch. Schwer lag dieser über der Landschaft. Als der Bus schließlich um eine Kurve fuhr, öffnete sich vor mir eine weite Ebene und das violette Wunder wurde sichtbar. In schnurgeraden Reihen zogen sich die Lavendelfelder bis hinauf zum Horizont, ja fast bis hinein in den Himmel, wie mir schien.
Das Dorf lag so hoch, dass es sich in der Tat um echten Lavendel, lateinisch: Lavandula angustifolia, handelte. Schon die Römer benutzten diesen zum Waschen und für die Kosmetik. Wohl aus diesem Grunde hat er seinen Namen bekommen, der auf das lateinische Wort »lavare« (waschen) zurückgeht.
Da waren wir nun, die Neuen aus Allemagne, die Hungrigen nach Tradition und Romantik. Der Bus hielt auf dem Marktplatz und spie uns aus: Junge Menschen, die bei der Lavendelernte helfen sollten.
Unweit lenkte ein Bauer seinen Traktor über die Felder. Eine Schneidevorrichtung schnitt das Kraut an den Stielen ab und hob es in den Hänger. Danach fuhr der Traktor zur Dampfdestillation, die sich im Zentrum des Dorfes befand.
Der Gasthof, in dem ich mit den andern unterkam, entsprach so ganz der entspannten Mentalität der hier lebenden Menschen. Alt und Jung saßen vor dem ockerfarbenen Gebäude, unterhielten sich, nahmen ihr zweites Frühstück zu sich oder spielten Karten. Es war Vormittag, die beste Zeit für die Lavendelernte. Wenn der Tau verdunstet ist, kann das Kraut sein Aroma voll entfalten.

Unsere Aufgabe war es, den Lavendel abzuladen und zur Destille zu bringen. Sie war gar nicht zu verfehlen. Aus einem Schuppen stiegen schwere, duftende Rauchfahnen in die Luft, und in großen Kesseln dampften die wertvollen Kräuter, während die ätherischen Öle über Schläuche in große Behälter geleitet wurden. Vierzehn Tage dauerte die Lavendelernte. Vierzehn Tage fühlten wir uns wie in einem Dampfbad eingeschlossen und kamen uns bald selbst vor wie diese lila Blüten.

Abends ließen wir den Tag bei Baguettes, Saucisson und Pastis, einem selbst gebrannten Schnaps, ausklingen.

Der Biobauer, bei dem wir uns verdingt hatten, betrieb einen kleinen Laden für die Touristen. Hier konnte man direkt vom Erzeuger Seife, Cremes, Öl, kleine gebundene Lavendelsträuße, Lavendelhonig und mehr kaufen. Dort lernte ich Marguerite, die Tochter des Bauern, kennen, welche die Produkte ihres Vaters verkaufte.

Das erste, was mir auffiel, waren ihre blauvioletten Augen. Die Ähnlichkeit mit dem Lavendel war nicht zu übersehen. Sie war ein quirliges Ding, immer in Bewegung, immer lächelnd und von einer positiven Ausstrahlung, die ansteckte.

Die ersten Tage schlich ich um sie herum wie ein verliebter Kater, bis *sie* die Initiative ergriff. Mit den wenigen Brocken Deutsch, die sie kannte, sagte sie, ich glaube, es war schon am dritten Tage unseres Aufenthalts: »Willst du mir gennenlernen, Ans?«

Und Hans wollte.

Jede freie Minute genossen wir ab jetzt gemeinsam, versteckten uns wie Kinder in den blühenden Lavendelfeldern, jagten hintereinander her, ließen uns anschließend erschöpft auf den staubigen Boden fallen, schauten gedankenverloren in den azurblauen Himmel, horchten auf das Summen der Bienen, die zu tausenden hier umherschwirrten und erzählten uns Geschichten. Mehr geschah nicht. Und doch spürten wir beide diese knisternde Spannung, die sich zwischen uns aufbau-

te, wenn wir uns sahen.
Der Tag meiner Abreise kam näher. Schon eine Woche waren die Dorfbewohner mit den Vorbereitungen für das Lavendelfest beschäftigt, das hier jedes Jahr stattfand. Der Dorfplatz wurde mit Fahnen und Wimpeln geschmückt. Man stellte Bänke und Tische auf und alle taten sehr geheimnisvoll.
Am Tag vor meiner Heimreise fand ein Umzug mit lavendelgeschmückten Wagen statt. Mister und Misses Lavendel winkten dem Publikum zu. Ein Jahrmarkt bot Spezialitäten aus der Region an, und die Touristen konnten die Destillationsanlage besichtigen. Abends traf sich das gesamte Dorf um den Brunnen herum. Eine Kapelle spielte und es wurde getanzt. Ich bin kein geübter Tänzer, aber Marguerite führte souverän.
Als der Abend fortschritt, lösten wir uns aus der Menge und setzten uns unweit des Geschehens auf eine Bank. Die Zikaden sangen, die Luft war samtig weich, keiner von uns beiden sagte ein Wort.
Endlich fasste ich mir ein Herz: »Morgen muss ich zurück nach Deutschland«, sagte ich und griff nach Marguerites Hand.
»Ich weiß«, antwortete sie und ließ es geschehen.
»Ich schreibe dir«, sagte ich und rückte näher an sie heran.
»Nichts sagen«, flüsterte sie und presste ihre Hand auf meinen Mund. »Heute wollen wir nur genießen.«
Nachdem sie das gesagt hatte, beugte sie sich vor und hauchte einen Kuss auf meine Wange.
Ehe ich noch etwas erwidern konnte, sprang sie auf und lief davon.
»Komm´ Ans!«, rief sie mir zu und winkte mit ihrer kleinen Hand.
Ich lief ihr nach. In diesem Augenblick war ich ihr hoffnungslos verfallen und wäre ihr überall hin gefolgt. Unweit des Dorfes gab es einen kleinen, verlassenen Schuppen. Dort

liebten wir uns. Immer wieder beteuerte ich, dass ich zurückkäme, dass ich ihr schreiben würde. Damals gab es noch kein Internet und keine Handys. Sie nickte nur. Irgendwann schliefen wir ein. Als ich erwachte, war sie verschwunden.

Am nächsten Morgen suchte ich vergebens nach ihr. Sie kam nicht zum Bus. Während der Fahrt nach Hause dachte ich nur an sie. Mehrmals war ich versucht, auszusteigen und umzukehren, wollte alles hinwerfen, mein Studium abbrechen, meine Familie und Freunde verlassen, so beeindruckt war ich von dem einfachen Leben hier und von Marguerite. Doch sie wusste es anscheinend besser als ich.

Als ich wieder zu Hause war, vergaß ich mein Versprechen.

Jahre sind inzwischen vergangen, Jahre, in denen ich oft an sie gedacht habe. In meiner Erinnerung sehe ich sie vor mir stehen und mit zuckersüßer Stimme sagen: »Willst du mir gennenlernen, Ans?«

Seit dieser Zeit verbinde ich mit der violetten Farbe des Lavendels dreierlei: erstens Ordnung und uralte Blümchentapeten, zweitens Gelassenheit und Lebensfreude, drittens Jugend und Zuckersüße. Und immer, wenn ich mich auf eines der drei konzentriere, drängt sich ein anderes in den Vordergrund. Ich kann mir nicht helfen: Lavendel ist und bleibt für mich ein lila Wunder.

Ein violettes Gemälde

Sabrina Nikolai

Violett war einst die Farbe meiner Seele. Sie war ein Teil von mir, wie die Luft zum Atmen. Sie erfüllte eine Sehnsucht, die ich weder beschreiben noch erklären konnte. Zuerst fiel es mir nicht auf. Ich war Malerin in Paris. Nun gut, es war nichts, womit man reich werden konnte. Doch für mich war es das schönste Geschenk, dass ich den Menschen eine Freude machen konnte. Ich begann zuerst damit, die einfachsten Dinge wie Obst und Schüsseln zu malen. Ich wollte, dass meine Gemälde echt aussahen und zu einer Form der Fantasie gehörten. Eines Tages begab ich mich an den Fluss und setzte mich dort auf einen Felsen. Ich wollte mir Gedanken machen, welche Veränderungen für meine Bilder von Vorteil sein konnten. Ich kann kaum sagen, wie viel Zeit vergangen war, als mich eine freundliche, weibliche Stimme aus meinen Gedanken riss. »Madame, verzeihen Sie bitte die Störung. Ich bin Madame Solinde, die Frau des Bäckers hier im Dorf. Schon oft habe ich Ihre Gemälde gesehen und war hingerissen. Ich würde gern wissen, ob Sie bereit wären, ein Porträt von mir zu malen?«, sprach die junge Frau. Ich drehte mich um und lächelte, nickte nur und wandte mich wieder dem Fluss zu. Dass ich jemals um so ein Bild gebeten werden würde, damit hatte ich nicht gerechnet, doch ich wollte es versuchen. Ich ließ meine Gedanken los und bat die junge Frau, mir zu folgen. Auf dem Weg erklärte ich ihr, dass ich diese Art der Malerei noch nie zuvor gemacht hatte, doch ich würde es gern versuchen. Wir lächelten und begannen gleich das Werk. Es dauerte einige anstrengende Stunden, bis das Porträt fertig war. Als ich es der jungen Frau zeigte, brach diese in Tränen aus. Gerührt von der Freude, schenkte ich ihr das Bild und wünschte ihr viel Spaß mit diesem Anblick. Sie bedankte sich und ging. Einige Tage später kamen drei weitere Frauen zu mir, wollten von mir gemalt werden und es sollte diesmal nicht unbezahlt bleiben. Ich stimmte zu und begann mit meinem Werk. Das erste Mal verdiente ich mehr, als ich es jemals für möglich gehalten habe. Es freute mich sehr, denn ich brauchte schon bald neue Farben und Leinwände. Die Anfragen häuften sich und ich hatte beschlossen, meinen Horizont zu erweitern. Ich begann, die Umgebung zu zeichnen, den Fluss, den Wald und dessen Tiere. Es machte mir großen Spaß, doch der Tag kam, an dem sich meine Welt änderte. Meine Fantasie trat in den Vordergrund und meine Gemälde schimmerten in den schönsten Violetttönen, die man jemals hatte sehen können. Jemand beschloss, meine Bilder ausstellen zu wollen, und somit fing mein Leben als richtige und wahrhaftige Malerin an. Ich hatte einen neuen Weg gefunden, den Menschen ein Stück Leben mit auf den Weg zu geben. Von nun an sollte Violett mein Leben bestimmen und mir den Weg zeigen, wenn ich glaubte, ihn verloren zu haben.

Violette Post

Elfride Stehle

»Na endlich«, flötet Eva und versucht, den violetten Briefumschlag aufzureißen. Nebenbei hüpft sie die Steinstufen hoch, drückt die angelehnte Wohnungstür mit dem Ellenbogen auf und mit dem rechten Fuß wieder zu. Fast wäre sie mit Markus zusammengestoßen, der es anscheinend sehr eilig hat. Er nuschelt nur etwas von Brandanschlag und ist auch schon weg. Eva hat für ihn im Moment weder Augen noch Ohren. Der Brief ihrer Mutter ist jetzt wichtiger. Sie lässt sich in ihren Schaukelstuhl fallen und zieht das lilafarbene Papier aus dem Umschlag. Wie kommt Mama nur auf Violett? Will sie etwa einen letzten Versuch in puncto Liebe starten, überlegt Eva schmunzelnd. Zuzutrauen wäre ihr das. Immerhin lebt sie seit zehn Jahren allein. Aber mit Fünfzig? Egal, erst einmal lesen …

»Meine liebe Eva!
Nun bin ich schon fast die zweite Woche weg von zuhause, und Du wartest sicher sehr auf eine Nachricht von mir. Du wunderst Dich bestimmt über das Briefpapier. Nun, violett ist schon immer meine Lieblingsfarbe gewesen. Du fragst Dich jetzt vielleicht, warum ich nicht ein einziges Teil in dieser Farbe besitze … ganz einfach, es ist eine Farbe doch mehr für die Jugend, findest Du nicht? Meine zwei Kur-Freundinnen Viola und Liliane, schon die Namen verströmen einen Lavendelduft, brachten mich auf die Idee, es wieder mal mit der Farbe zu versuchen. Deshalb dieses Briefpapier. Auch bekommt man durch das gesamte Umfeld hier in der Provence Lust auf Violett. Gestern machten wir nämlich einen Ausflug nach Nyons, eine wunderschöne Stadt inmitten von Lavendelfeldern und Olivenhainen. Manchmal bedaure ich, dass Du mich nicht begleiten konntest. Dein Malerherz würde höher schlagen. Aber ich bringe ganz viele Fotos mit. Versprochen. Dann kannst Du wieder tagelang an deiner Staffelei verbringen, meine Süße. Aber jetzt muss ich Schluss machen, denn Viola und Liliane drängeln zum Nachtessen. Danach wollen wir noch tanzen gehen, mit

unseren Kurschatten. (lach)
Morgen ist wieder ein Ausflug geplant. Es geht nach Sault.
Liebe Grüße für heute.
Deine Mama.
P.S. Gruß an Markus, vielleicht wird das ja doch nochmal was mit euch?«

»Träum weiter, Elsa«, grummelt Eva und legt den Brief neben sich auf den kleinen runden Tisch. Versonnen bleibt sie sitzen und schaukelt hin und her. Kurschatten? Na, hoffentlich färbt sie ihre Haare nicht noch lila. Sonst besteht wirklich der Verdacht, dass sie auf der Balz ist. Eva schüttelt nachdenklich den Kopf. Sie erinnert sich, als Elsa vom Arzt eine Kur verschrieben bekam und erst gar nicht fahren wollte. Aber drei Wochen Frankreich? Drei Wochen in die Provence? Evas Augen bekommen einen verträumten Glanz. Sie gönnt es ihrer Mutter von Herzen. Als Theaterschneiderin ist sie immer voll im Stress. Nicht umsonst hatte sie vor ein paar Wochen diesen Schwächeanfall … oder war die verpatzte Hochzeit mit Markus der Grund dafür? Ihr Blick wandert zum Fenster. Im Garten blüht der violette Flieder. Wunderschön, denkt sie. Wenn Elsa von der Kur zurück ist, wird sie ihr einen Fliederstrauß zur Begrüßung hinstellen.

Drei Tage später steckt erneut ein violetter Umschlag im Briefkasten, und ein in lila Papier eingeschlagenes Päckchen. Eva legt das Päckchen achtlos zur Seite. Zuerst ist der Brief an der Reihe. Sie setzt sich in ihren gemütlichen Schaukelstuhl und betrachtet die mit schöner Handschrift versehenen Zeilen ihrer Mutter, bevor sie zu lesen beginnt:

»Liebste Tochter!«, merkwürdig, überlegt Eva, so hat sie mich ewig nicht genannt. Hin- und herschaukelnd liest sie weiter:

»In vier Tagen packe ich bereits meinen Koffer. Noch nie fiel mir ein Abschied so schwer. Der Abschied von Paul. Ja, Eva, ich habe mich tatsächlich verliebt. Ob Paul womöglich verheiratet ist, höre ich Dich förmlich fragen. Nein, ist er nicht. Er ist verwitwet, so wie ich. Immerhin auch schon seit fünf Jahren. Er ist auch nicht zu alt für mich und

zu jung schon gar nicht. Nein, es stimmt alles zwischen uns. Ob er Kinder hat? Ja, hat er. Einen Sohn. Der wohnt mit seiner Frau und den drei Töchtern in Amerika. Aber Paul – der wohnt hier in der Provence. Ich lernte ihn in Sault bei der Besichtigung der Nougaterie »La nougaterie Boyer« kennen. Hmmm, der Nougat war lecker, den wir kosten durften. Da hast du auch gefehlt. Aber ich schweife ab. Paul wohnt nicht in Sault, sondern in Nyons. Er war von seinem Betrieb aus dort und stolperte quasi über mich. Weil ich mir bei der Nougatverkostung das leckere Zeug auf den Schuh gekleckert hatte, bückte ich mich, um ihn zu säubern. Paul, der mit zwei Kollegen im Gespräch daherkam, sah mich nicht und fiel fast über mich. Schließlich saßen wir dann beide auf der Erde und lachten. So begann alles.

Wir haben beschlossen, erst mal eine Fernbeziehung zu führen, um uns näher kennenzulernen. Ist auch Quatsch, ich weiß, aber vielleicht doch besser. Später kann ich immer noch nach Nyons gehen. Aber keine Angst, so schnell passiert das nicht. Übrigens, ich bringe ganz viele Lavendelrezepte mit.

Hier aber schon mal eine kleine Liste, wofür man Lavendel nehmen kann:

Getrockneter Lavendel in kleinen Duftsäckchen hält Motten aus dem Kleiderschrank fern, und die Wäsche bekommt einen angenehmen Duft.

Lavendel in Kräuterkissen gefüllt helfen wunderbar bei der Entspannung.

Lavendel getrocknet und mit schwarzem Teepulver gemischt verleiht dem Tee ein tolles Aroma.

Getrocknete Lavendelblüten können auch ins Badewasser gegeben werden.

Getrocknete Blüten mit Salz gemischt können für winterliche Menüs genutzt werden.

Und noch ein kleiner Tipp für Dich, liebe Eva, wenn Du wieder mal im Garten sitzt:

Vom Duft des Lavendels werden viele Insekten ferngehalten. Hast Du neben deinem Sitzplatz die Kräuterpflanze platziert, stechen Dich garantiert keine Mücken.

Mist, jetzt ist meine Tintenpatrone gleich leer. Also, meine liebe Eva,

dann bis nächste Woche.
Gruß Mama.«

Eva bleibt nachdenklich sitzen, faltet den Brief zusammen und will ihn in den Umschlag stecken … doch, was ist das? Sie zieht einen Lavendelzweig heraus, hält ihn unter die Nase und atmet mit geschlossenen Augen den violetten Duft der Provence ein…

Lavendelblüten

Sandra Pulletz

»Du solltest sehen, dass du deinen Lavendel loswirst«, meinte mein Freund Jakob. »Der wuchert immer weiter und bald wird dein ganzer Garten damit voll sein.«
Mit entsetztem Gesicht blickte ich ihn an. »Das ist nicht dein Ernst oder?«
»Den kann man ohnehin für nichts gebrauchen«, stänkerte Jakob. »Und sieht aus wie Unkraut!«
»Papperlapapp!«, unterbrach ich ihn. »Lavendel kann man für sehr viele Dinge einsetzen.«
»Zum Beispiel?«, wollte Jakob wissen. »Außer für Lavendelduftkissen …« Er hielt sich die Nase zu und verzog eine Grimasse.
»Ja, ich weiß, den Geruch magst du nicht sonderlich«, erwiderte ich und schmunzelte. »Aber Lavendelöl, zum Beispiel, hilft gegen Kopfschmerzen und wirkt generell antibiotisch. Und schließlich hilft Lavendel gegen lästige Mücken und sonstige Insekten!«
»Kein Wunder, bei dem Gestank«, kommentierte mein Freund.
»Na, so schlimm riecht er auch wieder nicht«, meinte ich und zuckte mit der Schulter.
»Du magst dieses Kraut nur so gerne, weil es violett ist, gib es zu«, zog Jakob mich auf.
»Natürlich, das auch!«, antwortete ich und lachte. »Immerhin ist Lila meine Lieblingsfarbe.«
Von meinem Freund erntete ich bloß ein Kopfschütteln.
»Außerdem kann man Lavendel sogar in der Küche verwenden!« Provokant stemmte ich eine Hand an meine Hüfte. »Die Pflanze ist also universell einsetzbar.«
»Quatsch!« Jakob glaubte mir kein Wort. »Beweise mir das!«
»Gerne«, meinte ich dazu. »Heute Abend?«
»Klar!« Jakob trat einen Schritt näher an mich heran und um-

schloss meine Taille. »Zu deinen Kochkünsten sag ich immer ja!«
»Und wenn ich dich überzeugen kann, dann fährst du mit mir in den Baumarkt und wir kaufen für die Terrasse noch ein paar Pflänzchen von dem schönen violetten Kraut!« Liebevoll schlang ich meine Arme um seine Schultern und küsste ihn sanft.
»Überredet«, meinte Jakob und zwinkerte mir zu. »Ich muss noch schnell ins Büro. Bis später!«

Kaum war Jakob weg, wirbelten meine Gedanken im Kreis. Ich hatte zwar schon öfter davon gehört, dass man Lavendel wirklich zum Kochen verwenden konnte, aber ausprobiert hatte ich das noch nie. Schnell suchte ich im Internet nach ein paar geeigneten Rezepten und stellte ein Menü zusammen. Schien gar nicht so schwer zu sein. Ein paar Zutaten fehlten mir, die besorgte ich im Supermarkt und den Lavendel brauchte ich nur im Garten zu ernten. Hmmm, was für ein herrlich intensives Aroma er verbreitete!
Bis zum Abend wurde ich gerade mit den Vorbereitungen fertig und zog zur Feier des Tages auch noch mein Lieblingssommerkleid an. Es war in einem kräftigen Lilaton gehalten. Vor Vorfreude kicherte ich und zündete noch einige violette Kerzen an. Die Terrasse verströmte richtiggehend Urlaubsflair.
Ich hoffte, dass ich mit dem Menü Jakobs Geschmack getroffen hatte. So lange waren wir noch nicht zusammen, aber ich konnte ihn bereits gut einschätzen.
Jakob erschien pünktlich und brachte einen herrlichen Blumenstrauß mit. Ich schmunzelte, denn die Blumen waren in zartem Fliederton gehalten und mit weißen Blüten gemischt.
»Passt perfekt zum heutigen Abend«, sagte ich und bedankte mich mit einem Kuss bei meinem Freund.
»Du siehst wunderschön aus«, meinte er anerkennend. Dann rieb er sich den Bauch. »Außerdem duftet es herrlich. Was

gibt es denn?«
»Setz dich!«, meinte ich und wies ihm den Platz zu. »Schenk uns doch schon mal Wein ein.«
Während Jakob sich um die Getränke kümmerte, holte ich die Vorspeise aus der Küche.
»Voila! Es gibt knackigen Salat mit Frischkäse und Baguette.« Ich stellte die Teller ab und setzte mich.
Jakob blickte prüfend auf die Vorspeise. »Sieht köstlich aus. Aber da ist kein Lavendel drin, oder?«
»Probiere doch mal«, forderte ich ihn statt einer Antwort auf.
Er kostete sich durch den Salat und sagte: »Oh, der Lavendel ist aber gut versteckt!«
Grinsend sah ich ihn an. »Und, schmeckt es?«
»Deliziös!«, meinte er und nahm gleich noch einen weiteren Bissen in den Mund. »Mit dem Frischkäse ergänzt sich der Lavendel perfekt.«
Zufrieden aßen wir weiter.
»Und hast du auch in der Hauptspeise etwas von den violetten Blüten versteckt?« Jakob war neugierig geworden.
»Natürlich«, antwortete ich und holte sogleich den nächsten Gang.
»Sieht wunderbar aus!« Meinem Freund lief das Wasser im Mund zusammen.
»Ich weiß, Huhn ist dein Lieblingsgericht«, sagte ich. »Es ist mit ein paar Gewürzen aufgepeppt.« Tatsächlich habe ich zu Thymian und Rosmarin noch etwas Lavendel dazu gefügt.
»Mahlzeit!«, meinte Jakob und begann mit der Hauptspeise. »Mhh, wirklich ein Hit! Den Lavendel schmecke ich ganz dezent heraus.«
»Ja, weil auch die anderen Kräuter einen starken Eigengeschmack haben, merkst du den Lavendel nicht so arg!« Glücklich lächelte ich meinen Freund an.
»Ich hätte wirklich nicht gedacht, dass Gerichte mit dem Kraut so gut schmecken!«, sagte er anerkennend. »Viel eher dachte ich, dass Lavendel giftig ist, wenn man ihn verspeist!«

»Aber nein!«, antwortete ich und machte eine wegwerfende Handbewegung.
Wir prosteten uns zu und nahmen einen großen Schluck des aromatischen Weines, ehe ich die Nachspeise servierte.
»Was sagst du jetzt?«, wollte ich wissen.
»Lavendeleis?« Jakob sah mich gespannt an.
»Genau!«
Er probierte vorsichtig, aber ich erkannte sofort an seinem zufriedenen Ausdruck, dass es ihm mundete.
Auch ich löffelte genüsslich von dem Eis. »Als Nächstes will ich Lavendelhonig und Lavendelessig versuchen zu fabrizieren!«
»Bin dabei!«, meinte Jakob. Doch mit einem Mal begann er zu husten.
»Alles in Ordnung?«, erkundigte ich mich besorgt. »Hast du was verschluckt?«
»Nein«, röchelte er. »Ich bekomme keine Luft mehr!«
Panik ergriff mich. Ich rief den Notdienst an, die sofort einen Krankenwagen schickten und Jakob in das Krankenhaus brachten.
Mit dem eigenen Wagen fuhr ich hinterher, meine Gedanken kreisten um den Lavendel. Er war doch nicht wirklich giftig? Was, wenn doch?
Es dauerte eine gefühlte Ewigkeit, bis ich Jakob sehen durfte. Besorgt lief ich zu ihm und erkundigte mich, was passiert war.
»Eine Allergie«, erklärte mir Jakob, noch etwas geschwächt.
»Lag es am Lavendel?«, wollte ich sofort wissen. Ich machte mir schreckliche Vorwürfe und sah mich in Gedanken bereits das ganze Beet ausrupfen.
»Nein«, antwortete er.
Ich blickte ihn mit großen Augen an. »Sondern?«
»An einer Nussallergie!«
Erschrocken hielt ich mir die Hand vor den Mund. »Ach du grüne Neune!«, rief ich aus.

»Hast du etwas mit Nüssen gemacht?«, fragte Jakob.
»Ja, im Eis waren Mandelstückchen!«, antwortete ich und schüttelte den Kopf.
»Wenigstens wissen wir jetzt, dass ich nicht auf Lavendel allergisch bin!«, meinte mein Freund und lächelte verschmitzt. »Und morgen holen wir noch eine ganze Ladung von den violetten Pflänzchen und verbuddeln sie im Garten!

Ein Hauch von Lavendel

Christine Erdiç

Mein Blick streift die Auslagen auf dem Basar: Lavendelseifen, getrocknete Lavendelblüten in kleinen Duftsäckchen, Lavendelöl, Lavendelparfüm …
Einen Augenblick sehe ich die Lavendelfelder der Provence wieder vor meinen Augen. Wogend, duftend, eine violette Wolke aus Blüten.
Ich mag den Geruch nicht, er ist mir zu aufdringlich, doch ich mag den Geschmack.
Fast wehmütig gehen meine Gedanken zurück. Jene unbekümmerten Jahre, in denen wir dachten, für immer jung zu bleiben. Unbeschwert durchstreiften wir mit unseren Rucksäcken Frankreich, vom Norden bis hinunter zur Cote d"Azur, Freiheit und Abenteuerlust im Gepäck, begleitet vom Meeresrauschen und einer unermüdlichen Sonne. In jedem noch so kleinen Ort gab es eine Bäckerei mit den feinsten kulinarischen Genüssen. Das auserwählte Kuchenstück wurde schick in einem Karton verpackt, nicht nur eine Gaumenfreude, sondern auch eine für die Augen. Abends Lagerfeuer am Strand, Gitarrenklang und Flaschen mit Rotwein, welche die Runde machten.
Und dann die Provence, das Hinterland, mit seinen wogenden Lavendelfeldern. Irgendwo an einem Stand am Rande eines solchen Feldes begegnete ich ihm zum allerersten Mal, und es war Liebe auf den ersten Blick.
Er lachte mich an, und ich zerschmolz in seinem Gold. Er seinerseits zerschmolz auf meiner Zunge.
Lavendelhonig … unvergleichlich … die Seele der Provence.
Ich fand ihn nicht wieder, so sehr ich auch später in anderen Ländern nach ihm suchte. Er gehörte in die Provence, ebenso wie die unendlichen Lavendelfelder.
Das mitgebrachte Glas war schon lange leer. Ich wurde Jahre später im Internet fündig und versuchte, aus Honig und La-

vendelblüten selbst Lavendelhonig herzustellen. Das Ergebnis war traurig.

»Soll ich Ihnen einen Beutel mit Lavendel einpacken?«, fragt die Frau am Stand und holt mich in die Gegenwart zurück, »wenn Sie ihn zwischen ihre Wäsche legen, duftet die immer frisch, und es kommen keine Motten in die Kleidung.«

Ich habe gar nicht gemerkt, dass ich den kleinen Stoffbeutel in der Hand halte. Ich mag den Duft von Lavendel nicht und schon gar nicht an meiner Wäsche.

Langsam lege ich den Beutel zurück und schüttele den Kopf.

»Haben Sie Lavendelhonig?«, frage ich die fassungslose Frau, worauf die den Kopf schüttelt. Nein, von Lavendelhonig hat sie noch nie etwas gehört. Wir sind hier in der Türkei und nicht in der Provence.

Im Internet finde ich ihn schließlich doch noch. Organischen sogar: 850 Gramm für 140 türkische Lira. Das sind gut 30 Euro.

Vor meinen geistigen Augen versinkt das Violett der Lavendelfelder im Schatten einer immergrünen Pinie.

Kurzentschlossen kaufe ich mir im nächsten Supermarkt ein Glas Pinienhonig aus Marmaris.

Morgens im Park

Bernadette Maria Kaufmann

Morgens im Park, denk ich mir, könnte alles in Ordnung sein. Heute sind Raya und ich die Ersten dort … mehr noch, wir sind die Einzigen. Auch gut. Nach der zurückliegenden Nacht beschränkt sich meine Freude darauf, nach unserem frühzeitigen Parkabenteuer doch noch ein oder zwei Stunden schlafen zu können.
Samstagmorgens, nicht wirklich meine beste Zeit. Eine Lilli Moser muss zu dieser Zeit noch nicht ansprechbar sein, finde ich. Das wird schon seine Gründe haben.

Es ist schön heute, und so schön ruhig. Obwohl in der Stadt gelegen, findet man in diesem Park die Stille, die einem zur Erholung von stressigen Zeiten nur guttun kann. Aktuell ärgere ich mich über einen Auftraggeber, der vermutlich noch niemals etwas von Zahlungsmoral gehört hat. Außerdem muss ich umziehen. Und ich kann jetzt nicht sagen, was mich mehr fertig macht, die Tatsache, dass dieser … ewig Zeit hat, anscheinend. Vielleicht glaubt er, ich strippe nackt vor ihm, damit er endlich die Marie rüberschiebt, die er mir jetzt seit bald zwei Wochen schuldet. Oder die Tatsache, dass die blöden Stadtmäuse auf der Terrasse, gepaart mit der Hitze an warmen Tagen, die sich dann lauernd in dieser Wohnung ausbreitet, sofern man nicht schon morgens die Jalousien runter gelassen hat, gewonnen haben.

Ich ziehe aus! Wir ziehen aus. Denn alles andere will ich nicht mal andenken. Angefangen von der Hitze an manchen Tagen, über die blöden Mäuse, von denen man nie wissen kann, ob nicht doch eine hineinspringt in das Wohnzimmer oder die Küche, denn die Terrassentüren sind auch genial, ganz Marke Ostblock. Wobei ich jetzt gar nichts Schlechtes über den Ostblock an sich sagen möchte. Aber die Türen an sich …

eine geniale Tragik.
So stellt man ihn sich eben vor, den Osten - als typisches Wesen des Westens wie ich es bin.
Möglicherweise ganz schön ungerecht von mir so etwas zu denken.

Können Türen eine tragisch - komische Erfindung sein?
Jetzt glaub ich daran.
Hätte ich mir früher niemals gedacht.
Von außen, wenn man auf der Terrasse steht, praktisch nicht zu schließen. Aufregend, wenn sich dann die Mäuse matchen, wer von ihnen es als erste schaffen wird, uns den Käse vom Teller zu klauen.

Aber man soll nicht jammern. Es könnte immer noch so viel schlimmer sein … dass man sich vielleicht besser auf die positiven Dinge zu konzentrieren versucht. Das bringt sogar mich jetzt dazu, mein Gesicht zu einem Schmunzeln zu verziehen. Ja, ein positiver Grundgedanke. Da es ja immer noch wesentlich schlimmer sein könnte, wenn du glaubst, es geht nicht mehr, kommt von irgendwoher noch was viel Schlimmeres daher, sich dazu aufrufen, jetzt doch bitte positiv zu denken.
Ich fasse es nicht.
Ich glaube, ich sollte mir einen Flachmann zulegen und dann schaffe ich sie vielleicht doch noch, die rasend schnelle Überleitung zur Alkoholikerin. Na ja. Nicht, dass ich gerade darauf genau jetzt Wert legen sollte.

Ich erinnere mich zu gut, wie sich das angefühlt hat vor vielen Jahren, als ich nach der missglückten Klassenfahrt nach Bella Italia einen über den Durst getrunken hatte, weil die Klasse, in der ich mich in jenem Jahr wiedergefunden hatte, absolut unmöglich gewesen war. Vor allem zu mir.
Hochdeutsch verursacht bei manchen Menschen eben Ag-

gressionen. Diese hatte ich in meiner Zeit in Salzburg niemals kennengelernt.
In Graz dafür umso schlimmer.
Jedenfalls war ich nach einem unglaublich schlimmen Abend mit diesen reizenden Klassenkollegen (Klassenfahrt, immer wieder spannend, gell? Aber mehr als zwanzig Jahre später … glücklicherweise gerade noch eine Erinnerung, die übrigens auch immer weiter verblasst) so betrunken, dass ich nur noch Englisch sprechen konnte.
Und ich wusste an dem Morgen, als ich aufwachte und dieses unbeschreibliche Gefühl hatte, ich sollte jetzt weiter trinken, dass ich das jetzt ganz sicher, ganz schnell sein lassen musste. Ich wusste, wenn ich jetzt was tränke, könnte ich nie mehr aufhören.

Und da wusste ich noch gar nichts davon, dass Alkoholismus in meiner weiteren Verwandtschaft, Jahre bevor ich auch nur in Gedanken existierte, keine kleine Rolle gespielt hatte. Trotzdem glaube ich nicht wirklich an einen Zusammenhang. Es ist doch Blödsinn zu denken, dass jeder, dessen Großvater sich zu Tode gesoffen hat, auch trinken wird. Das glaube ich keine Minute. Noch dazu, wo die meisten Menschen mit so einer Familienvorgeschichte meist sehr darauf achten, keinen über den Durst zu trinken. Manche trinken sogar gleich gar nichts.
Erraten – das würde ich nie schaffen.
Trotzdem habe ich mich nach dieser Klassenreise nie wieder betrunken.
So etwas finde ich stillos.

Heute habe ich Rayas violettes Halstuch umgebunden. Wobei, violett, ich weiß jetzt auch nicht - die Farbe ist spannend, denn es könnte auch fast schon pink sein, aber es ist violett. Oder?
Ich seufze. Na ja. Violett oder nicht. Violett wie der Laven-

del, der auf der Terrasse in seinem Topf steht. Interessanterweise finden sich im Park die passenden violetten oder pinkfarbenen … nein, also ich denke, violetten Frühlingsblumen um Raya herum.
Das verschafft mir jetzt doch noch ein kleines Lächeln.

Doch, ich muss diese Ruhe jetzt einfach genießen. Niemand hier, abgesehen von uns beiden. Wir haben den Park für uns alleine.
Und so bleiben Raya und ich dann auch eine Stunde. Dann gehen wir nach Hause, ich möchte den Frühstückstisch decken, und vielleicht … nein, ich glaube, ich leg mich nachher nicht hin. Meine Müdigkeit hat sich im Violett der Blumen des Parks erhängt.
Ich brauche zu Hause einen Kaffee. Am Vorabend war ich mal wirklich vollkommen alleine zu Hause, und in dieser Zeit habe ich drei Flaschen Bier geleert, was unterhaltsamerweise keinem mehr aufgefallen ist.
Na dann.
Aber der positive Nebeneffekt ist: Mir graust jetzt selber, und die nächsten drei Tage brauch ich bestimmt kein Bier mehr. Nicht einmal ein einziges Krügerl. So leicht kann sich die Erkenntnis setzen.

Vor dem Wohnhaus, in der mickrigen grünen Designrasenfläche, erledigt Raya doch noch ein kleines Geschäft. Ich höre in meinem Geiste schon einen der Unsympathlinge aus dem Nebenhaus loskeifen, und denke mir für mich: Wenn sie schon so genau dieses blöde Möchtegernrasenstück beobachten, müsste ihnen eigentlich aufgefallen sein, dass der Rasen genauso beschissen aussieht wie zu jenem Zeitpunkt, als wir vor einigen Monaten hier eingezogen sind.
Ich kann nicht anders.
Mein lautes Lachen alarmiert eine der Oberkeifen vom Haus nebenan.

Sie reißt ihr Fenster auf und keift raus. Ich lache weiter, denn mir ist mittlerweile alles egal, was diesen blöden Ort hier angeht. In ein paar Tagen sind wir sowieso weg. Es reicht ganz einfach nur mehr.
Die Mäuse, die Hitze - ich kann nicht mehr und ich will auch nicht mehr. Was soll ich mir das alles antun?

Raya grinst mich fröhlich an.
Ich denke, sie weiß es ohnehin schon, wir gehen weg hier.
Nach der Landflucht in die Stadt habe ich auch auf diese allmählich keine Lust mehr. Vielleicht doch wieder Land? Na ja. Aber das war auch nicht immer so recht – und von mir mal abgesehen, müssen doch alle jeden Tag zu einer fixen Zeit an einen bestimmten Ort in der Stadt.
Heute beginne ich zu packen.
Fix.
Obwohl wir den neuen Vertrag noch gar nicht unterschrieben haben, aber eher mache ich drei Monate Camping als weiter hierzubleiben.
Wär vielleicht auch mal eine interessante Erfahrung.
Campen war ich noch niemals bisher.
Na, dann wird's doch Zeit! Das mal auszuprobieren.

Am späten Nachmittag lege ich mich im Bikini raus auf die Terrasse, zum Sonnen.
Ich vertrage zwar keine Hitze und auch Sonnenbäder nur beschränkt, aber ich kann's nicht lassen. Zu Tode gefürchtet ist auch gestorben. Ich habe einfach keine Lust mehr darauf zu warten, dass die nächste Katastrophe passiert. Sorge ich lieber selber dafür.
Nachdem ich den Bikini angezogen habe, greife ich zur Sonnencreme und creme meine Haut ein. Mach ich sonst selten, aber heute scheint es mir eine gute Idee zu sein.
Ich schaue mich im Spiegel an, meine Figur in dem violetten Bikini. Ja, nicht schlecht, finde ich, aber auch figurtechnisch

sollte ich vielleicht die nächsten drei Flaschen Bier hinausschieben.
Weit hinausschieben.
Ich grinse und denke mir: Was soll's? Übertreiben muss man nicht. Aber wegen der paar Deka mehr auf der Waage werde ich nicht umkommen.
Violetter Bikini, hm, ist das siebziger Jahre?
Egal.

Im Liegestuhl habe ich Ausblick auf genial blauen Himmel. Die Sonne strahlt, die Mäuse strahlen wahrscheinlich auch, sie vermuten bestimmt, dass es gleich Jausenzeit für uns alle gibt hier draußen. Die lustigen weißen Ringeltauben kurven über der Terrasse umher, und ich denke mir …
Irgendwie ist das interessant.
Außerdem …Jausenzeit, ja. Ich denke, ich werde die Mäuse noch gut füttern, bevor wir hier wegziehen.
Wohin auch immer wir dann ziehen. Die Mäuse werden hierbleiben und dem Nächsten wünsche ich schon mal viel Freude mit ihnen.

Das wird mein kleines Dankeschön für eine, sagen wir mal, interessante Zeit im Wohnbau.
In dem es ja angeblich keine Mäuse gibt, nach Meinung des Vermieters. Noch nie gegeben hat! Die Mausefallen unter der Terrassenbrüstung, ach, sind eh nur Einbildung. Eine Fata Morgana der Neuzeit.
Als ob sie es wüssten, rennen die Mäuse jetzt ihren Zickzackparcours über die Terrasse hin und her. Mit geschickten Bocksprüngen über einander wie abgerichtete Zirkustiere und ich lächle dazu.
Ja ja, Mäuse. Stadtmäuse. Da lässt sich schon was machen. Ein bisschen Käse, ein wenig Speck …
Da lässt sich ganz bestimmt was machen.

Die vorübergehende Zeit hier vergesse ich jedenfalls mein Lebtag nicht – wenn schon Stadt, dann anders.
Es heißt ja – was zu einem gehört, kommt zu einem.
Ich weiß nicht. Weder Alkohol gehört zu mir, noch dieser Wohnbau, der früher einmal als ›Vorzeigewohnprojekt‹ gefeiert wurde. Warum auch immer man ihn gefeiert hat.
Auch möchte ich nicht, dass manches, das irgendwann mal zu mir gehört hat, wiederkommt.
Interessanterweise macht man aber doch auch mal Erfahrungen, mit denen man nie gerechnet hätte, an die man nicht einmal gedacht hätte – und die sind gut.

Langsam gehe ich zum Kühlschrank und werfe einen Blick hinein. Käse? Speck? Beides?
Fangen wir mal mit dem Speck an.
Es heißt doch: Mit Speck fängt man Mäuse. Fangen will ich sie zwar beileibe nicht – aber gut füttern.
Ist vielleicht auch gut für mein Karma. Und darüber muss ich jetzt doch lachen.
Ich sag doch immer – Humor ist alles.

Lila Sommer
Tilli Ulenspeel

Peng! Isabella Fernandez knallte die Kühlschranktüre so heftig zu, dass sie sich sofort wieder öffnete und ihr mit Schwung eine Flasche Sekt entgegenrollte. Sie streifte kurz Isabellas Bauch und landete dann vor ihren Füßen, um dort mit einem lauten Klirren auf den bunten, mallorquinischen Fliesen zu zerplatzen. Sie war wütend auf ihre Tochter Luisa und deren Freund Federico. Doch Luisa sah das alles ganz anders. Was konnte sie denn dafür, dass ihr Herz nicht höher schlug bei dem temperamentvollen Roberto, der sie bei jeder Party mit glühenden Augen anschmachtete? Oder Juan, der in seiner Luxusvilla direkt am Meer wohnte und sie eine Zeitlang mit roten Rosen geradezu bombardiert hatte. Bis sie ihm klipp und klar erklärte, dass sie ihn niemals erhören könne, weil sie eine schwere unheilbare Krankheit hätte, die zudem auch noch hochansteckend war und sie ihn nicht der Gefahr aussetzen wollte, ebenfalls am HIV-Virus zu erkranken. Ja - zugegeben, es war ihr im Grunde ihres Herzens zuwider, so eine Ausrede benutzt zu haben. Aber diese drastische Lüge war notwendig gewesen, fand sie. Sonst wäre sie ihn nie losgeworden. Juan hatte einfach nicht begreifen wollen, dass sie nichts für ihn empfand. Bei Federico war das etwas anderes. Mit ihm hatte sie schon im Kindergarten zusammen gespielt und zu ihm hatte sie tiefe, wenn auch nur freundschaftliche Gefühle. Nach einiger Zeit hatte ihre Mutter daher Ruhe gegeben, weil sie oft mit Federico zusammen um die Häuser gezogen war und sie daraus geschlossen hatte, dass die beiden, weil sie sich doch schon so lange kannten, irgendwann heiraten würden. Wenn Federico zu Besuch kam, behandelte sie ihn daher auch schon so wie einen künftigen Schwiegersohn. Sie bestand darauf, dass, wenn er kam, Luisa sich vorher besonders hübsch machte und sie selbst verschwand in ihrer Küche, um einen ihrer berühmten, leckeren Kuchen zu

backen. Luisa begann schon aufzuatmen - dachte, sie hätte jetzt endlich Ruhe, da passierte es … Ihre Mutter, die äußerst selten zum Strand ging, hatte ihre beste Freundin Paola besucht. Da es ein drückend heißer Tag gewesen war, beschlossen die beiden, gegen Abend ans Meer zu gehen, um eine Runde zu schwimmen. In einer Sandkuhle entdeckte Isabella plötzlich Federico, der sich wild knutschend, mit freiem Oberkörper und vollem Einsatz nicht etwa einer Frau widmete, sondern gerade wieder in die welligen, schwarzen Haare eines anderen Mannes griff und ihn über sich zog. Isabella bekam Schnappatmung bei diesem Anblick! Sie stand kurz vor einer Ohnmacht und die Lust am Schwimmen war ihr gründlich vergangen. Laut vor sich hin schimpfend, drehte sie sich abrupt um und lief den Weg zurück, den sie gekommen waren. Paola hatte Mühe, ihr zu folgen. Sie verstand nicht so recht, was los war. Hatte ihre Freundin etwas gegen Schwule?
»Nun bleib doch mal stehen!«, rief sie. »Heutzutage ist es doch nichts Schlimmes mehr, wenn sich zwei Männer lieben, Isabella.«
Doch die verlangsamte ihre Schritte kein bisschen, sondern schien im Gegenteil noch schneller zu laufen. Zuhause angekommen, knallte sie ihrer Freundin die Türe vor der Nase zu und Luisa, die am Esstisch in der Küche saß und Isabella hereinstürmen sah, erlebte zum ersten Mal, wie viel Temperament sich jahrelang in ihrer Mutter versteckt hatte. Sicher war Mamita früher auch schon mal wütend geworden. Aber hier entlud sich gerade ein Vulkan. Zuerst verstand sie kaum ein Wort von dem, was ihre Mutter von sich gab. Schwul … ! Sodom und Gomorrha …! Heilige Madonna, steh uns bei …!
Doch dann stand Isabella direkt vor ihr und sagte laut und deutlich: »Damit das klar ist, dieser Federico wird unser Haus nie wieder betreten und du wirst dich von ihm fernhalten. Verstanden, Luisa?«
»Ähem, Mamita … Ich verstehe überhaupt nicht, was los ist«, wagte Luisa vorsichtig einzuwenden. Im Gegensatz zu ihrer

Mutter wusste sie schon lange, dass Federico lieber Männer statt Frauen mochte. Und sie ahnte langsam, dass Isabella hinter ihr Geheimnis gekommen sein musste. Natürlich hatten sie beide darüber geschwiegen. Im streng katholischen Spanien waren die Menschen nicht so liberal wie in vielen anderen Ländern mittlerweile.

»Du musst auch nichts verstehen! Halte dich einfach an das, was ich dir sage«, entgegnete ihre Mutter und fast sah es so aus, als wolle sie Luisa schlagen. Sie fuchtelte nämlich bei jedem ihrer Worte wie wild mit den Händen und Armen in der Luft herum, um sie zu unterstreichen. Luisa wollte schon wortlos in ihr Zimmer gehen, da wurde ihr auf einmal bewusst, dass sie das alles nicht einfach so hinnehmen konnte - und wollte! Federico war ihr bester Freund, ihr Vertrauter seit Jahren. Was Isabella von ihr verlangte, war ja verrückt!

»Mamita, bitte …« fing sie an, aber ihre Mutter wollte sich auf keine Diskussion einlassen.

»Nein, Schluss jetzt! Darüber brauchen wir nicht mehr zu reden.« Isabella, die schon auf dem Weg nach oben ins Bad gewesen war, drehte sich auf der Treppe noch einmal um.

»Ich habe Kopfschmerzen und werde mich nach dem Duschen gleich hinlegen.« Mit blitzenden, noch immer zornigen Augen sah sie Luisa an. Ihre Stimme erhob sich wieder. »Und du versprichst mir, dass du ihn nie wiedersehen wirst!«

»Das kann ich nicht, Mamita!«, schrie Luisa zurück. Ihre Gefühle bahnten sich einen Weg. Sie konnte es nicht widerspruchslos hinnehmen, was ihre Mutter von ihr verlangte.

»Luisa, Federico ist krank! Ich will gar nicht daran denken, was für schlimme Krankheiten er außerdem noch hat. Darüber diskutiere ich jetzt auch nicht weiter mit dir!«

Kurz schlichen sich ein schlechtes Gewissen und Schamgefühle bei Luisa ein, weil sie bei dem Wort Krankheit sofort an ihre schlimme Lüge denken musste, die sie als Verteidigung benutzt und zweckentfremdet hatte, um Ruhe vor Juan zu haben. Das war dumm gewesen. Sie schwor sich, nie wieder eine Krankheit für etwas zu missbrauchen, um etwas Positives für sich daraus zu gewinnen. Völlig außer sich und verzweifelt schnappte sie sich kurz entschlossen ihr Handy und ihre Haustürschlüssel und rannte hinaus. Isabella hörte nur noch das Aufröhren von Luisas Motorrad. Dann war es still. Und nun stand sie in ihrer Küche, vor sich auf dem Boden einen Haufen Scherben und ihre Tochter war weg. Sie bückte sich, um hinter dem Vorhang des alten Einbauschrankes, das Kehrblech und den Handfeger hervorzuholen, welche sie im untersten Regal aufbewahrte und begann dann vorsichtig damit, die Glasscherben aufzusammeln. Sie hoffte, dass Luisa nicht gleich zu Federico gefahren war. Dass sie aber auch kein bisschen verstanden hatte, was Isabella ihr hatte klarmachen wollen. Heilige Madonna, wie konnte der Herr sie nur so strafen? Ihre Tochter befreundet mit einem Homosexuellen! Was die Leute sagen würden, wenn das raus käme? Sie musste Luisa mit allen Mitteln von ihm fernhalten. Das war ihre Pflicht! Und was war mit Luisa los? Warum legte sie sich so ins Zeug für ihn, wo er doch - wie sich jetzt herausgestellt hatte - überhaupt keine Ambitionen gezeigt hatte, um sie zu werben. Sie begrüßte es, dass Luisa mit achtzehn noch Jungfrau war. Zumindest ging sie stark davon aus. Das hätte jetzt auch noch gefehlt. Ihre Tochter der Ehre beraubt und dann noch mit diesem Federico befreundet! Isabella beschloss, sich das Zimmer ihrer Tochter einmal gründlich anzusehen. Welche Geheimnisse hatte sie vor ihr. Warum verteidigte sie Federico so? Es war wirklich sehr heiß in diesem Sommer. Eigentlich wollte sie nur eins. Unter die Dusche und dann schlafen. Aber erstens war sie gerade viel zu aufgeregt und außerdem wollte sie nun unbedingt wissen, was Luisa eventuell noch alles vor ihr verbarg, wenn sie schon die Homosexualität ihres Freundes vor ihr geheim gehalten hatte. Sie betrat die kleine Kammer ihrer Tochter, die von lila Farben dominiert wurde. Der Teppich, die Vorhänge, der Lavendel auf der Fensterbank, die Schleifen an dem Stuhlkissen vor ihrem

Schreibtisch, die Bettwäsche. Alles in den verschiedensten Lilatönen. Das letzte Mal war sie vor einem halben Jahr bei Luisa im Zimmer gewesen, aber nur kurz, um ihr einen hübschen Blumenstrauß zum Geburtstag auf ihren Tisch zu stellen. Es hatte sich nichts verändert. Oder doch? Was war das für ein Foto in dem Bilderrahmen auf ihrem Nachttisch? Neugierig nahm sie das Bild in die Hand und betrachtete es. Luisa in inniger Umarmung mit Daniela, der Tochter ihrer besten Freundin Paola! Das wäre nicht unbedingt schlimm gewesen, wenn es sich nur um ein unschuldiges Freundschaftsfoto gehandelt hätte. Aber im Bruchteil einer Sekunde hatte Isabella die offenstehende Schublade wahrgenommen und was sie da sah, ließ sie erstarren. Noch ein Foto von Luisa und Daniela. Diesmal völlig in einem tiefen, hingebungsvollem Kuss versunken. Und auf einmal wurde ihr vieles klar. Darum also nie ein Freund, den man normalerweise irgendwann den Eltern vorstellte. Auf Luisas Partys waren auch fast immer nur Mädchen eingeladen, ausgenommen natürlich Federico. Logisch, dass sie sich so für ihre Freundschaft mit Federico einsetzte. Sie war lesbisch! Isabella setzte sich aufs Bett. Jetzt verstand sie sogar, warum es ausgerechnet lila sein musste, als sie Luisa gefragt hatte, welche Farben sie gerne für ihr Zimmer haben wollte. Lila, die Farbe der Lesben und Schwulen. Die Symbolfarbe Lila als eine Mischung von Rot und Blau für das sogenannte dritte Geschlecht. In einigen anderen Ländern stand hingegen lange Zeit die grüne Nelke als Symbol Pate für die Zugehörigkeit der gleichgeschlechtlichen Paare. Auch wenn sie als gläubige Katholikin die Homosexualität verdammte und ihr das oberste Kirchenhaupt in ihrem Denken sogar recht gab, so kannte sie sich mit Symbolen ziemlich gut aus. Denn das war eines ihrer Hobbys. Die Symbolsprache. Sie liebte ihre Tochter. Aber konnte sie sich damit abfinden, dass sie sich zu Frauen hingezogen fühlte? Würde sie über ihren Schatten springen können, um Luisa nicht zu verlieren? Konnte man vielleicht ihre Krankheit heilen?

Lange saß sie auf dem Bett ihrer Tochter und war ganz in ihre Gedanken versunken. Dann hörte sie irgendwann plötzlich ein Motorengeräusch vor dem Haus. Luisa war nach Hause gekommen.
Was sollte sie jetzt tun?

Der violette Erpel

Bo Sauer

»Opa, was ist denn ein ENTEN-Treffen?« Florian sitzt am Küchentisch und hat eine Zeitung vor sich ausgebreitet. Er ist fast acht Jahre alt und vor einigen Wochen in die dritte Klasse gekommen, liest gerne und so hat er sich einen Teil der Zeitung genommen, die sein Opa Tobias gerade ausgiebig, in seinem alten Ohrensessel sitzend, studiert. Tobias hebt den Kopf, schielt über seine tief gerutschte Brille hinüber zum Küchentisch. »Die Enten, von denen da in der Zeitung berichtet wird, sind keine wirklichen Enten, das sind alte Autos, richtige Oldtimer. Manchmal treffen sich die Besitzer mit ihren Oldtimern, auch mit den ENTEN. Das ist dann ein ENTEN-Treffen.«

Tobias faltet seine Zeitung zusammen. »Weißt du, vor vielen Jahren gab es tatsächlich Autos, die von ihren Besitzern liebevoll ENTE genannt wurden. Viele Leute, vor allem Teenager und Studenten, fanden es chic, eine ENTE zu fahren. Ja, ich kann dir sogar sagen, mein erstes Auto war auch so eine ENTE.« Florian schiebt seine Zeitung weg, klettert von seinem Stuhl und läuft hinüber zu seinem Opa. »Ehrlich, du hast auch eine ENTE gehabt? Flunkerst du jetzt auch nicht? Bitte, bitte erzähl mir von deiner ENTE.« Tobias fasst seinen Enkel unter den Achseln und hebt ihn mit Schwung auf seinen Schoß.

»Das war 1974, ich weiß es noch ganz genau. Ich hatte einige Tage vorher meine Führerscheinprüfung bestanden. Du musst wissen, früher war es noch viel einfacher, seinen Führerschein zu machen. Da gab es noch nicht so viele Autos wie heute und wir jungen Burschen hatten meist schon mal heimlich auf einem Feldweg mit Papas Auto üben dürfen. Und deshalb brauchten wir auch nur wenige Fahrstunden bis zur Prüfung.« Tobias schaut in Florians Gesicht. »Ich glaube, wenn du mal groß bist und einen Führerschein machen willst, musst du bestimmt viel mehr Fahrunterricht nehmen.« »Opa, du wolltest mir von deiner ENTE erzählen!« Florian rutscht ungeduldig auf Tobias Oberschenkel hin und her.

»Ja, du hast Recht. Also, ich hatte meinen Führerschein und wollte unbedingt mein eigenes Auto haben. Ich hatte mir in den Jahren zuvor in den Schulferien etwas Geld verdienen können und dies schön brav auf mein Sparbuch eingezahlt. Für ein kleines, gebrauchtes Auto sollte es wohl reichen. Ich stand damals auch kurz vor meinem Studium, welches ich weit von zuhause entfernt in Münster absolvieren wollte. Da musste ich doch auch ein Fortbewegungsmittel haben. Ich wollte unbedingt ein eigenes Auto. Und eines Tages las ich in der Zeitung, so wie du jetzt etwas über ein ENTEN-Treffen gelesen hast, eine Anzeige. »ENTE ZU VERKAUFEN, GUT ERHALTENES, WENIG GEFAHRENES STUDENTENAUTO, SEHR GEPFLEGT, PREIS VERHANDLUNGSSACHE.« Dazu eine Telefonnummer. Es war gar nicht weit und ich konnte meinen Papa überreden, mit mir dort hinzufahren.« Tobias hält kurz inne und schaut in Richtung Fenster, so als wolle er dort draußen, in der Ferne nach seinen Erinnerungen suchen. Nach einer kurzen Weile zupft ihn Florian am Arm. »Weiter, Opa! Erzähl weiter!«

Tobias erwacht aus seinem kurzen Traum und lächelt seinen Enkel an. »Nicht so ungeduldig, kleiner Mann. Ein Ehepaar empfing uns. Die ENTE hatte ihrer Tochter gehört, als sie noch Studentin gewesen war. Nun war sie in eine andere Stadt gezogen und hatte dort geheiratet. Das Auto wurde nicht mehr benötigt und so hatte sie ihre Eltern gebeten, es für sie zu verkaufen. Angeblich hatte ihre Tochter mit der ENTE in den Semesterferien sogar weite Reisen unternommen. Ich war Feuer und Flamme und wollte endlich das Auto sehen. Tja, dann sollten wir mal in die Garage gehen, bekamen wir zu hören. Und so gingen wir alle zu einer kleinen Garage, die an der äußersten Ecke des Gartengrundstücks stand.« Florian schaut mit großen Augen seinem Großvater erwartungsvoll ins Gesicht. »Diese Garage war ein kleines Häuschen, mit einem spitzen Dach und mit einer verwitterten, hölzernen Doppelflügeltür. Der Mann und die Frau nahmen jeder einen Flügel in die Hand und mit den Worten: ›das ist sie, unsere ENTE‹, öffneten sie gleichzeitig das Tor. Da stand sie, die ENTE. Ich musste schlucken. Mein Papa konnte sich ein Lachen nicht verkneifen. Da stand sie also, die ENTE, in einem kräftigen VIOLETT.

Nein, ging es mir damals durch den Kopf. Du kannst doch nicht in einem solchen Auto fahren. Was da wohl meine Kameraden sagen würden. Ich schüttelte heftig den Kopf und wollte schon wieder gehen. Aber mein Papa meinte nur, wir sollten uns das Auto doch ruhig einmal ansehen, wenn wir nun schon mal da waren. Und so holten wir das Auto aus der Garage und begutachteten es von allen Seiten. Es war wirklich gut erhalten, die Besitzerin hatte es sehr gepflegt. Und der Preis, den uns die Eltern der früheren Studentin vorschlugen, war niedriger, als wir befürchtet hatten. Wie sie später sagten, hatten sie schon mehrfach versucht, das Auto zu verkaufen, aber niemand wollte dieses VIOLETT haben. Papa redete mir gut zu. Ich wollte doch unbedingt ein eigenes Auto, und dieses wäre auch sehr preiswert. Ach ja, und die Farbe, da sollte ich mir mal nichts draus machen. Wenn ich am Steuer säße, würde ich kaum etwas von der Farbe sehen. Das Ehepaar redete mir auch noch gut zu, und als es erfuhr, dass ich in Kürze auch ein Studium aufnehmen wollte, gingen sie sogar mit dem Preis noch etwas runter. Tja, was soll ich sagen, ich war zuletzt einverstanden und schon ein paar Tage später stand diese violette ENTE vor unserer Haustür.

Tobias lässt Florian von seinen Knien rutschen und streicht ihm sachte über den Kopf. »Wie ich es vorausgesehen hatte, amüsierten sich meine Kameraden prächtig, als ich mit meinem neuen Auto vorgefahren kam. Es hat nicht lange gedauert und ich bekam einen Spitznamen, der mich mein ganzes Studium über begleitet hat. Da ich diese violette ENTE fuhr, wurde ich kurzer Hand nur noch DER VIOLETTE ERPEL genannt. Ich muss sagen, so sehr sich auch meine Kameraden über meine ENTE lustig machten, bei den Mädchen kam ich damit super an. Und letztlich hab ich durch diese violette ENTE auch deine Oma Lotti kennengelernt.« Der Alte lächelt verschmitzt. »Aber davon erzähl ich dir vielleicht später einmal.«

Tobias erhebt sich aus seinem Sessel, nimmt Florian an der Hand und geht mit ihm hinüber zum Küchentisch. Dort schaut er auf die noch aufgeschlagene Zeitung. »Was meinst du Florian, wollen wir uns dieses ENTEN-Treffen nicht zusammen ansehen?«

Das Veilchen

Petra Weise

Susi war eine Leseratte. Schon vor ihrem ersten Schultag versuchte sie, die verschiedenen Buchstaben zu unterscheiden. Sie konnte es kaum erwarten, lesen zu lernen. Sie lernte schnell und versuchte, alles zu entziffern, was ihr unter die Augen kam. Während die meisten Kinder in ihrer Schulklasse noch mühevoll buchstabierten, las sie die Texte in ihrem Lesebuch fließend und mit Betonung ab. Dafür bekam sie von ihrer Lehrerin einen Eintrag ins ›Muttiheft‹, weil sie glaubte, dass Susi nicht las, sondern den Text auswendig gelernt hatte.

Am Nachmittag, wenn die Eltern noch bei ihrer Arbeit waren, saß Susi auf ihrem Lieblingsplatz im Wald und las. Und abends im Bett las sie bis in die frühen Morgenstunden. Meist schlief sie mit ihrem Buch im Arm ein.
Susis kleine Schwester Geli konnte noch nicht lesen. Also las ihr Susi gern aus ihren Büchern vor, auch später, als Geli längst lesen konnte. Das Vorlesen dauerte allerdings viel länger, weil Susi die Worte deutlich aussprach, dramatische Pausen einflocht und bei Dialogen hohe oder tiefe Tonlagen anschlug. Außerdem musste sie einige Stellen wiederholen, die Geli nicht verstanden hatte.
Die Mutter las ihren Töchtern nicht vor. Sie erzählte lieber Märchen, am liebsten selbst erfundene Geschichten, die ihr einfach so einfielen. Störte eine lästige Fliege, nannte sie diese Emma und passte sie geschickt in ihre Erzählung ein.

»Das kenne ich nicht!«, protestierte Geli oft, wenn Susi an der Stelle weiterlesen wollte, an der sie am Vorabend aufgehört hatte. »Dort hielten wir gar nicht. Du hast heimlich weitergelesen!«
Damit hatte Geli Recht, denn Susi konnte einfach das Buch nicht aus der Hand legen. Meist schlief Geli beim Zuhören

ein. Susi las trotzdem weiter, obwohl sie wusste, dass sie diesen Abschnitt am nächsten Abend erneut vorlesen musste. Hin und wieder prüfte sie: »Geli, schläfst du schon?«
Geli wusste, dass Susi wütend wurde, wenn sie einschlief. Deshalb antwortete sie immer: »Nein, ich schlafe nicht. Ich höre zu.«
Als sich das an einem Abend mehrfach wiederholte, warf Susi ihren Hausschuh auf Gelis Bett. Geli schrie laut auf und hielt sich den Kopf.
»Oh! Deinen Kopf wollte ich nicht treffen«, stammelte Susi.
»Doch, das wolltest du!«, schrie Geli zurück.
Die Mutter hörte den Streit und kam ins Zimmer. Sie sah, wie sich Geli das Auge zuhielt.
»Die Susi hat mir den Schuh an den Kopf geworfen.«
»Aber aus Versehen«, verteidigte sich Susi.
»Oh je, das wird ein böses Veilchen«, erklärte die Mutter, als sie Gelis Auge untersucht hatte.
»Ein böses Veilchen?« Susi fragte sich, was eine kleine violette Blume mit Gelis Auge zu tun hat.
»Ein blaues Auge.«
»Ich habe auch blaue Augen – wie Geli.«
Die Mutter ging aus dem Zimmer und kam mit einem kalten nassen Lappen zurück, den sie Geli auf das verletzte Auge hielt. Dann nahm sie Geli auf den Schoß und wiegte sie hin und her, während Geli leise vor sich hin weinte.
»Ihr wisst doch, dass Onkel Kurt Fußballer ist.«
Die Mädchen nickten.
»Und manchmal kriegt er einen Ball an den Kopf. Dann sieht sein Auge ganz bunt aus. Und weil es zuerst bläulich rot aussieht wie ein Veilchen, sagt man eben Veilchen dazu oder ›Blaues Auge‹.«
»Ich will kein Veilchen-Auge haben!«, schrie Geli entsetzt. »Ich will mein normales blaues Auge wiederhaben.«
»Das wirst du auch. In ein paar Tagen geht das Rote weg, dafür wird die Haut um dein Auge grün und zum Schluss gelb.«

Geli schluchzte.
»Und dann hast du kein Veilchen mehr und auch kein blaues Auge, sondern wieder deine ganz normalen, schönen blauen Augen.«
Die Mutter legte Ihre Tochter ins Bett, deckte sie behutsam zu und erneuerte den kalten Waschlappen.
»Den hältst du jetzt ein paar Minuten fest, damit dein Auge schneller heilt. Ich hole jetzt den Fotoapparat und knipse dein Veilchen-Auge. Jeden Tag machen wir ein neues Bild, zuerst lila, dann rot, dann blau, dann grün und zum Schluss gelb. Dazu erzähle ich euch eine Geschichte von wunderschönen Farbspielen und einem tapferen Veilchen-Auge.«
Geli nickte zufrieden und schlief im gleichen Augenblick ein.

Burnout

Bibi Bellinda

»Burnout, eindeutig!« Der Arzt wandte sich von seinem Patienten ab und mit ernster Miene fügte er hinzu, als würde jemand seiner Diagnose misstrauen: »Da besteht kein Zweifel.« Seine bekannt professionellen Atteste bedurften niemals einer Bestätigung, doch diesmal klang seine Aussage fast unglaubwürdig. Noch nie zuvor hatte es einen solchen Fall unter seinen Patienten gegeben. »Schweres Burnout«, betonte der Arzt, um ein weiteres Mal seine Beurteilung zu untermauern. Der Patient seufzte schwer. Alle Anwesenden waren sehr bedrückt. Nach und nach wandten sich ihre Augen fragend an den einzigen unter ihnen, der jetzt noch eine Lösung parat haben konnte: ihren Gebieter. Doch dieser schwieg zunächst auch. Bedächtig trat er zum Patienten und sah ihn gütig an. Beschämt wich der Patient seinem Blick aus. »Dass das passieren konnte, noch dazu dir«, sagte der Gebieter bedauernd, »nie hast du mich enttäuscht. Und du bist sehr erfahren und weise.« Nun senkte auch er seinen Blick. »Es muss ein schwieriger Kunde sein«, sagte er traurig und als Zeichen seines Mitgefühls legte er seine Hand auf die Schulter des Patienten. Dankend nickte dieser zaghaft, seinen Blick aber weiterhin auf den Boden gerichtet. »Wie lange wird er in Krankenstand sein müssen?«, wandte sich der Gebieter nun an den Arzt. »Zwei bis drei Monate bestimmt«, antwortete dieser, »abhängig vom Genesungsfortschritt. So ganz genau lässt sich das nicht prognostizieren. Aber für danach würde ich auch noch ein paar Wochen Erholungsurlaub empfehlen, vielleicht sogar eine Kur.« Der Gebieter runzelte betroffen die Stirn und nickte stumm. Dann ging er zu den anderen zurück. Ihre fragenden Blicke begleiteten jeden seiner beschwerlich wirkenden Schritte. »Es muss sich um einen sehr schwierigen Kunden handeln und es wird schwer werden, eine Vertretung für ihn zu finden«, sagte der

Gebieter, »gerade derzeit, wo wir so besonders viele Aufträge zu erfüllen haben.« Er schüttelte seinen Kopf: »Ich mache mir Sorgen um die da unten. Irgendetwas läuft dort seit einiger Zeit schon sehr schief. Vielleicht hätte ich ihnen nicht so viele Freiheiten geben sollen. Alle fordern immer Gestaltungsspielraum und Möglichkeit zur Einflussnahme, sie wollen sich selbst verwirklichen, aber letztlich sind sie damit doch überfordert.« Wieder verfiel er in ein bedrückendes Schweigen. Nach einer Weile sah er ernst in die Runde, und während er einen nach dem anderen bedeutungsvoll anblickte, sagte er: »Wir werden eine Krisensitzung abhalten, morgen, gleich nach der Frühschicht. Es sind alle eingeladen. Wir werden jede Anregung gut brauchen können. Ich danke euch.« Mit diesen Worten ließ er sie wissen, dass sie sich jetzt wieder dem Tagesgeschäft widmen konnten. Er hingegen wandte sich noch einmal an den Patienten, einen seiner geschätztesten Mitarbeiter: »Wir werden deine Unterstützung brauchen, dein Wissen über den Kunden, damit wir eine bestmögliche Vertretung finden können. Meinst du, dass du das schaffst?« Erstmals richtete der Patient seinen Blick auf. »Ja«, antwortete er und ein Hauch neu gewonnener Zuversicht huschte über sein Gesicht.

Am nächsten Morgen war der Besprechungsraum voll besetzt. Mit gesenkten Stimmen tauschten sich die Anwesenden über den bestürzenden Vorfall aus, mutmaßten über die Ursachen des Geschehens und berieten über einen möglichen Vertreter des Burnout-Opfers. Als Letzter betrat ihr Gebieter den Raum, mit ihm der Patient. Sofort verstummten alle. Eine Mischung aus Sorge und Erwartung lag in ihren Blicken, die sich nun auf die zuletzt Eingetretenen richteten. Der Gebieter begrüßte die Anwesenden, dankte ihnen für ihr Kommen und erklärte den Anlass dieser Krisensitzung, obwohl sich dieser längst wie ein Lauffeuer herumgesprochen hatte. »Besonders danken für sein Kommen möchte ich Gabriel«, er wies auf den Patienten, »dessen Wissen und Erfahrungswerte in dieser Situation jetzt von besonderer Bedeutung sind. Und ich möchte dich auch gleich bitten, uns diese besonders schwierige Kundin und ihren heiklen Fall zu schildern.« »Nun, sie war eine sehr reizende, lebensfrohe Person«, begann Gabriel zu berichten und blickte kurz in die Runde, »mit viel Energie und Ausstrahlung. Sie riss andere mit ihrer positiven Lebenseinstellung mit und begeisterte sie von ihren Ideen. Ich liebte sie wie eine Tochter.« Dann senkte er seinen Blick und setzte seine Schilderung mit deutlich traurigerer Stimme fort: »Doch dann änderte sich alles fast schlagartig. Sie kündigte ihren Job, betrieb täglich noch mehr Sport als zuvor, verbrachte viel Zeit mit Arbeiten im Haus und Garten und zog sich zunehmend zurück. Wenige Monate später beendete sie ihre damalige Partnerschaft und trennte sich nach und nach auch von ihren Freundinnen. Sie wurde immer ernster und begab sich in eine extreme Isolation. Auch ihre Ausstrahlung nahm stark ab. Ich wertete das als eine Phase der Besinnung, der Selbstreflexion, die ja viele in ihrem Alter durchmachen. Regelmäßige Kontakte hatte sie lange Zeit nur noch mit ihren Eltern. Doch dann entschied sie letzten Winter, die kalten Monate im wärmeren Süden zu verbringen, weil sie so oft fror. Na ja, ist ja auch kein Wunder: Sie ist sehr schlank. In der Folge verschlechterte sich das Verhältnis zu ihren Eltern dramatisch. Seither zieht sie sich auch von ihrer Familie zurück, und falls es doch zu Kontakten kommt, ist sie abweisend und oft aggressiv. Was mir aber die meisten Sorgen macht, ist ihr zunehmender Selbstzerstörungstrieb. Ausgerechnet sie, die immer so großen Wert auf ein vernünftiges Leben und eine gesunde Ernährung gelegt hat, ernährt sich nun – wie demonstrativ – ungesund, vollkommen einseitig und mit extremem Suchtverhalten. Außerdem bleibt sie bis spät nachts auf und schläft seit Monaten viel zu wenig.« Gabriel seufzte. »Ich konnte nicht herausfinden, was die Ursache für ihre Verhaltensänderung war, und habe so vieles versucht, um ihre Lebenseinstellung wieder zum Positiven zu wenden. Sie stieg immer darauf ein, willensstark und sehr bemüht. Aber jedes Mal, wenn es besser zu werden schien, folgte ein noch schlimmerer Rückschlag.« Lange Zeit hatten ihm alle ohne Unterbrechung zugehört. Doch dann meldete sich einer mit einer Frage zu Wort: »Ich nehme an, sie hatte nach der erwähnten Trennung von ihrem damaligen Freund auch keinen weiteren Partner mehr, oder?« »Nein, hatte sie nicht. Einige Zeit hat sie sich darum bemüht, es gab auch einige Kontakte zu mehreren Männern, doch vor rund drei Jahren entschied sie dann, alleine bleiben zu wollen und keine Partnerschaft mehr einzugehen. Als attraktive Person wurde sie weiterhin oft von Männern angesprochen. Aber sie ist sehr konsequent und diesen mehr oder weniger davongelaufen beziehungsweise hat von vornherein versucht, Kontakte, selbst Blickkontakte, zu vermeiden. Sie hat wohl auch deshalb ihre Ausstrahlung abgelegt. Wie gesagt, sie ist sehr konsequent.« Dann wurde es still im Raum. Nicht nur Gabriel hatte zu sprechen aufgehört, auch unter den Anwesenden hatte sich Ratlosigkeit ausgebreitet. Der Gebieter dankte Gabriel für seine Ausführungen und ersuchte die Anwesenden um ihre Anregungen zur Verbesserung dieser Kundensituation. Doch keiner brach sein Schweigen. Gabriel war ein Meister seines Werks, wer hätte es da besser machen wollen? »Wenn wir sie nicht verlieren wollen, müssen wir handeln«, mahnte der Gebieter. »Was könnten wir anders machen? Wer hat eine Idee?« Schweigen. »Ganz egal was, seid kreativ. Es kann ja etwas vollkommen Neues sein, auch auf die Gefahr, dass es nicht hilft. Aber versuchen müssen wir es zumindest.« Schweigen. Der Gebieter seufzte, hatte er doch geahnt, wie schwierig dieser Fall sein würde. Was sollte er tun? Jetzt, wie geplant, nach einem freiwilligen Vertreter für Gabriel zu fragen, war sichtlich zwecklos.

»Darf ich die Kundin für eine Weile begleiten, um mir ein persönliches Bild zu verschaffen und dann zu entscheiden, ob ich sie betreuen möchte?«, meldete sich plötzlich einer der jüngeren Anwesenden. Überrascht blickte der Gebieter zu ihm: »Raphael, ich danke dir für deinen Vorschlag, aber das weicht leider völlig von unseren üblichen Kundenverhältnissen ab. Was soll diese Klientin denken, wenn sie es merkt?«
»Und wenn sie es nicht merkt?«, antwortete Raphael mit einer Gegenfrage. »Wenn Gabriel ausfällt, wird sie das vermutlich merken, aber heimliche Besuche eines Unerwarteten vielleicht nicht«, argumentierte er. »Das ist sehr gewagt, Raphael. Ich meine, ich freue mich wirklich sehr über deine Einsatzbereitschaft, aber du bist noch jung ...«, der Gebieter brach ab und verkniff sich, »und unerfahren« auszusprechen. »... und unkonventionell.«, ergänzte Raphael lächelnd. Dieser Junge hatte doch tatsächlich Tatendrang und Energie. Sollte der Gebieter es ihn versuchen lassen? Gab es denn überhaupt eine Alternative? »Okay«, entschied er schließlich, »ich bin mit deinem Vorschlag einverstanden.« Sichtlich ein wenig erleichtert, fügte er schmunzelnd hinzu: »Aber lass dir was Gutes einfallen, falls die Kundin es doch merkt.« Er ging zu Raphael und bekräftigte seine Entscheidung mit einem Handschlag: »Viel Erfolg, Raphael!« Die Anwesenden applaudierten.
Raphael arbeitete mit vollem Einsatz, nahezu Tag und Nacht. Nach einigen Wochen stellte der Gebieter zufrieden fest, dass sich der Zustand der Kundin deutlich gebessert hatte. Er besuchte Raphael, um ihm zu gratulieren. Außerdem fragte er ihn, was geholfen hatte. Raphael zögerte: »Ihr hat ein Mann gefehlt, ich meine, das Körperliche. Ohne diesen körperlichen Genuss war ihr Körper völlig aus dem Gleichgewicht geraten.« Er errötete. »Du willst doch nicht etwa sagen, dass du ...?«, fragte der Gebieter erschrocken. »Nein, nein«, unterbrach ihn Raphael, »natürlich nur im Traum. Ich bin ihr in erotischen Träumen erschienen.«

»Aber«, Raphael ereiferte sich, »auf Dauer wird das zu wenig sein. Ich meine, Träume allein werden längerfristig nicht ausreichen. Sie müssen in die Realität umgesetzt werden.« Und zögerlich ergänzte er: »Sie braucht mich.« Der Gebieter unterdrückte ein Stirnrunzeln. »Gabriel geht es schon deutlich besser. Aber, wenn du möchtest, darfst du diese Kundin auch zukünftig betreuen.« Er beeilte sich, sich von Raphael zu verabschieden, um kurz darauf Gabriel zu besuchen: »Gabriel, bitte unterstütze deinen Kollegen. Raphael hat sich verliebt. Bringe ihn davon ab, bevor ein Unglück geschieht.« Ja, manchmal braucht sogar ein Engel einen Schutzengel.

Violett, eine Farbe

Sally Bertram, Florian Knisatschek

vi|o|lett: [wi'ɔl:ett] adj / color
KOMPARATIV violetter
SUPERLATIV am violettesten
Bedeutung:
Eitelkeit, Zwietracht, Krieg, Widersprüchlichkeit, kontradiktorisch

B: Kaum kann ich es fast nicht mehr erwarten, dich wiederzusehen und dich in meinen Armen zu halten. Schrecklicherweise sind es noch zwei ganze Tage bis zum ersehnten Wochenende!

A: Mein Liebster, so gerne wäre ich bei dir. Warum kann nicht schon Wochenende sein? Es ist so schwer, dich so weit weg zu wissen.

B: Bald wird es soweit sein. Erinnerst du dich an Spanien letztes Jahr?

A: Ja, das war ein so schöner Sommer. Wir waren so glücklich … damals …

B: Die Scampi ... Gell? Es waren ja nur die Scampi! *GRINS*

A: Ach ja, du und die Scampi … Und ich fand sie so furchtbar … *lol*

B: Ich dachte, du magst die leckeren Meeresfrüchte? Ich bin jetzt verwirrt …

Aber SPANIEN, das war schon einfach eben SPANIEN!

A: Ich habe diese grauslichen Viecher nur dir zuliebe gegessen. Das waren noch Zeiten, damals in Spanien …

B: Ja, aber, meine Liebste, ROM damals, ROM, das war schon fein …

Wenn ich an unser zerwühltes Hotelbett denke, und den Zimmerdiener, der nur mit verbundenen Augen hereinkommen durfte!?

A: Rom ist halt Rom. Du hast noch nie Ordnung halten können.

Hihi …

B: Hihi! Ja, aber ich freu mich schon soo aufs Wochenende!
A: Ich mich auch, mein Schatz. Du weißt, ich liebe dich trotzdem. *smile*
B: Ich dich aber soowas von! Heuer Kroatien?!
A: Wenn du willst, Liebster. Soll ja ganz nett sein.
B: Oder willst du woanders hin?
A: Aber nein, oder willst du lieber woanders hin?
B: Wie wäre es mit RIO? Ich bin jetzt seit zwölf Jahren in der Firma, da muss sowas drin sein!
A: Das fällt dir erst nach zwölf Jahren auf. Der Schnellste bist du ja eh nicht. Kroatien passt eh. So hoch ist dein Gehalt ja nun wirklich nicht.
B: Und deine Migräne? Denkst du dir dazu auch sowas Schönes, bezüglich der zwölf Jahre?
A: Bei dir muss ich ja Migräne kriegen. Du bist so verständnislos manchmal.
B: Treffen wir uns übermorgen im Café ›Tritsch-Tratsch‹?
A: Und wieder weichst du aus, wie immer. Ja, wir treffen uns übermorgen. Natürlich.
B: Dann halb zwei im ›Tritsch-Tratsch‹.
A: Okay. Aber nächstes Mal treffen wir uns woanders, gell?! Immer nur ›Tritsch-Tratsch› wird fad.
B: Ja, aber sicher nicht im ›Altenburg‹, wo dieser schleimige Kellner nebenberuflich Nylonstrümpfe verkaufen will, und du ihn dann wieder so anglubscht mit deinen rehbraunen Augen!
A: Ich sage ja auch nichts, wenn du der Kellnerin im ›Brazilio‹ auf die Titten starrst, die bei ihr heraushängen. Du sabberst dann immer.
B: Ich hab dir schon Zehntausendmal gesagt, dass das kein Sabber war, sondern ich nur ungeschickt am Weißwein genippt habe! Aber deinen schleimigen Kellner wirst du ja wohl nicht abstreiten, oder?

A: Ja ja, Weißwein. Eh klar. Du hältst mich wohl für dumm. Egal! Der Kellner ist erstens nicht schleimig, und zweitens schaue ich ihm nicht hinterher. Du bist gleich so eifersüchtig.
B: Ich und eifersüchtig? Ich! Was war denn damals in Spanien? Ich bestell noch Wein, der Kellner grinst süffisant »qui, qui«, diese Sau, du verschwindest mit deiner ewigen zweiwöchigen Jetlag-Migräne, die mit einer erstaunlichen Pünktlichkeit immer im Urlaub auftritt, für eine Viertelstunde am Klo, und den Wein bringt er erst, als du wieder da bist! Weil deppert bin ich vielleicht, aber Trottel bin ich keiner! Und ich Trottel sage noch »de rien«!
A: Du bist wirklich ein Trottel. Ich weiß eh nicht, warum ich mit dir noch in Urlaub fahre und gefahren bin. Eine andere Möglichkeit als Migräne bleibt mir gar nicht. Du tust so, als würde ich jeden Kellner anspringen.
B: Jaja, ich bin wirklich ein Trottel. Ich hackel mir im Büro jeden Tag den Arsch ab, damit wir ein Mal im Jahr auf Urlaub fliegen können, und du verpulverst alles ständig mit deinem – oh so tollen Bastel- start- up! SCHEISSE!
A: Im Gegensatz zu dir baue ich mir wenigsten etwas auf. Du verblödest seit zwölf Jahren und hast bis heute kein Lob oder mehr Gehalt bekommen. Außerdem werde ich bald mehr verdienen, wenn mein Business erst mal Erfolg hat.
B: Ach ja? Kein Lob? Die Frau Brigitte macht mir jeden Morgen einen Kaffee, und bewundert meine Leistung, was man ja von dir nun wirklich nicht behaupten kann. Du und dein Pixipaxi Business? Träum weiter!
A: Dann geh doch zu deiner Frau Brigitte, dieser Arschkriecherin.
Ich habe wenigstens noch Träume, was dir offensichtlich fehlt. Mein Business wird erfolgreich sein. Das habe ich schon zu Studienzeiten gesagt. Aber du hast mir ja nie glauben wollen.
B: Die Frau Brigitte hat ihren Platz wenigstens gefunden. Du hingegen träumst dein patschertes Leben, aber ich lebe!

Realistisch, ernsthaft und mit Hand und Fuß! Und wenn das alte Arschloch stirbt, übernehme ich die Firma! Und weil du das genau weißt, hältst du mich mit Blondierung und Migräne bis dahin noch hin. Ich weiß doch genau, welchen Anwalt du dir nimmst, du Schlampe, wenn ich einmal der Boss bin.
A: Du der Boss? Dass ich nicht lache. Du kannst ja doch träumen. Du und die Firma übernehmen, das wird nie passieren. Insofern brauche ich dich auch nicht hinhalten. Ich habe einfach keine Lust, immer einen Orgasmus vorzutäuschen, du Depp. Einen Anwalt brauche ich nicht, da gibt es nichts zu holen bei dir.
B: Aha! Das habe ich mir ja schon gedacht, dass du ein Auge auf den MÜLLER geworfen hast, der ja nur darauf spitzt, mir im Falle einer Übernahme den Platz streitig zu machen. Du bist so dreckig!
A: Wie kommst du denn jetzt auf den Müller? Deine Eifersucht ist echt krankhaft. Da muss niemand anders warten, ich gehe freiwillig von dir weg.
B: Ja, dann schnapp dir den Müller. Der ist eh voll hängengeblieben und deppert, der passt zu dir! Und RIO kannst dir in die Haare schmieren!
A: Mir ist eh die Lust darauf vergangen. Wir sehen uns im ›Tritsch-Tratsch‹.
B: Okay. Halb zwei!
Halb zwei im Café ›Tritsch-Tratsch‹:
Klaus sitzt schon seit einer halben Stunde bei einem kleinen Mokka, liest das KRONE Horoskop, als Beate die Szenerie betritt.
Klaus greift nach seinem historischen Jagdmesser und läuft laut schreiend auf Beate zu. Diese sticht ihm instinktiv in diesem Moment einen kleinen Scampischäler in die Halsschlagader, worauf Klaus, von seiner Idee getrieben, ihr tief in den Bauch sticht.
Ja, so war das damals.

Violett

wie das Grauen

Die kleine Fee Violett

Verena Grüneweg

Es gibt Erlebnisse im Leben, da macht es Spaß, sich an sie zu erinnern.
Während du zurückdenkst, huscht ein Lächeln über dein Gesicht. Vielleicht empfindest du auch ein wenig Wehmut, weil dir bewusst ist, dass du diese wunderbaren Augenblicke nie wieder erleben wirst. Dennoch genießt du es, die Bilder der Vergangenheit ab und zu hervorzuholen, um sie zu betrachten.
Aber leider gibt es auch Erinnerungen, die du vergessen möchtest. Gegen die du dich mit aller Kraft wehrst, um zu verhindern, dass sie wieder auftauchen. Aber egal, was du auch versuchst, sie sind in deinem Kopf und bleiben dort für alle Zeit bestehen.
Auch in meinem Leben gibt es eine davon. Etwas das ich erlebte und mich heute noch quält. Besonders in Zeiten, in denen ich verletzlich bin. Momente, wo ich eigentlich etwas bräuchte, das mich wieder zum Lächeln bringt. Das mich aus einem Tief hervor kommen lässt und mit neuem Mut versorgt. Dann, genau dann bricht die Traurigkeit über das Erlebte hervor. So wie in diesem Augenblick.
Gedankenversunken sitze ich auf dem Bett meiner Tochter Elisa. Starre an die Wand des verlassenen Kinderzimmers. In der Hand ihre Lieblingspuppe Violett haltend, stürzen die Erinnerungen auf mich ein. Keine guten, sondern genau solche, wie die eben beschriebenen. Habe ich zuerst nur an mein Kind gedacht, erklingt auf einmal ohne Vorwarnung der Name eines kleinen Mädchens in meinem Kopf. Ein Name aus der Vergangenheit, ein Name, der für mich mit Trauer verbunden ist. Vielleicht liegt es daran, dass Elisa ausgezogen ist. Ihren eigenen Weg geht und ich sie dabei als Mutter nicht mehr tagtäglich begleite. Ab jetzt aus weiter Ferne zuschaue, wie sie glückliche Zeiten erlebt, aber auch Fehler begeht.

Wir beide haben ein sehr gutes Verhältnis. Viele Jahre nahm sie den wichtigsten Platz in meinem Leben ein. Füllte mein Herz mit Fröhlichkeit und ganz viel Liebe aus. Auch wenn ich keine Glucke bin, die ihren Kindern die Freiheit, sich zu entwickeln, nimmt, fällt es mir dennoch schwer, Elisa fortgehen zu lassen. Wie jede Mutter einsehen zu müssen, dass ihre Kinder nur Besucher in ihrem Leben sind. Gäste, die lange Zeit bleiben, aber sich doch eines Tages verabschieden. Nein, mir ergeht es da nicht anders.
Als ich sie zum Bahnhof brachte und ihre Koffer zum Zug trug, lächelte ich, obwohl mir das Weinen bis zum Hals stand. Sie sollte sich auf das Abenteuer, die Welt für sich zu entdecken, freuen. Das Letzte, was ich wollte, war ihr ein schlechtes Gewissen wegen meines Abschiedsschmerzes einzureden. Meine Kleine war nun groß und zog in die weite Welt hinaus. Während ich mich krampfhaft bemühte, das Lächeln in meinem Gesicht beizubehalten, spulten die Erinnerungen wie ein Film vor meinen Augen ab. Wie ich sie das erste Mal nach der Geburt in meinen Armen hielt, ihre Schulzeit, die erste Liebe und jetzt? Jetzt konnte ich nur noch hoffen, dass sie sich bei mir meldete und öfters besuchte.
Auf dem Rückweg nach Hause ließ ich den Tränen freien Lauf. Die Taschentuchhersteller wären mir dankbar, wenn sie das Endresultat auf dem Boden des Wagens sehen würden. Eine beachtliche Anzahl nasser, zerknüllter Taschentücher häuften sich zu meinen Füßen, während ich aus dem Auto ausstieg.
Als ich dann mein Zuhause betrat, begrüßte mich eine Stille, die mir fremd war. Keine laute Musik dröhnte und keine zuknallende Tür, während meine Tochter in den Flur stürmte, empfing mich. Trotz oder gerade deswegen führte mein erster Gang in Elisas Zimmer.
Das war jetzt bereits zwei Stunden her, wie mir die Uhr an der Wand zeigte. Immer noch hatte ich es nicht geschafft, wieder aufzustehen und den Raum zu verlassen.

Mein umherwandernder Blick registrierte kahle Wände, leere Regale. Zeichen dafür, dass sie nicht mehr hier wohnte. Nur wenige Dinge, die ihr Leben begleiteten, waren zurückgeblieben. Eines davon war diese Puppe, die ich in meinen Händen hielt. Ein Spielzeug, nicht einmal hübsch und dennoch etwas Besonderes. Jedenfalls für mich. Bevor Elisa sie bekam, begleitete sie mich und davor, ja davor, Karina, das kleine Mädchen, das jetzt in meinem Verstand herumspukte.

Ich lernte Karina kennen, als ich acht Jahre alt war. Mutter und ich zogen in einen verpönten Stadtteil, einem Randgebiet meiner Heimatstadt. Kein Ort, in dem man gerne wohnte. Das Asozialenviertel oder auch ›Klein Chicago‹ nannten es die, die dort nicht leben mussten. Dementsprechend war auch ich keinesfalls begeistert darüber, dass hier unser neues Zuhause sein sollte.

Blocks riesengroß, beängstigend, grau in grau, boten keinen schönen Anblick, als ich aus dem Auto stieg. Während ich neben Mutter, die meine Hand hielt, herlief, zitterte ich vor Angst. Ich fühlte mich so klein und schutzlos. Die Betrunkenen, die uns auf den Gehweg begegneten, trugen kaum zur Beruhigung bei. Mutter musste meine Aufregung gespürt haben. Sanft drückte sie mir die Hand und flüsterte in mein Ohr: »Nicht für lange Marina, das verspreche ich dir!«

Wir waren beim Hauseingang angekommen. Während sie den Schlüssel ins Schloss steckte und drehte, musterte ich ihr Gesicht. Auch wenn sie ihr Bestes gab, es vor mir zu verbergen, Mutters sorgenvolle Augen verrieten mir ihre Gedanken. Ebenso wie ich hatte sie ein Haus mit Garten, lieben Nachbarn und ein bis vor kurzem scheinbar perfektes Leben hinter sich gelassen.

Unsere Familienwelt war bis vor kurzem fehlerlos gewesen. Völlig undenkbar, dass es irgendwann anders sein würde. Bis mein Vater die andere Frau kennenlernte, alles zerbrach und die Wahrheit ans Licht kam. Meine Eltern trennten sich und verkauften das Haus. Die Scheidung wurde eingereicht und der Streit um Unterhaltszahlungen, Sorgerecht, Schuldenregulierung begann. Wie viele Telefonate zwischen Mama und Papa hatte ich heimlich belauscht und dabei herausgefunden, dass wir bankrott waren.

Mit dieser Voraussetzung schnell eine Wohnung als alleinerziehende Mutter, ohne einen Beruf und mit Schulden, zu finden - schier unmöglich. So blieb ihr nichts anderes übrig, als hier einzuziehen.

Als wir in den Hausflur traten, kam uns ein kleines Mädchen, die Treppen herunterhüpfend, entgegen. Laut sang sie dabei ein Kinderlied, bis sie mich entdeckte. Mich neugierig musternd, grinste sie gleichzeitig von einem Ohr zum anderen. Während ich vor Verlegenheit kaum wusste, wo ich hinschauen sollte, sprach sie mich ohne Scheu an: »Hey, ich bin Karina und wer bist du?«

Zuerst gab ich ihr keine Antwort. Ich wollte einfach nicht mit ihr reden. Aber die unangenehme Stille im Flur sowie das Anstupsen von Mutter zwang mich, ihr meinen Namen zu verraten. Mürrisch murmelte ich: »Marina!« und hoffte, sie würde jetzt endlich gehen.

Aber Pustekuchen! Laut die Nase hochziehend, hielt Karina mir die in ihrer Hand baumelnde Puppe vors Gesicht. »Das ist meine Puppe. Siehst du die violette Haarsträhne? Darum heißt sie auch Violett. Du musst wissen, sie ist eine Fee. Hat jedenfalls meine Oma gesagt und das Violett auf mich aufpasst! Willst du ihr vielleicht Hallo sagen?«

Aber nein, das wollte ich nicht. Ich fand die Puppe hässlich und den Namen bescheuert. Violett war eine Farbe, kein Name! Sowieso wollte ich in diesem Moment nur, dass Karina und ihre schäbige Puppe mit den violetten Haaren, mich endlich in Ruhe ließen.

Ich empfand sie und ihre Fröhlichkeit unerträglich. Wie sie die Stupsnase mit den vielen Sommersprossen in die Luft hielt. Die zu Zöpfen geflochtenen Haare, wie sie auf und ab wippten, während Karina munter die Stufen hoch und runter sprang. Bemerkte sie denn nicht diesen ekligen, nach Pipi riechenden Flur und den Dreck um uns herum? Wie konnte sie an einem Ort, der für mich das Ende der Welt bedeutete, Spaß haben?

Mutter dagegen reagierte ganz anders wie ich. Freundlich, mit einem Lächeln sprach sie das Mädchen an: »He Karina. Schön dich kennen zu lernen. Wohnst du hier in demselben Block wie Marina und ich?« Karina nickte eifrig und ihr breites Lächeln offenbarte uns dabei eine große Zahnlücke. »Wie schön, dann könnt ihr beide euch doch zum Spielen verabreden, oder?«, schlug sie ihr vor und zwinkerte mir dabei verschwörerisch zu.

Warum tat Mutter das? Ich hatte keine Lust, mit diesem Mädchen zu spielen. Vor allem wollte ich keine Freunde hier finden. Warum auch? Wir würden ja nicht lange in diesem Block wohnen. Ich glaubte immer noch daran, dass Mama und Papa sich wieder versöhnten und wir zurück in unseren ehemaligen Wohnort zogen. Also, warum sollte ich mit diesem nervigen Etwas die Zeit verplempern? Aber ich hatte keine Chance. Ohne mich zu fragen, entschied Karina den Zeitpunkt unseres ersten Treffens.

»Okay, ich hol dich morgen Nachmittag um drei Uhr ab!«, rief sie mir zu, während auf einem Bein hüpfend die Eingangstür öffnete. »Karina und Marina, Marina und Karina«, singend verließ sie das Gebäude, ohne auf meine Zusage zu warten. »Klasse oder? Kaum bist du angekommen, hast du schon eine Freundin. Und ist es nicht nett, wie gleich eure Namen klingen?« Begeistert schaute Mutter ihr hinterher. Ich brummte nur ein »Mmm« vor mich hin. Natürlich nicht einmal halb so enthusiastisch wie Mutter. Das also war meine erste Begegnung mit Karina. Keinesfalls ein Aufeinandertreffen, welches auf eine Freundschaft zwischen uns beiden hinwies. Aber es sollten noch viele folgen und wir wurden Freundinnen. Eine schöne Zeit, die wir gemeinsam verbrachten, begann.

Am nächsten Tag holte sie mich ab und zeigte mir die Umgebung, in der ich jetzt lebte. Nein, ich rede nicht von der Betonwüste gebaut aus unzähligen Blocks, welche einem fast die Luft zum Atmen nahm. Natürlich war sie jetzt meine neue Heimat. Mit all ihrer Niedergeschlagenheit, ihrem Dreck und den von Mutlosigkeit gebeutelten Menschen, die in ihnen lebten. Es gab die typischen Probleme eines Randgebietes wie Alkohol oder Drogensucht, Arbeitslosigkeit und Armut. All das gab es. Aber Karina kannte Orte, die eben nicht davon gezeichnet waren.
Versteckt, wenige Straßen entfernt, lag zum Beispiel der alte Friedhof. Dort gab es Bäume, Grünflächen und Gräber, auf denen unzählige Blumen blühten. Eigentlich ein trauriger Ort, wo die einst geliebten und verstorbenen Menschen ihre letzte Ruhe fanden. Doch obwohl ich mir bewusst war, dass hier eigentlich kein Platz zum Spielen für Kinder war, fühlte ich mich hier glücklich. Wenn du als Kind, an einem Platz, der aus Mauern und Beton besteht, lebst, hast du keine Hemmungen, kennst kein Tabu, sobald du die Natur entdeckst. Auch nicht vor dem Tod und so verliebte ich mich in diesen Ort der Ruhe. Ich gebe zu, beim ersten Mal, als Karina mich mit dorthin nahm, gruselte es mich. »Man« spielte doch nicht zwischen den Toten und auf den Gräbern. Aber Karina zog mich am Arm vorwärts und ich lief mit ihr zu einer Parkbank am Wegesrand des Friedhofes. Sobald wir uns hingesetzt hatten, deutete sie mit ihrem Finger auf ein Grab.
Kein schönes Grab. Niemand pflegte es, es gab keinen Stein, der mit einem eingemeißelten Namen an jemanden erinnerte. Keine Umrandung oder hübsche Pflanzen wie bei den anderen Gräbern. Nur wenige Blumen, denen anzusehen war, dass sie gepflückt und nicht von einem Floristen stammten, lagen auf dem verwilderten Grab. Später fand ich heraus, dass Karina diese von anderen Gräbern rupfte. Aber als ich zu ihr sagte, das darf man nicht, erwiderte sie, das wäre okay. Die Toten, die dort lagen, störte das nicht. Im Gegenteil, sie teil-

ten sicher gern.
»Hier liegt meine Oma! Die Mama meines Papas. Papa ist schon lange weg, der hat sich ja nie für mich interessiert. Aber die Oma, die war toll. Früher besuchte ich sie, bis sie krank wurde und starb. Aber sie hat mir beim Abschied erzählt, dass, wenn man auch nicht mehr auf der Welt ist, die Seele bei denen, die man lieb hat, bleibt. Also ist Oma bei mir. Damit jemand auf mich aufpasst, weil sie das ja nicht vom Himmel aus kann, hat sie mir Violett geschenkt. Weißt du, in Wirklichkeit ist sie gar keine Puppe, sondern eine gute Fee. Das erkennt man an ihrer Haarsträhne, weil violett, ist die magische Farbe. Verstehst du, also kann sie zaubern. Oma sagte, wenn ich Hilfe oder etwas Glück bräuchte, sollte ich Violett darum bitten und dann würde alles ganz schnell wieder gut werden.«
Eine schöne Geschichte, wie ich fand. Aber eben nur eine Geschichte. Doch, wenn es meine kleine Freundin über den Verlust ihrer Oma hinwegtröstete, erfüllte sie ihren Zweck. Ich verbiss mir die Worte, die mir auf der Zunge lagen. Sie liebte ihre Puppe und trug sie immer bei sich. Mittlerweile hatte ich Karina sehr gern und wollte ihr nicht wehtun. Außerdem genoss ich die gemeinsame Zeit und ihre Fantasie hatte auch etwas Gutes für mich.
Mit Worten schaffte Karina es, eine alte Bretterbude in ein Schloss zu verwandeln. Nur wenige Bäume auf einem Grundstück wurden zu einem Zauberwald und ein Weg, mit einigen kargen Büschen bestückt, der Eingang zum Wunderland von Alice.
Ja, Geschichten erzählen konnte Karina richtig gut und sie nahm mich mit auf die Reise in das Land der Fantasie.
So vergingen zwei Jahre. Wir lebten immer noch in unserem Block. Mittlerweile hatte ich aufgegeben, daran zu glauben, alles würde wieder so wie früher werden. Wenigstens kümmerte sich mittlerweile mein Vater einmal im Monat an einem Wochenende um mich. Es waren immer schöne Tage und ich

genoss jede einzelne Minute mit ihm. Auch sonst lernte ich, die Vorzüge in unserem Viertel zu schätzen. Man war nie allein! Kinder tobten immer herum und ihre Mütter schlossen Freundschaften.

So auch Karinas und meine Mutter. Sie tranken Kaffee zusammen, redeten über uns, die Exmänner oder ihre Probleme. Eben der übliche Tratsch unter Freundinnen.

Wir lebten in einem Ghetto, von Elend, von Dreck umgeben und mussten früh lernen, uns zu verteidigen. Leider nicht nur mit Worten, sondern auch mit Fäusten. Konntest du dich nicht wehren, hattest du schlechte Karten. Sehr bald gehörte dann dein geliebtes Spielzeug, die neue Jacke oder das Pausengeld einem stärkeren Kind. Karina und ich schafften es meistens, uns zu wehren. Nein, nicht immer gingen wir in einem Kampf als Sieger hervor. Aber meine Freundin wusste sehr wohl mit ihren kleinen Fäusten und kurzen Beinen umzugehen. Zu zweit war man stärker und so sah man uns häufig mit anderen Kindern raufen. Natürlich war es keine leichte sorglose Zeit. Aber selbst heute erinnere ich mich an wunderbare Momente, für die ich dankbar bin, sie zu erleben.

Plötzlich veränderte sich alles. Es kam nicht schleichend, sondern von heute auf morgen. Meine Mutter hatte endlich einen Job bekommen. Noch dazu einen gut bezahlten. Jetzt suchte sie eine Wohnung in einer besseren Gegend für uns und fand sehr schnell eine. In einem halben Jahr würde sie frei werden und wir umziehen. Natürlich freute ich mich sehr, aber gleichzeitig war ich auch traurig. Unsere Zeit im Viertel lief ab und somit auch die Freundschaft zu Karina. Obwohl wir uns beide schworen, dass das niemals geschehen würde, kannten wir dennoch die Wahrheit. Wenn man die Betonwüste ›Klein Chicago‹ verließ, blieben auch die Menschen, die dort lebten, zurück. Wurden zu einem Teil der Vergangenheit, welche man hinter sich ließ.

Doch ebenso gab es in dem Leben meiner Freundin eine Veränderung. Jürgen, der neue Freund ihrer Mutter, zog bei

ihnen ein. Karina mochte ihn sehr. Schon nach kurzer Zeit, wenigen Besuchen von ihm, nannte sie Jürgen Papa und schwärmte davon, wie toll er doch war. Sie konnte es kaum abwarten, dass er bei ihnen lebte.
Meine Mutter war skeptisch. Sie redete Karinas Mutter zu, doch noch ein wenig abzuwarten, um ihn besser kennenzulernen. Aber diese schwebte auf Wolke sieben und ließ nicht mit sich reden. Im Gegenteil, sie kam immer seltener zu Besuch und es war offensichtlich, dass sie Mutter aus dem Weg ging.
Der Tag kam und Jürgen zog ein. Mit zwei Koffern beladen lief er die Treppe hoch und verschwand in der Wohnung meiner Freundin. Ich hatte einen Möbelwagen erwartet, aber der kam nie. Wo waren die tollen Sachen, von denen er Karina erzählte. Oder auch der super Job, den er angeblich hatte? Auf alle Fälle sahen wir ihn nie zur Arbeit gehen, aber wir hörten ihn und Karinas Mutter laut und deutlich in der Nacht.
Waren es am Anfang kleine Streitereien zwischen den beiden, steigerten sie sich immer mehr. Ein Poltern, Schreie und Türenschlagen kamen dazu. Und irgendwann stand das erste Mal ein Krankenwagen vor der Tür. Im Hausflur huschte Karinas Mutter mit gesenktem Kopf an uns vorbei. Wenn wir sie ansprachen, bekamen wir keine Antwort. Wie ein Geist lebte sie im gleichen Haus.
Auch Karina kam kaum noch zum Spielen raus. Wenn, dann war sie still und in sich gekehrt. Sie erzählte keine Geschichten mehr und von ihrer Fröhlichkeit war nichts übrig geblieben. Krampfhaft hielt sie Violett in den Händen und weinte, wenn sie sich unbeobachtet fühlte.
Lange schwieg ich, sprach sie nicht darauf an. Ich dachte mir, es wäre besser. Erinnerte ich mich doch an ihre Mutter, die nach dem Gespräch mit meiner jeglichen Kontakt vermied. Eines Tages jedoch reichte es mir. Ich hatte mehrere Tage hintereinander versucht, Karina zum Spielen abzuholen und

war gescheitert. Auf dem Bürgersteig vor unserem Haus fing ich sie auf ihrem Weg in die Schule ab. Sie sah schlecht aus. Unübersehbar, dass sie abgenommen hatte. Auch wirkte sie ungepflegt. Aber das, was mich am wirklich erschütterte, waren die blauen Flecken in ihrem Gesicht.

Wieder wollte sie an mir vorbei gehen, so tun, als würde sie mich nicht sehen. Doch ich riss ihr Violett aus der Hand. Es war gemein von mir, aber die einzige Möglichkeit, sie dazu zu zwingen, mich wahrzunehmen! Weinend griff sie nach ihrer Puppe und schluchzte: »Gib sie mir wieder, bitte gib sie mir wieder!«

Doch ich tat es nicht, sondern sagte barsch: »Erst wenn du mir sagst, was los ist. Warum spielst du nicht mehr mit mir und woher hast du die blauen Flecken?« Das Weinen verstummte und sie sah mich mit einem ausdruckslosen Gesicht an: »Er tut mir weh!« »Wer tut dir weh?«, fragte ich, obwohl ich die Antwort bereits kannte. »Jürgen! Bitte lass mich gehen. Wenn er sieht, dass ich mit dir rede, wird es noch schlimmer werden. Bitte, wenn du meine Freundin bist, gibst du mir Violett zurück und lässt mich in Ruhe.« Ich sah ihre Augen, den bittenden Gesichtsausdruck und gleichzeitig die panische Furcht in ihr. Ohne ein weiteres Wort reichte ich ihr die Puppe und sie nahm sie an sich.

Karina drehte sich von mir weg, bereit zu gehen. Aber im letzten Moment schaute sie mich noch einmal an und flüsterte: »Ich weiß, du willst mir helfen. Aber das kannst du nicht! Wie denn auch, wenn nicht einmal Mutter es kann. Das kann nur Violett! Du weißt, sie ist eine Fee und ich habe mir gewünscht, dass alles wieder gut wird. Ganz genau so, wie Oma es mir geraten hat. Mach dir keine Sorgen, Violett wird mir helfen und dann verschwindet Jürgen aus unserem Leben! Dann werden wir wieder glücklich!« Mit diesen Worten ging sie fort und ließ mich stehen.

Ich schluckte und fühlte mich hilflos. Karina glaubte immer noch an Wunder. Dass eine hässliche Puppe mit einer violetten Haarsträhne ihr half, dieses Schwein loszuwerden. Doch ich wusste es besser. Violett konnte ihr nicht helfen. Es würde nie wieder gut werden, wenn niemand etwas gegen Jürgen unternahm.

Schnell lief ich nach Hause und sprach mit meiner Mutter über das eben Erlebte. Geschockt hörte sie mir zu. Auch wenn wir vorher die Streitereien mit bekommen hatten, ahnten wir dennoch nicht, dass es so schlimm war. Wütend zischte Mutter: »Du hast recht Marina, wir müssen etwas unternehmen. Sonst macht das ja keiner hier im Haus. Aber alleine wird es schwer werden, Karina zu helfen. Weißt du was? Wir gehen jetzt von Tür zu Tür und versuchen Unterstützung von unseren Nachbarn zu bekommen.

Sie und ich liefen die Treppen hoch und runter. Klingelten bei jedem Einzelnen, der in diesem Hochhaus wohnte. Aber entweder öffnete man uns erst gar nicht oder ein schroffes »Das geht mich nichts an« war die Antwort auf unsere Bitte. Nur die alte Dame im zweiten Stock zögerte. Als Einzige hörte sie uns zu und schien darüber nachzudenken, ob sie helfen solle. Doch dann entschied sie sich dagegen. »Lassen Sie es besser auch. Sie machen es sonst noch schlimmer für die Kleine. Hier in diesem Viertel muss jeder mit seinen Problemen selbst klarkommen. Das müssen Sie begreifen. Tun Sie das nicht, kann das eine Menge Ärger für Sie bedeuten. Es tut mir leid, aber ich bin alt und kann diesen Stress einfach nicht mehr gebrauchen!«, murmelte sie. Bevor Mutter noch etwas darauf erwidern konnte, schloss sie schnell die Tür und wir standen allein im Flur.

Doch Mutter dachte nicht daran aufzugeben. »Dann eben anders!« Mit energischen Schritten lief sie die Treppe herunter und klingelte bei Karina Sturm. Jürgen öffnete die Tür. Unrasiert, ungepflegt im Bademantel starrte er uns mit wässrigen Augen an. Ein ekliger nach Alkohol stinkender Atem schlug uns entgegen, als er sich ganz nah vor meine Mutter stellte und ihr ins Gesicht brüllte: »Was willst du, Schlampe, willst du Ärger machen? Verpiss dich schleunigst!« Gleichzeitig hob er den Arm in die Luft, als ob er Mutter schlagen wollte.

»Das würde ich lassen! Sobald ein Finger von dir mich berührt, rufe ich die Polizei und du bekommst eine Anzeige. Das kannst du mit deiner Freundin machen, aber nicht mit mir!«, fauchte sie ihn an.

Ich war so stolz auf meine Mama. Sie zeigte keine Angst und schien ihm Respekt einzuflößen. Erschrocken zog er den Arm zurück, machte auf den Füßen kehrt und verschwand ohne einen weiteren Ton in der Wohnung. Dennoch erreichten wir damit nichts. Im Gegenteil, wahrscheinlich hatten wir für Karina noch alles verschlimmert. Das ahnte auch Mutter.

»Eine Chance haben wir noch«, sagte sie und gemeinsam liefen wir zurück zu unserer Wohnung. Kaum hatten wir sie betreten, griff Mutter das Telefonbuch sowie ihr Handy vom Flurschrank und wählte eine Nummer.

»Ja, hier Weber. Könnte ich bitte mit jemanden sprechen, der für eine Anzeige wegen Kindesmisshandlung zuständig ist?«, hörte ich sie in den Telefonhörer sprechen. »Ja gut, ich warte.« Einige Sekunden vergingen, ohne dass sie etwas sagte. Endlich schien jemand am anderen Ende der Leitung zu sein. »Ja richtig, das wollte ich. Mein Name ist Weber und ich wohne in der Lebesstrasse 24 a ... Richtig, ich möchte einen Fall von Kindesmisshandlung melden. ... Ob ich schon bei der Polizei war? ... Nein, warum? Ich dachte, Sie wären dafür zuständig? ... Ja, das kann ich machen! ... Aber Sie werden doch auch etwas unternehmen? ... Das ist jetzt nicht Ihr Ernst, oder?« Mutters Stimme wurde immer lauter, während sie in den Hörer hinein sprach: »Erst einen Termin mit der Familie machen? Ihnen ist doch klar, sobald Sie auftauchen, wird alles in Ordnung sein, oder? ... Das Kind schwebt in Gefahr, ist Ihnen das bewusst? ... Was erlauben Sie sich eigentlich? ... In unserem Viertel kommt das häufiger vor, dass Nachbarn, nur so zum Spaß, eine Anzeige machen? Also, also

ich glaub das jetzt nicht! … Ja ich rege mich auf, ich rege mich nicht nur auf, ich fasse nicht, was Sie da gerade von sich geben! … Ja machen Sie das!«, schrie Mama ihren Gesprächspartner an, bevor sie auflegte.
Hektisch tippte sie die sie die nächste Nummer, die der Polizei, und wartete, dass jemand abnahm.
»Ja Weber hier, ich möchte einen Fall von Kindesmisshandlung anzeigen! … Im Moment? Nein im Moment herrscht Ruhe in der Nachbarwohnung … Ich soll vorbei kommen? … Ja, kann ich machen … Aber wäre es nicht besser, Sie kämen? … Ach so, nur wenn wirklich Gefahr in Vollzug ist? … Aber das ist es doch … Wenn die Kleine von der Schule nach Hause kommt, dann … Nein, schon in Ordnung, ich komme gleich zu Ihnen.
»Ach Marina was sollen wir nur machen?«, flüsterte sie, als sie das Gespräch beendete und nach dem Autoschlüssel griff. Viel Hoffnung klang nicht mehr mit in ihrer Stimme. Trotzdem fuhren wir zum Polizeirevier. Ich wartete dort im Auto auf meine Mutter. Nach einer Stunde kam sie zurück, aber ihr Gesicht, während sie in das Auto stieg, verhieß nichts Gutes.
»Ja so ist das, wenn du in einem Problemviertel wohnst. Es gibt niemanden, der einem hilft! Weißt du, was die mich da drinnen gefragt haben? Ob ich Streit mit der Familie habe und deshalb versuche, ihnen Ärger zu machen. Es würde ja außer mir kein anderer Nachbar sich beschweren. Außerdem wären das ›familiäre Angelegenheiten‹. Das käme ja in unserem Wohngebiet öfters vor und würde sich stets in Wohlgefallen auflösen. Aber ich könnte ja anrufen, wenn wieder was wäre.«
Egal, was wir unternahmen, es schien zwecklos zu sein. Zwar kam das Jugendamt einige Tage später, aber natürlich mit vorheriger Anmeldung. Bei der Nachfrage meiner Mutter, was jetzt weiter passieren würde, erhielt sie die Antwort, es hätte nichts zu beanstanden gegeben. Bei der Familie wäre alles in bester Ordnung. Gut, das Mädchen wirkte etwas

schüchtern. Aber das wäre in ihrem Alter völlig normal und keinesfalls auffällig. Trotzdem behielten sie die Angelegenheit im Auge.

Anrufe bei der Polizei, wenn wieder nachts der Streit losging, brachten genauso wenig Erfolg. Zuerst tauchten sie auf, zum Schluss auch nicht mehr. Karinas Mutter machte keine Anzeige gegen Jürgen, also brauchten auch die Gesetzeshüter nichts weiter unternehmen. Selbst wenn sie es gewollt hätten, ohne ihre Aussage waren den Polizisten die Hände gebunden. Ja, und unsere lieben Nachbarn hielten bei der Nachfrage, was vorgefallen sei, weiterhin den Mund. Genau wie alle anderen, die Karinas blaue Flecken sahen.

In diesem Tumult rückte der Umzugstermin näher. Wir hatten in der neuen Wohnung viel zu tun und waren immer seltener in der alten Umgebung. Ehrlich gesagt war ich, und ich glaube auch Mutter, darüber erleichtert. Wir hatten alles versucht und nichts erreicht. So tat es gut, Karina und ihre Mutter nicht zu sehen und das Problem unserer Hilflosigkeit zu verdrängen.

Zwei Tage noch! Die Umzugskartons waren gepackt, die Möbel abgebaut und nur noch unsere Matratzen lagen auf dem Schlafzimmerboden. Die letzten Nächte war es ruhig gewesen. Kein Streit, kein Gepolter oder anderer Lärm, der uns aus dem Schlaf riss. Auch heute schien alles still zu bleiben. Müde legten wir uns hin und schliefen sehr schnell ein.

Mitten in der Nacht wurde ich von Gebrüll und Weinen, das aus dem Hausflur kam, geweckt. Mutter und ich sprangen fast gleichzeitig von den Matratzen hoch und stürmten hinaus. Jürgen stand auf dem Flur und Karina vor ihm. In der Hand hielt er ihre Puppe Violett und schrie das Mädchen an: »Du Drecksstück willst deine Puppe, ja? Dann hol sie dir doch! Ich werde dich lehren, mich zu treten. Hörst du? Schau ganz genau hin was ich mit ihr mache, denn das werde ich auch mit dir machen, wenn du es noch einmal wagst, dich gegen mich aufzulehnen!«

Ich sah, wie er Karinas Puppe nahm. Ihr Beine und Arme und den Kopf abriss und wie Karina, die kleinen Fäuste geballt, ihn ansprang. Weinend schlug und trat sie verzweifelt auf ihn ein. Aber statt ihr zu helfen, schaute ich zu. Erstarrt und unfähig mich zu bewegen. Sie schrie, tobte und versuchte alles, um ihre Puppe zu retten. Meine kleine Freundin kämpfte, als ob es um ihr Leben ginge. Ich realisierte schemenhaft, wie sich Türen öffneten, Nachbarn heraustraten, aber auch sie, genau wie Mutter und ich, unternahmen sie nichts. Selbst dann noch, als Jürgen Karina von sich stieß und die Puppe wegwarf. Ihre Arme wirbelten in der Luft, versuchten, das Gleichgewicht zu halten, während sie strauchelnd nach hinten kippte. Wie in Zeitlupentempo sah ich beide, Karina und Violett, die Treppe herunterfallen. Hörte Karinas Schmerzenslaute, die sie ausstieß, als sie auf die Stufen knallte. Sah ihre Hände, die, während sie fiel, nach den Körperteilen der Puppe griffen.

Nie werde ich die plötzliche Stille vergessen, als sie regungslos mit verdrehten Gliedern auf der untersten Stufe liegenblieb.

Diese Bilder haben sich für immer in meinen Verstand eingebrannt. Von dem, was danach passierte, weiß ich nicht mehr allzu viel. Nur, dass irgendwann ein Krankenwagen sowie die Polizei auftauchten und man Karina auf einer Trage fortbrachte. Ich weiß auch noch, wie ich langsam die Treppe herunterging und die Einzelteile von Violett, ihrer Fee, einsammelte. Sie wieder zusammensteckte und mit in unsere Wohnung nahm. Ich dachte damals, Karina muss ihre Puppe doch wiederbekommen, wenn sie zurück ist. Doch sie kam niemals mehr zurück. Karina war tot!

Ich habe geweint, als meine Mutter es mir sagte. Einen Schmerz kennengelernt, weitaus schlimmer als der, den ich fühlte, als meine Eltern sich trennten. Könnt ihr euch vorstellen, dass ein Kind, so wie ich es damals war, Gott verfluchte? Ich tat es und es dauerte lange, bevor ich wieder an irgendet-

was glauben konnte.
Doch ich lernte mit den Jahren, zu verstehen, dass der Tod in unserem Leben eine Rolle spielen muss. Er gehört wie die Geburt eines Menschen dazu. Doch was ich nie gelernt habe, ist zu akzeptieren, wie er damals Karina zu sich holte. Das Verhalten der Menschen, ihre Blindheit und ihre Bequemlichkeit, die dafür sorgten, dass er sich eingeladen fühlte. Ich fühle noch heute diese Wut in mir. Den Zorn in dem Augenblick, als ich am nächsten Tag vor die Tür trat und die Blumen, Stofftiere, kleinen Kreuze vor dem Eingang unseres Blocks, vorfand. Worte wie ›Warum? Du warst doch noch so klein‹, auf Zettel geschrieben daneben lagen und ich sie in meinem Verstand mit ›Weil es niemanden interessierte, dass Karina Hilfe brauchte!‹, beantwortete.
Violett, die kleine Fee mit der violetten Haarsträhne auf das Bett zurücklegend, stand ich auf und verließ das Zimmer meiner Tochter. Mein Kind hatte ich sein Leben lang beschützt und auch jetzt würde ich immer für sie da sein, wenn sie mich brauchte. Karina hatte ich nicht helfen und beschützen können. Doch lebt sie in mir weiter. Vielleicht ist ihre Seele, wie ihre Oma sagte, bei mir? Ich weiß es nicht! Doch für alle Zeiten werde ich das kleine Mädchen und ihre Puppe in meiner Erinnerung behalten. Wie sie mir das erste Mal auf der Treppe fröhlich hopsend begegnete. Höre ihre Stimme, wie sie fröhlich Karina und Marina singt und ich vermisse sie sehr. Jedoch sie war und ist mein Mahnmal, niemals die Augen, die Ohren und meinen Mund zu verschließen. Aufzupassen und wach zu sein und einzuschreiten, wenn meine Hilfe gebraucht wird!
Deshalb engagiere ich mich heute für Frauenhäuser und Kinder, die Opfer von Kindesmisshandlung und Missbrauch geworden sind!

Er und Violetta

Ilona Penna

Er konnte ja nicht ahnen, was er mit diesem verdammten Amethyst anrichtete, als er Violetta diesen Stein schenkte. Mehr als 4.000 Euro war der violette Stein nicht wert. Was Violetta daran verzückte, war ihm ein Rätsel. Während er in den 300 Meter tiefen Brunnenschacht sieht, in dem Lola wie eine Puppe ohne Knochen liegt, schweift er mit seinen Gedanken, zu dem Tag zurück, als er ihr diesen Stein schenkte. Er hatte genug Geld, so tat ihm diese kleine Ausgabe nicht weh. Es sollte ein Andenken an eine für ihn unbeschreiblich große Liebe mit seiner Violetta sein. Er hatte sie per Zufall, oder eben Bestimmung, wie sie es immer nannte, in einer verkommen Bar im elendsten Viertel der Stadt kennengelernt. Er war hier nur anzutreffen, weil er eine Wette verloren hatte. In seinen ›gehobenen Kreisen‹ war es Pflicht, seine verlorenen Wetten, und seien sie noch so perfide, einzulösen. Es ging immer um Geld. Er wusste, dass er ein verwöhnter Snob war, der, außer die Moneten seiner Eltern auszugeben, nichts sonderlich Tolles in seinem Leben erreicht hatte. Doch Geld macht nun einmal Leute und zu denen gehörte er eben. Während er in seinen Gedanken versunken ist, rinnen Tränen über seine Wangen. Ja, er hätte niemals gedacht, dass gerade er sich einmal in so eine kleine, billige Nutte verlieben würde. So zumindest nannten sie seine Freunde. Für ihn war Violetta eine Elfe, eine zerbrechliche kleine Fee, die geheimnisumwittert seine Neugier weckte.

Er kam damals in die Bar und bestellte sich Champagner. Die Gäste dieser Bar, nicht gerade sehr vertrauenerweckend, brachen in schallendes Gelächter aus. »He, du kleiner blankrasierter Babyarsch! Hast dich bestimmt in der Adresse geirrt, Champagner möchtest du haben? Ich bringe dir einen!«, grölte Perry. Perry war das Sprachrohr dieser runtergekommenen

Spelunke. Er stand auf, öffnete seinen Hosenschlitz, was völlig unnötig war, da die Hose mehr Löcher als Stoff besaß und verlangte von dem Wirt, der nicht besser aussah, ein ›Champagnerglas‹. Er verrichtete seine Notdurft darin und goss sie dem jungen Schnösel über den Kopf. Es wurde geklatscht und gelacht. Zwei dunkle, sturzbetrunkene Gestalten packten ihn am Kragen und warfen ihn vor die Tür in eine übelriechende Lache aus nicht definierbarer Konsistenz. Er übergab sich. Da wurde ihm das erste Mal bewusst, was für ein Leben er führen konnte und welches diese Menschen fristeten. Plötzlich spürte er eine warme Hand auf seiner Schulter. Er sah auf und verdeckte ängstlich sein Gesicht mit den Händen. Doch auf einen weiteren Angriff wartete er vergeblich. Vor ihm kniete dieses zarte Wesen, im violetten Kleid, als wäre sie soeben einem Märchen entsprungen. Sie legte ihm ihren Finger auf den Mund, um ihm zu verstehen zu geben, er solle leise sein. Ängstlich blickte sie sich noch einmal um, bevor sie ihm half, auf die Beine zu kommen und zerrte ihn in ein kleines, ebenso heruntergekommenes Zimmer, gleich neben dieser Spelunke. Er sah sich darin um. Fein säuberlich war das Zimmer aufgeräumt. Zumindest wurde versucht, etwas Liebe dort wohnen zu lassen. Auch hier fiel ihm auf, dass egal wo er hinsah, diese für ihn grässliche Farbe ›Violett‹ das Monopol dieser kleinen Fee zu sein schien. »Ich bin Lola«, sagte sie leise, »aber alle nennen mich Violetta.« Eine Erklärung dafür erübrigt sich wohl.«

Schüchtern bat sie ihn um seine Kleider. »Ich habe gesehen, was sie mit dir gemacht haben. Perry dieser Ochse, ist mein Onkel. Ich wohne seit …«, Violettas Auge füllten sich mit Tränen und sie verstummte. Er versuchte, diese endlose Traurigkeit in ihren Augen zu ergründen. Doch alles, was sie sagte, war: »Komm jetzt, ich habe dir ein Bad eingelassen, mach dich frisch während ich versuche, deine Kleider in Ordnung zu bringen.« Belustigt fragte er sich, wo diese kleine Fee denn ein Badezimmer hatte, und sah sich noch einmal in diesem Zimmer um. Hinter einem, na klar wiederum violetten, Vorhang, vernahm er das Tropfen eines Wasserhahnes. Er ging darauf zu und öffnete diesen Vorhang. Zum Vorschein kam eine zuckersüße Badewanne auf vier goldenen Beinchen. Das Äußere der Wanne war mit violetten Pfingstrosen bemalt. Er war baff. Lächelnd ließ er sich das warme, duftende Badewasser gleiten. So begann die Liebesgeschichte zwischen diesen beiden unterschiedlichen Menschen. Natürlich holte er sich seine kleine Fee Violetta in sein Penthouse über der Stadt, und natürlich wurde aus dem ängstlichen Mäuschen eine wunderschöne, junge Frau. Schließlich liebte er dieses zarte Geschöpf über alle Maßen, wie er noch niemals zuvor geliebt hatte. Doch ihr Geheimnis, das sie ihm nie verraten hatte, lag nun da unten mit ihr und dem violetten Amethyst in diesem Brunnenschacht. Tot, ausgelöscht, dunkel, kalt und feucht, wie das Zimmer, in dem er sie lieben lernte. Er kam zu sich, straffte seine Schultern und sagte mit fester Stimme. »Meine kleine, zarte, zerbrechliche Violetta, niemals werde ich ohne dich leben können. Ich möchte für immer bei dir sein. Wir werden gemeinsam am anderen Ufer ein neues Leben beginnen. Hörst du!«, rief er in den stillen Schacht hinunter. »Mein kleiner violetter Engel, ich möchte zu dir kommen, Gott stehe mir bei!« Er hob sich mit einem Satz auf den Rand des Brunnens und sah zu dem zerschmetterten Körper seiner kleinen, violetten Fee hinunter. Doch eh er sich entschloss zu springen, sah er, wie sich ein leuchtender violetter Strahl aus ihren Händen löste und langsam zu ihm hinauf glitt. Er hörte die sanften Gesänge von Engeln und Feen, begleitet von dem leisen Schluchzen tausender Harfen und Geigen. Das violette Licht kreiste um ihn herum. Er hielt sich an der Halterung fest, die einst für das sichere Schöpfen des Wassers dort angebracht worden war. Dann vernahm er ihre Stimme. »Tu es nicht, mein Geliebter, mein Weg war niemals dein Ziel. Für einen kleinen Augenblick meines Lebens durfte ich durch dich eine Liebe spüren, die

nicht von dieser Welt war. Ich schenkte dir mein Herz, mein Leben, mein Alles. Hab Dank für all deine Liebe. Doch geh´ nun deinen Weg, der dir bestimmt ist. Dort, wo ich bin, ist mein Sehnen, meine einst verlorene Liebe, mein viel zu kurzes Leben. Ich habe nun gefunden, was mein Herz so sehr ersehnte. Lass mich los, Geliebter, ich bin glücklich. Vergiss deine kleine Fee Violetta nicht. Ich werde über dich wachen, bis auch deine Zeit gekommen ist. Am anderen Ufer erwarte ich dich. Nimm den violetten Amethyst, bewahre ihn gut auf, er wird dich immer an mich erinnern.« Er wollte das nicht hören und hielt beide Hände an seine Ohren. »Violetta nein, sag mir, was um Himmels willen hat es auf sich mit diesem verdammten Stein? Ich hätte ihn dir nicht schenken dürfen. Sag mir, bitte, welches Geheimnis hast du vor mir verborgen? Wenn du mir keine Antwort darauf gibst, dann springe ich.« In diesem Moment verebbte der Gesang und Blitz und Donner zerriss diese unheimliche Szenerie. Er kam zu sich, sah sich um, doch nichts war so, wie er noch eben dachte. Er saß in ihrem kleinen violetten Zimmer und weinte, als sich plötzlich eine mit Pfingstrosen bemalte Kachel von der Wand löste. Dahinter verbarg sich eine Art von Tresor, dessen Tür sich wie von Geisterhand öffnete. Der violette Amethyst leuchtete darin und wies seinen Blick auf das darin liegende Buch mit violettem Einband. Langsam nahm er es an sich. Legte sich auf Violettas Bett und begann zu lesen.
Erschüttert über den Inhalt des Buches, mit Violettas Handschrift, fiel er in einen unruhigen Schlaf. Am nächsten Morgen ging er so, als hätte es Violetta niemals gegeben seinem ungewissen Leben entgegen.

Das Medaillon

Evelyn Kühne

Rebecca öffnete ihren Laden, so wie jeden Morgen. Er lag ein wenig versteckt, daher kamen auch keine Touristenströme bei ihr vorbei, aber die Miete war wesentlich günstiger als vorne in erster Lage.

Schon ihr Vater hatte dieses kleine Geschäft gehabt und sie war stolz, dass er es vor einiger Zeit an sie übergeben hatte. Wie oft war sie mit ihrem Vater über Flohmärkte gestreift, hatte sich bei Haushaltsauflösungen durch endlosen Plunder gewühlt, nur um dieses eine Stück zu entdecken, welches von Wert war und sich gut verkaufen ließ.

Mit der Zeit entwickelte sie diesen besonderen Blick, den man brauchte. Ihr Spezialgebiet war alter Schmuck und mit viel Liebe restaurierte sie alte Stücke.

Die meisten ihrer Kunden kamen seit vielen Jahren zu ihr. Es waren Sammler, die sich auf die unterschiedlichsten Dinge spezialisiert hatten. Trotzdem war sie weit davon entfernt, reich zu sein und viel Geld zu verdienen. Manchmal träumte sie davon, wie es wohl wäre, reich zu sein. Dann wäre sicher alles viel leichter.

Vorne ertönte die Ladenklingel und gab einen zarten Ton von sich, der bis zu ihr nach hinten in die kleine Werkstatt hallte.

Sie eilte nach vorn und sah vor der Ladentafel eine ältere Frau stehen. Sie ging schon ein wenig gebückt, zitterte, ihr schien es nicht gut zu gehen. Trotzdem kam sie ihr seltsam vertraut vor. Rebecca kramte in ihrem Gedächtnis, konnte sich aber einfach nicht daran erinnern, wo sie dieser Kundin schon einmal begegnet war.

»Hallo, guten Morgen, wie kann ich Ihnen helfen?«, begrüßte Rebecca die Kundin.

Die Frau nickte ihr unsicher zu. »Guten Morgen. Sagen Sie, kaufen Sie auch Dinge an? Ich meine, kann ich Ihnen etwas verkaufen?«

»Natürlich.« Doch Rebecca musste ihre Aussage einschränken. »Es kommt immer darauf an, um was es sich handelt. Und natürlich wie ihre preislichen Vorstellungen sind.«

Ihre Kundin langte in ihre Tasche und holte eine kleine, flache Schatulle hervor. Diese schob sie zu ihr herüber. »Das möchte ich verkaufen, dieses Schmuckstück.«

Langsam öffnete Rebecca den Deckel und erblickte auf einer samtigen Auskleidung einen silbernen Anhänger. Sie schaltete die Lampe an ihrem Ladentisch an und nahm das Schmuckstück aus seiner Aussparung.

Kleine silberne Blätter und Ranken wanden sich um einen großen violetten Stein, der in der Mitte saß. Der Anhänger war sicher schon sehr alt, doch das Material strahlte, als wäre er gestern hergestellt worden. Der Stein in der Mitte hatte eine unglaubliche Leuchtkraft und zog sie fast magisch an. Es handelte sich um einen Amethyst, aber in einem so intensiven Violettton, wie sie ihn noch nie gesehen hatte.

Die alte Frau umklammerte ihre Tasche und sah sie fast ängstlich an. »Und, was sagen Sie, würden Sie ihn kaufen? Ich möchte gar nicht so viel Geld dafür, ich möchte ihn nur …, also ich möchte, dass er in andere Hände kommt.«

Rebecca atmete tief durch und nannte einen Preis, er war unverschämt niedrig und sie wusste das. Aber lieber ein wenig niedriger einsteigen und sich dann den Kundenwünschen annähern, das hatte ihr Vater schon immer gesagt.

Zu ihrem Erstaunen ging die Frau sofort auf das Angebot ein, sie machte nicht den kleinsten Versuch, zu handeln.

Also ging sie nach hinten, holte das Geld aus dem Tresor und zahlte es der alten Frau aus.

Diese steckte es ein und wollte den Laden gerade verlassen, als sie sich an der Tür noch einmal umdrehte. »Ach, unter der Samtausschlagung des Kästchens ist ein Spruch eingraviert. Die Käuferin sollte ihn unbedingt lesen, sagen Sie das bitte, es ist wichtig.«

Rebecca nickte und ging mit ihrem neu erworbenen Schatz nach hinten. Vor dem großen Spiegel legte sie die Kette an, das Medaillon schmiegte sich an sie, der violette Stein ruhte, wie für sie gemacht, auf ihrem Schlüsselbein. Seltsame Gefühle durchströmten sie, Freude war dabei, aber auch ein wenig Angst.

Da dachte sie an die hölzerne Schachtel und entfernte den samtigen Stoff. Auf dem Boden des Kästchens erspürte sie mit ihren Fingern Unebenheiten. Die eingravierte Schrift war so winzig klein, dass sie sie mit bloßem Auge nicht erkennen konnte. An ihrem Arbeitsplatz hatte sie eine starke beleuchtete Lupe und mit dieser schaffte sie es schließlich, die Worte zu entziffern.

Glück, Wohlstand, Schönheit sind zehn Jahre dein Begleiter,
danach gib das Schmuckstück schnell weiter.
Tust du es nicht, schwindet dein Leben dahin.
Nichts macht dann für dich mehr Sinn.

Das waren rätselhafte Zeilen, mit denen sie nicht viel anfangen konnte. Rebecca trat wieder vor ihren Spiegel und betrachtete sich. Doch ihr Entschluss stand schon fest, sie würde den Schmuck nicht verkaufen, das violette Medaillon behielt sie für sich selbst.

Am nächsten Morgen platzte Nachbarin Rosie in ihren Laden, sie war vom schnellen Laufen ganz atemlos. »Rebecca, hast du es schon gehört? In der Fußgängerzone ist ein riesiger Schaden an der Kanalisation aufgetreten. Die müssen alles sperren und dreimal darfst du raten, wo alle Leute langgeleitet werden? Durch unsere Gasse, ich hab gleich mehr Blumen geordert.« Und schon war sie wieder verschwunden.

Rebecca hängte einen Zettel ins Schaufenster, das musste sie sich selbst ansehen. Absperrbänder hielten die Leute zurück, von der Ferne erkannte sie nur einen riesigen Krater. Es schien, als hätte sich die Erde aufgetan.

Ab diesem Moment änderte sich alles. Sie konnte sich vor Kunden nicht mehr retten, die Menschen rannten ihr förmlich den Laden ein. Es lief so gut, dass sie, als der Schaden eines Tages wieder behoben war, ein großes Geschäft in bester Lage mieten konnte. Und nach zwei Jahren eröffnete sie in der Nachbarstadt ihre erste Filiale, stellte Verkäuferinnen ein. Ihre Freundinnen sahen sie bewundernd an, noch nie hatte sie so gut ausgesehen. Sie war voller Tatendrang und besaß Energie ohne Ende. Alles, was sie anpackte, gelang ihr. Wenn sie auf einer Auktion ein bestimmtes Stück ins Auge gefasst hatte, bekam sie es, egal, was die anderen machten. Und eines Tages bekam sie auch den Mann ihrer Träume, David. Ihr Leben war perfekt.

Überall, wo sie auftauchte, bewunderten die Menschen fasziniert ihr Schmuckstück und betrachteten versunken den violetten Stein.

Eines Tages saß sie in ihrer Werkstatt und räumte ihren Schreibtisch auf. Da fiel ihr eine kleine hölzerne Schachtel in die Hände, die Schatulle des Medaillons. Rebecca öffnete sie und schaltete ihre Lupe ein. Langsam entzifferte sie die Zeilen. Konnte es sein, war es möglich, dass all ihr Glück mit diesem Schmuckstück zu tun haben sollte? Unmöglich, das gab es nur im Reich der Fantasie und sie war schließlich ein realistischer Mensch, sie hatte einfach auch einmal Glück gehabt. Sie packte die Schachtel wieder in den Schuber und schloss diesen mit einem Knall.

Die Zeit verging, mittlerweile besaß sie drei Geschäfte und musste nicht mehr jeden Tag an der Werkbank stehen oder über Trödelmärkte streifen. Wie jeden Morgen schminkte sie sich vor ihrem Spiegel, ihr Blick fiel auf den Anhänger. Das Silber war dunkel, fast schwarz. Gleich im Geschäft angekommen, begann sie es zu polieren. Diese alltägliche Arbeit, fiel ihr heute schwer. Ihre Arme schmerzten und sie beschloss am Mittag, nach Hause zu fahren, und sich hinzulegen. Sie fühlte sich, als ob sie eine Grippe bekäme. Doch am

nächsten Tag war es nicht besser.
»Du siehst einfach furchtbar aus«, stellte David fest und schleppte sie zum Arzt, doch dieser konnte nichts feststellen. Jeden Tag wurde sie schwächer, nur noch mit Mühe kam sie bis zu ihrem Laden.
Gerade, als sie bei einem Besuch nach hinten gehen wollte, betrat ein Ehepaar das Geschäft. Sofort eilte ihre Angestellte zu den Leuten. Die Frau blickte sich suchend um, dann fiel ihr Blick auf Rebeccas Medaillon. »Oh, das ist traumhaft, verkaufen sie das?« Doch sie lehnte ab, der Schmuck war unverkäuflich, so sehr die Kunden auch bettelten. Die Frau sah sie flehend an, fast schon eindringlich, doch ein Verkauf kam für sie nicht in Frage.
Von Tag zu Tag ging es ihr schlechter. Eines Tages kam sie von einem Arztbesuch nach Hause und fand einen Zettel von David vor, er hatte sie verlassen. Er konnte ihren Verfall nicht mehr ertragen. Schluchzend lief sie ins Badezimmer und betrachtete sich. Sie sah mittlerweile wie eine alte Frau aus, knochig traten ihre Schultern hervor. Das violette Medaillon wirkte viel zu groß für sie, das Silber war schon wieder schwarz, sie musste es fast täglich putzen. Komisch, früher musste sie es nie putzen, jahrelang hatte sie es nicht geputzt.
Jahrelang – bei diesem Wort durchzuckte sie plötzlich ein Gedanke. Schwach und erschöpft fuhr sie in ihren Laden, stürzte zu ihrem Schreibtisch und durchwühlte den Schuber. Ganz hinten lag die kleine Schatulle, unschuldig, so als wäre nichts. Rebecca las die wenigen Zeilen, zehn Jahre, wann hatte sie den Schmuck eigentlich bekommen?
Vor zehn Jahren war sie mit ihrem Geschäft umgezogen, also war der Schmuck schon länger in ihrem Besitz. Schwindet dein Leben dahin – ihr Leben schwand dahin. Wenn es so weiterging, würde sie bald sterben.
Hastig streifte sie die Kette ab und legte den Schmuck in die Schachtel. Dann packte sie ihn nach vorn in die Auslage, die neugierigen Blicke ihrer Verkäuferin ignorierte sie. Doch der

Schmuck ließ sich nicht verkaufen, niemand wollte ihn und ihr ging es immer schlechter.

Sie ging hinunter an den großen Fluss und warf ihn hinein. Langsam trudelte der violette Stein zu Boden. Als sie nach Hause kam, lag auf dem Küchentisch eine kleine hölzerne Schachtel. Als sie sie öffnete, schrie sie, den das Medaillon lag darin, als wäre nichts gewesen.

Am nächsten Morgen, als sie gerade wieder von einem vergeblichen Arztbesuch kam, entdeckte sie in einer Seitengasse einen kleinen Laden. Sie war so erschöpft, dass sie eigentlich gar nicht wusste, wo sie sich genau befand. Sie las nur die Aufschrift Antiquitäten. Bei ihrem Eintreten läutete dezent eine Klingel und eine Frau, jung, gesund und lächelnd, kam von hinten hervor. »Hallo, guten Morgen, kann ich Ihnen helfen?«

Rebecca holte aus ihrer Tasche die Schatulle, »Guten Morgen, sagen Sie, kaufen Sie auch Dinge an. Ich meine, kann ich Ihnen etwas verkaufen?«

Die junge Frau hinter dem Ladentisch betrachtete den violetten Stein, Rebecca sah das Aufleuchten in ihren Augen und da wusste sie, dass ihr Gegenüber verloren hatte.

Gevatter trägt Violett

Illona Penna

»Aus und vorbei!« Ich stand vor dem Gericht und konnte noch immer nicht fassen, dass meine Ehe über den Jordan gegangen war und endete. Mein Ex lächelte süffisant, als er an mir vorbeiging. An der Hand hielt er ein dümmlich grinsendes Etwas, das man nicht so richtig definieren konnte. Während die Beiden sich köstlich zu amüsieren schienen, überlegte ich mir eine Bezeichnung für sein künstliches Silicon- und Botox-Püppchen. »Genau!«, entfuhr es mir etwas zu laut. Ein »Wolpertinger«. Mehrere Fratzen zierten ihr Gesicht. Eine stach besonders aus dem selbigen hervor. Bart Simpson vielleicht? Oder nein, doch - genau jetzt wusste ich´s, sie sah aus wie Gollum aus Herr der Ringe. Nachdem ich nun endlich wusste, wer oder besser, - w a s - der Grund meiner Scheidung war, bekam ich erst recht das heulende Elend. Ich sah keine Perspektive mehr. Für wen sollte ich noch leben? So fasste ich den Entschluss, meiner nun folgenden Einsamkeit zu entfliehen und besorgte mir die stärksten Schlaftabletten, die es gab. Diese Nacht wollte ich sterben. Wie gesagt, ich wollte, denn was nun folgte, glaubt mir kein Mensch. Durch meine Sehnsucht nach dem Tode verbrachte ich eine Nacht mit dem Sensenmann.

Nachdem ich mit Engelszungen und Tränenschwallen auf meinen Apotheker einredete, mir die Tabletten zu geben, ging ich anschließend in ein Weingeschäft und kaufte mir eine Kiste des teuersten Rotweines und anschließend ein Meer meiner Lieblingsblumen, der violetten Anemonen. Zu Hause angekommen, legte ich die Musik meiner Ehe-Vergangenheit auf, um dem Schmerz noch etwas mehr Raum zu verleihen, und zog das violette Negligé an, das mir mein ab heute Exmann zum letzten Hochzeitstag geschenkt hatte. Ich schluchzte mit der Musik um die Wette, während ich mein Bett feierlich schmückte. Die Blüten der violetten Anemonen streute ich rotzschniefend auf die Decke und das Kissen, worauf ich meinen letzten Atemzug genießen wollte. Die violetten Kerzen gaben diesem Anlass eine feierliche Note. Ich war bereit. Die erste Flasche des teuren Weines ließ all die Ängste und Zweifel, das Richtige zu tun, im Nirwana der geistigen Unzurechnungsfähigkeit verschwinden. Nach der zweiten Flasche hatte sich mein Mut, ES zu tun, schon mit dem Tod angefreundet. Als die erste Packung des Schlafmittels sich in weißen Flöckchen mit dem Wein verband, saß plötzlich Gevatter Tod an meinem Bett und forderte mich auf, endlich dieses Glas leerzutrinken, er hätte ja schließlich nicht alle Zeit der Welt.

Da ich nicht mehr so ganz Herr meiner Sinne war, fand ich sein Anliegen sehr belustigend.

»Wie wäre es, wenn du dich erst einmal vorstellst, wenn du schon das Schlafzimmer einer Dame betrittst«, sagte ich zu ihm. »Bist du in einem Heim für Schwererziehbare aufgewachsen, dass du keinen Respekt vor der Intimsphäre einer Frau hast?« Anscheinend hatte Gevatter nicht mit einer solchen Reaktion gerechnet und erhob sich blitzartig von meinem Bett. Unsicher blickte er auf mich herunter und kratzte sich schüchtern mit der Sense an seinem … Bart? Nein natürlich nicht, dann eher an seinem Kieferknochen? Ja schon besser.

Als er sich wieder gefasst hatte, meinte er dann doch etwas wütend: »Du wagst es, mich zu rufen, dich zu holen, und sträubst dich, in meinen Armen zu liegen?« Ich kicherte etwas dümmlich. »Kannst du mir mal verraten, wann das gewesen sein sollte? Wann genau haben wir zwei beiden denn schon mal Schweine gehütet, dass du so etwas Unverschämtes behauptest, hä?« Gevatter Tod war sichtlich verärgert. So lud ich ihn erst einmal auf ein Glas Rotwein ein und versprach ihm, mich zu bessern. »Glaubst du, das wird meinen Seelenbeutel nicht füllen? Ich habe, außer dir, noch drei Seelen zu holen. Bin eh schon viel zu spät. Der alte Schankwirt wartet seit einer Stunde auf mich. Er meint, dass es eine Erlösung für ihn wäre, wenn ich ihn hole. So kann er seiner Keifkrücke nach 40 Jahren Ehe - Hölle entkommen. Nun mach schon und trink dein Gebräu.«

»Nur ein Glas«, sagte ich zu ihm, »du möchtest mir doch nicht meinen letzten Wunsch abschlagen? So einen edlen Tropfen bekommst du nie wieder. Dann verspreche ich dir auch, ganz brav mein Glas auszutrinken.«

Gevatter Tod legte seine Sense beiseite, nahm das Glas und leerte es in einem Zug. Er musste über Jahrzehnte keinen Alkohol mehr getrunken haben, denn seine nichtvorhandenen Augen, rollten sich sehr lustig in den Höhlen. »Na ja«, meinte er, auf den Geschmack gekommen, »ein Glas geht noch, auf einem Bein kann man keine Seelen sammeln«, und lachte, dass ihm die Kapuze seines Capes vom kahlen Schädel rutschte. Ich konnte mich nicht halten, kräftig mitzulachen. Die dritte Flasche war bereits geleert. Gevatter Tod erzählte mir einen Schwank aus der Zeit, als er das erste Mal eine Seele geholt hatte. Dann bemerkte er erst, dass sein Schädel nicht mehr bedeckt war. Ich griff in meinen Nachtschrank, holte ein violettes Seidentuch heraus und band es ihm um den Kopf. »Ach wie niedlich Gevatter, ich denke, so wirst du mehr Seelen holen als mit diesem schwarzen, unmodernen Mantel. Der hat doch bestimmt schon bessere Tage gesehen.«

»Meinst du«?, fragte er ungläubig. »Ja ganz bestimmt, glaub mir das mal«. Da hatte ich noch eine Idee, die selbst den stärksten Tod aus der Kutte warf.

Ich schlüpfte aus dem Bett und zog mein violettes Negligé sowie meine violette Spitzenunterwäsche kurzerhand aus, befahl ihm aufzustehen und sich seiner Kutte ebenso zu entledigen. Gevatter schwanke, sein Skelett begann zu klappern. Ich glaube nicht nur aus dem Grund, dass er zu viel Wein getrunken hatte, sondern weil ich splitternackt vor ihm stand. »Aha, dachte ich bei mir, er ist also auch nur ein Mann.« Ich half ihm, die violette Unterwäsche anzuziehen und ebenso das violette Negligé. »Teufel nochmal,» entfuhr es ihm und er drehte sich zur Musik. »So werden selbst die Herren der Schöpfung freiwillig in mein Säcklein hüpfen.«

»Da habe ich noch etwas für dich«, sagte ich zu ihm und huschte zum Kleiderschrank. Ich nahm einen Beutel aus violetter Seide heraus und reichte ihn ihm. Verdutzt sah er von dem Beutel zu mir und wieder zurück. Ich erklärte ihm, dass dieser Beutel doch besser zu seinen neuen Kleidern passen würde und sich sicherlich somit mehr Seelen holen lassen als mit seinem verschlissenen Seelenbeutel. »Na dann Prost«, meinte er, griff nach dem Glas auf dem Nachttisch und trank es in einem Zug leer. »Nun muss ich aber gehen, sonst wird das nichts mehr heute Nacht. Wie ich sehe, hast du dich sowieso gegen meinen Seelenbeutel entschieden, doch eines Tages werde ich dich holen.« Er streichelte mir noch über die Wangen und verschwand schwankend in die Nacht. Ich stand am Fenster und sah ihm nach. Ich hörte noch seinen lauten Gesang. »Ich bin die Violetta, und bin schon lange tot, ich hol´ mir jetzt die Seelen, noch vor dem Morgenrot!«

Der Wein hatte mich müde gemacht. Ich schlief tief und fest, bis zum nächsten Morgen. Als ich erwachte, sah ich, dass das Glas mit dem Schlafmittel leer auf dem Nachttisch stand. In der Presse war zwei Tage später zu lesen. »Skelettierte Leiche im Stadtpark aufgefunden. Man vermute, dass es sich um eine Frau handelt, da sie mit einem violetten Negligé bekleidet war.« Entsetzt musste ich erkennen, dass ich den Tod umgebracht hatte.

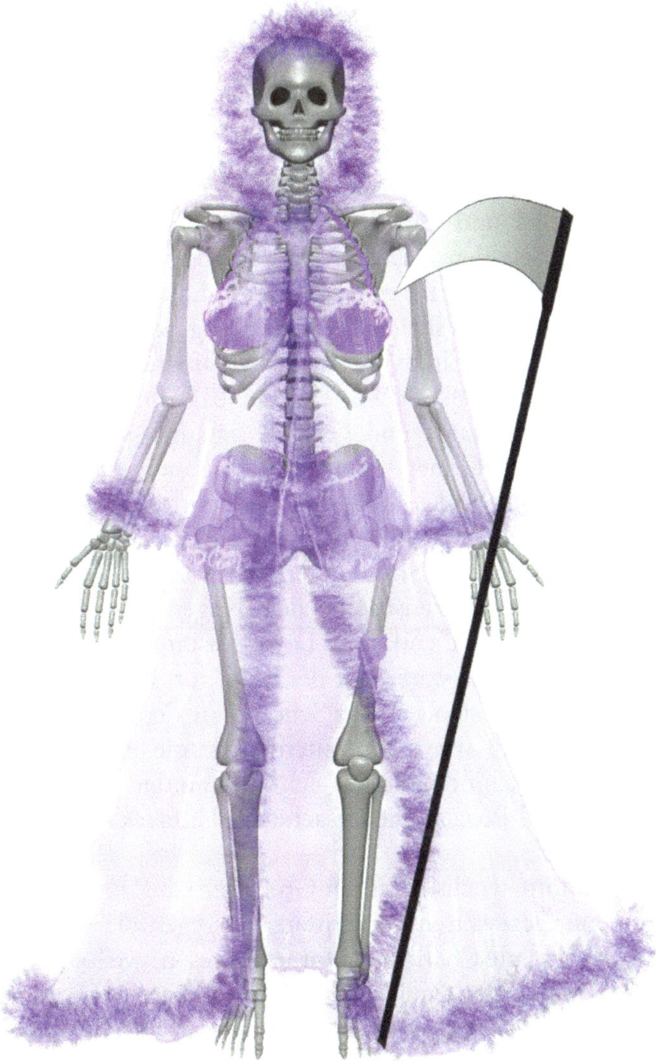

Charlotte

Leopold Fröhlich

Charlotte stand vor dem Spiegel und kämmte ihre pechschwarzen Haare, die ihr weit über die Schultern gingen. Heute war es soweit, das wusste sie. Sie spürte es direkt. Die junge Frau setzte sich in den bequemen Lederstuhl ihres Zimmers und dachte über die letzten Jahre ihres Lebens nach. Seit dem mysteriösen Autounfall vor mehr als zehn Jahren, bei dem ihre Eltern ums Leben gekommen waren, machte sich in ihr eine Veränderung bemerkbar. Damals, als sie mit ihren Eltern von einer Familienfeier nach Hause fuhr, überschlug sich der Wagen scheinbar ohne Grund. Sie saß im Fond des Autos und vertrieb sich mit Lesen die Zeit, als plötzlich auf einer schnurgeraden Landstraße der Unfall geschah. Sie hat die Geräusche des splitternden Glases und des sich verbiegenden Bleches noch immer in den Ohren. Erst nachdem wieder Stille eingetreten war, konnte sie durch eine gebrochene Seitenscheibe den Wagen unverletzt und ohne eine Schramme verlassen. Doch für ihre Eltern kam jede Hilfe zu spät. Sie waren auf der Stelle tot. Regungslos und ohne Emotionen stand sie im Schock vor dem Wrack. Sie blickte verstört auf ihre toten Eltern. Erst die nachfolgenden Verkehrsteilnehmer nahmen sich ihrer an und verständigten Rettung und Polizei. Die Ursache des Unfalles konnte nie geklärt werden.

Charlotte wuchs bei ihren Großeltern auf. Es war nicht leicht, denn diese waren von Anfang an gegen die Beziehung ihres Sohnes mit Charlottes Mutter gewesen, weil sie sie für sonderbar hielten. Paul, also Charlottes Vater, ließ sich aber nicht davon abhalten, Dragana zu heiraten. Dragana übte auf Pauls Eltern immer eine unheimliche Wirkung aus. Manchmal hatten sie den Eindruck, dass Pauls Frau nicht von dieser Welt war. Seit diesem Zeitpunkt schien es für die Großeltern, als ob sich die Eigenschaften Draganas auf das Mädchen über-

trugen. Während all der Jahre wurde Charlotte ihrer Mutter immer ähnlicher. Mit großer Sorge beobachteten Pauls Eltern das Heranwachsen des Mädchens.
In ihrer Schulzeit fristete Charlotte ein Außenseiterdasein. Obwohl sie eine gute Schülerin war, mieden sie ihre Schulkollegen. Durch ihr außergewöhnliches Auftreten … sie trug oft violette Kleidung … und ihre besonderen Gabe, denn wenn sie sich konzentrierte, färbten sich ihre Pupillen violett, reagierten ihre Klassenkameraden mit Abscheu. Auch ihren Lehren fiel es immer schwerer, mit dem Mädchen in Kontakt zu treten. Das wiederum hatte zu Folge, dass sie sehr wenig bis gar nicht aufgerufen wurde. Prüfungen wurden auf das Allernotwendigste beschränkt.
In der Pubertät veränderte sich auch ihr Körper. Nicht nur, dass er mehr und mehr weibliche Formen annahm, sondern auch ihre Haut einen leichten purpurnen Schimmer erhielt. Nun ging auch ihre Großmutter, die sie sonst sehr liebevoll umsorgt hatte, mehr auf Distanz. Zum einen wollte das Mädchen gerne alleine sein, zum anderen fürchtete sich die Großmutter vor ihrer Enkelin. Mit ihrem Großvater hatte sie schon seit längerem keinen Kontakt mehr. So verlor Charlotte die letzten sozialen Beziehungen.
Langsam machten sich bei ihr weitere Fähigkeiten bemerkbar. Wenn sie ausgewählte Gegenstände intensiv betrachtete, färbten sie sich violett. Das machte sie sich zu Nutze und färbte ihre gesamte Kleidung violett. Noch ahnte Charlotte nicht, welches Ausmaß ihre Veränderungen annahmen, doch sie spürte, dass sie sich weiterentwickelte. Ihr Aussehen, besonders ihre Gesichtszüge gestalteten sich dämonischer. Ihre Augen weiteten sich, ihr Kinn formte sich spitz zulaufend und ihre lila Hautfarbe intensivierte sich. Jetzt war es an der Zeit, ihr teuflisches Treiben in der Öffentlichkeit zu zeigen.
Charlotte erhob sich aus ihrem Stuhl, um sich für ihr Vorhaben vorzubereiten. In ihrem figurbetonten Sportanzug stand sie vor dem Spiegel und betrachtete ihre Eleganz. Mit Grazie

umhüllte sie ihren Körper mit dem purpurfarbenen Kapuzenumhang, welchen sie unter dem Hals mit einer violetten Spange verschloss. Ein letzter Blick in den Spiegel bestätigte ihr, dass sie sich nun für ihren öffentlichen Auftritt perfekt gestylt hatte. Passend zu ihrem Umhang wählte das Mädchen lila Sneakers. Sie verließ das Haus und ihre Schritte lenkten sie zum kunsthistorischen Museum. Der Wind spielte mit ihren langen Haaren, die teilweise ihr Gesicht verdeckten. So erreichte sie unauffällig ihr Ziel. Beim Lösen des Tickets drehte sie den Kopf zur Seite, damit der Verkäufer ihre violette Gesichtsfarbe nicht sehen konnte. Zuerst schlenderte sie langsam durch die Ausstellung. Bald aber galt ihr Interesse den Gemälden, wobei sie ein besonderes suchte. Sie schritt durch die Räume und blieb immer wieder vor einem der Bilder stehen, um es zu betrachten. Da wenige Besucher im Museum waren, konnte sie sich ruhig die Exponate ansehen. Vor einem sehr großen Bild machte sie halt und wusste sofort, dass es genau das richtige für ihr Vorhaben war. Es zeigte einen stolzen Reiter, der auf einem schwarzen Ross saß. Jetzt war ihre Zeit gekommen, um ihre schwarzmagischen Fähigkeiten zu präsentieren. Voller Konzentration starrte sie auf das Aquarell. Ihre Pupillen färbten sich purpur und dies übertrug sich sogleich auf das Objekt an der Wand.
Die Farben des Bildes verloren an Intensität, Violetttöne beherrschten nun das Gemälde. Gebannt beobachtete Charlotte das Geschehen. Ihr Blick wurde noch intensiver, bis sich auf einmal der Boden unter dem Pferd wölbte. Das Reittier kam zu Sturz, der Reiter fiel zu Boden und brach sich das Genick. Sie hatte ihr teuflisches Können zur Perfektion entwickelt. Sie wusste, wozu sie nun in Stande war, und würde dies auch jederzeit einsetzen.
Die wenigen Museumsbesucher, die das Schauspiel mitbekommen hatten, waren starr vor Entsetzen. Charlotte drehte sich um und verließ mit einer gewissen Gelassenheit den Raum.

Violett

wie die Liebe

Gewittersommer

Angelika Groß

Das strahlende Violett vom Vortag war in eine Wand von schwarzen Wolken gewechselt. Der Wind trieb sie mit stürmischen Böen vor sich her. Die Luft war heiß und stickig, jede Bewegung bedeutete eine schweißtreibende Anstrengung. Überall eilten Menschen mit halb gesenktem Kopf durch die Straßen nach Hause. An der Straßenecke flatterte eine zerfetzte Zeitung über den Boden, spinnenzarte Staubfontänen wirbelten feinen Sand und zerbröseltes Laub auf, was die Augen schmerzhaft brennen ließ.

Ein Gewitter bahnte sich an. Mit so einem Wetter war nicht zu spaßen. Niemand sollte mehr auf der Straße sein, sondern sich eher in Sicherheit bringen.

Wie in jedem Jahr schälten sich die Stämme der alten Platanen, sie ächzten im Wind.

Nein, es war kein Wetter für einen Spaziergang und dennoch trieb es einige Menschen aus sehr unterschiedlichen Gründen hinaus. Sie mussten noch schnell etwas im Supermarkt einkaufen, zum Metzger oder holten ihre Kinder vom nahegelegenen Spielplatz nach Hause, bevor das Unwetter losging.

Aus einem Hauseingang trat eine mehr unscheinbare Frau und schaute sich ängstlich um, als wenn sie etwas zu verbergen hätte, ging dann aber zögernd ein paar Schritte auf den Gehsteig hinaus.

Mit einem grellen Blitz und tosendem Donner brach genau in diesem Augenblick das Unwetter los. Erschrocken flüchtete sich die Frau in den nächsten Hauseingang. Sie holte ihr Handy aus der Tasche und tippte eine Nummer ein.

»Ja, ich komme … bin unterwegs,« flüsterte sie.

Plötzlich goss es, als wenn jemand das Geplante nicht zulassen wollte. Eine innere Stimme flüsterte: »Geh wieder heim, es ist unrecht, was du da tust. Geh, noch ist es Zeit oder du wirst es ein Leben lang bereuen.«

Zweifel nagten an ihr, was sollte sie bloß machen?
Ellen war nicht mehr jung, aber auch noch nicht alt.
Was spielte das für eine Rolle?
Eigentlich keine.
Oder doch?
Was bewog sie, alles für ein paar Momente aufs Spiel zu setzen.
Welche Momente?
Des Glücks?
Der Zweisamkeit?
Oder der Tränen?
Alles war offen.
Sie war seit Monaten in der Zwickmühle.
Was würde geschehen, wenn es wirklich zu diesem Treffen kam?
War sie dem gewachsen?
Dass sie es wollte, stand außer Frage.
Sie hatte sich fest vorgenommen, einmal eine verbotene Frucht gekostet zu haben, bevor sie sterben würde.
Heute war dieser Tag.
Das Unwetter wirkte wie ein Omen für sie.
Vielleicht zum Guten - wer wusste das schon?
Dass es für sie ein besonderer Tag war, bewies sich schon an ihrem eisernen Willen, dieses Treffen wahrzumachen. So eine Gelegenheit würde nie wieder kommen, das war ihr durchaus klar.
Diese Gedanken gingen ihr immer wieder durch den Kopf.
Was war schlimmer - eine gebotene Chance zu verschenken und ihr dann im restlichen Leben hinterher zu weinen - oder es jetzt einfach zu wagen?
Sie hatte nichts mehr zu verlieren.
Nach rechts und links schauend bewegte sie sich mit schnellen Schritten von einem Hauseingang zum anderen. In weiser Voraussicht hatte sie sich mit einem großen Schirm bewaffnet, der ihr jetzt aber wenig nutzte. Der Regen peitschte ihr

von allen Seiten ins Gesicht. Nach wenigen Minuten war sie bis auf die Haut durchnässt.
Sie zuckte zusammen, sobald es wieder blitzte und donnerte, und schaute ängstlich zum Himmel. Die Platanenallee war nicht mehr weit, dort wollten sie sich treffen.
Ihr Handy klingelte.
Aufgeregt nahm sie es in die Hand und lauschte.
»Ich habe die Allee erreicht … wo steckst du jetzt?«
»Keine Ahnung, ich kenne mich in eurer Stadt nicht aus. Am besten beschreib ich dir, wo ich jetzt stehe, und du sagst mir, welche Straße ich dann entlang fahren muss.«
»Ja, du bist schon ganz in meiner Nähe«, flüstere Ellen.
Sie beschrieb ihrem Geheimnis des Lebens den Weg zum Glück.
Da er aus einem weit entfernten Bundesland angereist war, mit einem ihr fremden Dialekt sprach, kamen sie nur mühsam mit der Wegbeschreibung voran.
Inzwischen war Ellen durch die Allee geeilt. In der angrenzenden Straße befand sich ein elegantes Geschäftshaus. Im Eingang suchte sie wieder Schutz vor dem prasselnden Regen und vor neugierigen Blicken. Dass sie bis auf die Haut nass war, machte ihr nichts aus. Der Regen war warm, außerdem war sie viel zu aufgeregt und zitterte deswegen am ganzen Körper. Sie schlüpfte aus ihren schwarzen Ballerinas und trat in die kleinen Pfützen, die sich um sie herumbildeten. Ihr Top aus schwarzer Seide klebte ihr am Körper und der Rock auf den Hüften. Sie war zwar nicht mehr jung, fühlte sich aber in diesem Moment wie ein Teenager, verliebt und sorgenfrei, mit Schmetterlingen im Bauch und glücklich.
Wieder klingelte das Handy: »Ich kann dich sehen … du tanzt vor dem Eingang eines Geschäftes herum … Ich bin gleich da.«
Mit einem Lachen legte Georg auf.
Nicht ihr Ehemann; Georg, ihr Geheimnis.
Schnell zog sie ihre Schuhe wieder an und sah im selben

Moment ein Auto auf sich zufahren.
Da war er.
Der Fremde - und doch so vertraute Mensch.
Ellen musste lachen, sein Dialekt wirkte auf sie zu komisch.
Beim Einsteigen wollte Georg sie küssen.
»Mach keinen Blödsinn … hier wohnt eine Bekannte von mir … sieh zu, dass wir hier wegkommen …«
Ziemlich perplex fuhr Georg los.
Ellen duckte sich hinter das Armaturenbrett, sie fing an zu schwitzen. Die Angst saß ihr wie ein Teufel im Nacken, ließ sie noch mehr zittern. Jetzt wäre sie doch lieber zu Hause geblieben.
Zu spät, sie saß in der selbst gestellten Falle.
»Was ist los … warum darf ich dich nicht küssen?«
»Fahr … fahr … mach kein Theater. Hier wohnen überall Menschen, die ich kenne.«
Schneller, als ihr lieb war, kamen sie an einem großen Hotel an.
Georg war durch seine Montagearbeit an Hotels gewöhnt. Ellen war das weitgehend fremd. Ihr schoss durch den Kopf, dass da überall Menschen arbeiteten, sie womöglich anstarrten und dachten, was will die Alte mit dem Kerl im Hotel? Ihr wurde ganz schwummerig im Magen und sie fragte Georg, was er darüber dachte.
»Ach, Quatsch, ich habe das Zimmer schon gestern gebucht. So wie ich es immer mache, wenn ich unterwegs bin. Hier schert sich keiner um den anderen. Du brauchst keine Angst zu haben.«
Na gut, dachte Ellen, aber er soll vorausgehen, sonst schaut er mir auf den Hintern, das will ich nicht.
›Nach meinen Spielregeln … wie immer die auch aussehen mögen …!‹ Ellens Gedanken rasten und suchten nach einer Art Leitfaden, was sie tun und wie sie vorgehen wollten. Aber sie besaß keine Vorgaben, denn die Situation war ihr völlig fremd, sie konnte auf keinerlei eigene Erfahrung zurückgreifen.

›Schritt … für Schritt … mal sehen, wohin uns das führt …‹
Also schob sie Georg vor sich her zur Treppe und dann ins Zimmer.
Ellen ließ sich auf den nächstbesten Stuhl fallen und atmete tief durch. Erst einmal die Fassung wiederfinden und bloß nicht die Kontrolle verlieren. Das Zittern ließ nun langsam nach. Wie ein sechzehnjähriger Teenager wusste Ellen nicht, was sie jetzt tun sollte.
Sie dachte nur: ›Ich schau ihn erstmal nicht an … sonst werde ich rot … und er hält mich … für eine dumme Gans. Na, irgendwie bin ich wohl auch eine … Ich wollte ihn doch treffen … und nun?‹
Ellen überlegte, ob sie die Gardinen besser zuziehen sollte, damit sie niemand sah.
Lichtdichte Rollläden wären noch besser gewesen - oder vielleicht sogar die Fenster zumauern.
Georg erkannte, was in ihr vorging.
Er nahm sanft ihre Hand und zog Ellen auf seinen Schoß. Für einen langen Augenblick schloss er sie beruhigend in seine Arme - dann drängte er sie sanft, ihm ihr Gesicht zuzuwenden. Mit seinen Lippen streichelte er ganz zart die ihren. Ellen schmolz dahin, - so etwas kannte sie bisher nicht.
›Wie eine Jungfrau …‹ dachte sie.
Vor dem geöffneten Fenster rauschte leise der Regen, ein Szenario wie aus einem Kinofilm.
›Was mach ich bloß … was soll ich jetzt tun? Wie machen die das immer … im Film?‹ Ellen versuchte, einen klaren Gedanken zu fassen, was ihr aber nur unzureichend gelang. Sie wusste nur eines, sie musste Regie führen, sie musste die Regeln aufstellen - das hatte sie noch nie im Leben gemacht.
›Das ist meine Chance … das ist mein Film … das ist meine Realität … Nein, das ist nicht die Realität …‹ Ellen stritt mit sich selbst ›… doch, irgendwie … ist es meine Realität … Was mach ich bloß? Ich muss klarmachen, wo es langgeht …‹
So etwas hatte sie noch nie getan, sie ließ mit sich machen.

›Ich muss tun … was ich will … Aber was will ich? Will ich Georg? Ich will Georg … glaube ich zumindest … Nein, da bin ich sicher … ich will Georg … glaube ich zumindest … aber nach meinen Regeln.‹
Das war eine Herausforderung für Ellen, wie sie sie noch nie erlebt hatte.
›Ja, das ist es …‹ Ellen hätte jubeln mögen. ›Ich bin gar nicht hier … ich bin das gar nicht … das ist meine Schwester … meine unbekannte Zwillingsschwester …‹, sie schmunzelte über die Cleverness der eigenen Gedanken, › … mein unbekanntes Ich … Das macht das alles … das ist hier, ich nicht … das kennt ja sonst keiner … das kann mich nicht verraten … ist total verschwiegen … eine tolle Komplizin … ich … ich werde ihr … ganz leise … zuflüstern, was … was sie machen soll … ich führe hier Regie … das ist mein Film.‹
Damit war sie sauber aus der Affäre raus, niemand konnte sie verantwortlich machen, alles war nur eine Inszenierung, eine unwirkliche Realität, ein Film, mit ihr als Hauptdarstellerin und einem männlichen Nebendarsteller, Georg - für den Inhalt war sie nicht verantwortlich. Sie konnte machen, was sie wollte, was ihre Fantasie hergab.
Georg wollte sie auf das Bett drängen, das brachte sie laut zum Lachen.
»Nein … nicht so … erst mal sich in Ruhe anschauen … und ich beginne …«
Erstaunt ließ sich Georg aufs Bett ziehen, legte sich hin.
Ellen zögerte und setzte sich dann auf ihn, - so etwas hatte sie noch nie zuvor getan. Sie fühlte sich herrlich unmoralisch.
»Da schaust du … jetzt mach ich … was ich will.«
Sie zögerte erneut und dachte nach.
›Wie machen das die Frauen … in den Filmen?‹
Ellen war so aufgeregt, dass ihr im Moment kein Bild vor Augen kam. Sie sah Georg an, er sah sie an, sie folgte nur ihrem Gefühl.
Als sie die ersten Knöpfe von seinem Hemd öffnete, zitterten

ihre Hände - aber tatsächlich, sie konnte es kaum glauben, sie übernahm die Führung, sie führte Regie.

›Warum sind ausgerechnet jetzt … die Knopflöcher so klein … scheiß kleine Knöpfe … kaum zu fassen …‹

Mit zittrigen Händen entblößte sie seine Brust. Bis zum Bauchnabel war alles mit leicht ergrautem, lockigem Kraushaar bedeckt.

›Ob es ihn kitzelt … wenn ich ihn … berühre …?‹ Verunsichert und unruhig suchte Ellen nach einer Fortsetzung ihres Films, was sollte sie jetzt tun? ›… oder mag er das gar nicht …?‹

Für eine Sekunde überlegte sie, ihre Sitzhaltung auf ihm aufzugeben, tat es aber dann doch nicht, überlegte erneut, wusste nicht weiter, bewegte sich unsicher hin und her - Georg stöhnte leise.

»Hab ich dir … wehgetan … bin ich zu schwer … soll ich … runtergehen …?«

»Nein, nein … es ist nichts … mach weiter …«

Er ließ den Satz offen, um sie nicht noch mehr zu verunsichern.

Um ihn zu entlasten, verlagerte Ellen ihre Haltung auf die Knie, - eine fantastische Lösung. Jetzt hatte sie vor sich selbst eine gute Rechtfertigung, warum sie dabei vorsichtig über die Haare auf seiner Brust streichelte.

»Das fühlt sich … richtig gut an …«

Es machte ihr Spaß zu sehen, dass Georg das Gesicht verzog und sogar leise stöhnte.

›Warum eigentlich … so schwer … bin ich doch nicht … hatte er doch eben selbst gesagt …‹

Im Film beschwerten sich die Männer nie über das Gewicht der Frauen.

Ihr Mann zog auch so ein Gesicht, wenn ihm irgendetwas nicht passte, wenn sie irgendetwas tat, was er nicht wollte. Das bedeutete meistens Streit.

»Bist du sauer … wenn ich jetzt … von dir runtersteige?«

Hatte sie das wirklich gesagt? Sie konnte es nicht glauben, was für ein herrlich unmoralisches Wort: runtersteigen. So sprachen nur Männer, die immer bestimmten, wo es lang ging, was zu geschehen hatte.
Aber – sie war es gewesen, die das gesagt hatte.
Und es gefiel ihr.
»Ich will das nicht … dass du sauer bist … verstehst du?«
Mit einem Mal schlug die Stimmung um - Klappe, die Szene war abgedreht, im Kasten, aber kein schöner Moment.
Georg schlug die Augen auf und sah Ellen erstaunt an.
»Warum sollte ich sauer sein … vertraust du mir denn so wenig …?«
»Nein … nein … aber du … du hattest so einen merkwürdigen … Gesichtsausdruck … den kenne ich … von meinem Mann … Wenn er den hat … ist er sauer … dann fällt er über mich her … und das ist … kein Spaß …«
Ellen senkte errötend den Kopf. Es ärgerte sie, dass sie die Stimmung verdorben hatte - aber sie vertraute Georg nicht vollkommen. Dabei lag es nicht an ihm, sondern an den schlechten Erfahrungen mit ihrem Mann.
Sie schämte sich dafür.
»Hör mal … schau mich bitte an …« Georg suchte ihren Blick, sprach ganz ruhig und gelassen. »Du kannst nichts dafür … ich weiß … wie es dir ergangen ist … es macht mich … unheimlich wütend … wenn Männer mit ihren Frauen so … so schlecht umgehen …«, Georg suchte nach den richtigen Worten und fand sie auch, scheinbar völlig mühelos, »schämst du dich etwa … für ihn … Tu das nicht … dein Mann ist … ist ein Egoist … und ein Schwein …«
Ellen schluckte, es war ihr unangenehm, so mit der Wahrheit konfrontiert zu werden. Wie sollte sie jetzt reagieren?
Wieder folgte sie nur ihrem Gefühl, ganz intuitiv, sie wusste gar nicht, dass sie das konnte - sie ließ sich nach vorn auf Georg fallen. Er nahm sie in die Arme und wiegte sie wie ein Kind. Ihre unglückliche Lebensgeschichte war ihm bekannt.

Niemals hätte er mit ihr eine Affäre angefangen, wenn sie glücklich gewesen wäre.
Er kam selbst aus einer unglücklichen Ehe, geschrumpft von einer Liebe zu einer Zweckgemeinschaft. Durch puren Zufall lernten sie sich kennen, Georg und Ellen, zwei Menschen, die Halt aneinander suchten.
Der heutige Tag, diese erste Begegnung, sollte die Krönung ihrer bisherigen, geheimen Vertrautheit werden. Doch die eigene Vergangenheit holte sie beide selbst jetzt wieder ein.
Seufzend drückte Georg Ellen fester an sich.
»Ja, du hast recht …«, sie konnte das nicht leugnen, »es ist nicht … meine Schuld … aber sag mir bitte … wenn dir irgendwas … nicht passt. Ich kann … ich will das nicht ertragen … wenn du etwas nur duldest … was du aber eigentlich … gar nicht willst …«
Georg lachte, hob sie wieder auf seinen Bauch, aber diesmal so, dass sie keinen unnötigen Druck auf seine Lenden ausübte. Sie schien nicht wirklich zu wissen, wie unangenehm das für einen Mann war, wenn sie unbedacht auf ihm hin und her rutschte.
›Hmm … er will weitermachen …‹, Ellen wollte das auch, und das ließ sie innerlich laut lachen und sichtbar lächeln, ›also … also jetzt … das Hemd ausziehen … verdammt … das geht nicht … das ist gar nicht so leicht … im Film geht das immer … ganz problemlos …‹ Sie zog und zerrte, nichts bewegte sich.
»Ellen … ich zieh mir das Hemd aus …«
»Na gut …«, Ellen lachte leise, Klappe – neue Szene, es geht weiter, »aber dann … steckst du deine Hände … unter deinen Hintern … ich möchte nicht … dass du dich rührst …«
Georg tat schmunzelnd, was Ellen wollte.
Durch seine gekräuselten Haare sah seine Brust so dunkel aus, wie ein Vlies. Genießerisch strich Ellen darüber.
»Das fühlt sich wunderbar an …«
Langsam senkte sie ihren Kopf, küsste das Haar und strich

mit der Zungenspitze darüber. Sie berührte seine Brustwarzen … verwundert probierte sie es noch einmal. ›Faszinierend … er reagiert auf meine Zärtlichkeiten ... ich habe die Macht … über einen Mann … wundervoll …‹
»Ellen … Ellen … bitte … ich halte …«
Sie verschloss seinen Mund mit einem Kuss.
›anscheinend ist das gut … wenn er nur nicht so komische Laute von sich geben würde … Kriegt er keine Luft …? Das ist so kompliziert … im Film sieht das immer so … einfach aus … da waren auch nie … Nasen im Weg … die ist aber auch sehr groß … haben Schauspieler nur Stupsnasen? … wenn Brad Pitt eine Frau küsst, ist seine Nase nie im Weg … mal sehen, ob ich das auch so hinbekomme.‹
Georg schob sie ein kleines Stück von sich.
»Ellen … ich möchte etwas von dir sehen … Ich mag deine Brüste …«
»Ich auch …«, dachte Ellen lächelnd, »sehr sogar … sie haben noch keine Falten und Dellen … wie mein Hintern …«
»Finger weg … lass mich machen …«
Grinsend schob sie Georgs Hände wieder unter seinen Hintern. Dabei beugte sie sich vor und bemerkte nicht, dass sich ihre linke Brust unmittelbar vor seinem Mund bewegte. Georg ließ sich nicht zweimal einladen und küsste ihre Brustwarze.
Ellen stockte der Atem.
›Das ist … ja Klasse … richtig schön …‹, sie sog heftig die Luft durch die Nase und konnte nicht verhindern, dass sie leise seufzte und stöhnte.
Nun wollte auch sie nichts länger hinauszögern.
›Keine Zweifel mehr … jetzt … kein Film mehr …‹
Georg versuchte, sich eines Hosenbeines zu entledigen, was ihm nicht wirklich gelingen wollte. Beide zappelten ziemlich ungeschickt herum.
›Egal … ganz egal … spielt keine Rolle …‹ Am liebsten hätte Ellen laut gelacht, aber das traute sie sich dann doch nicht.

›… Ich schäme mich jetzt nicht … nein … ich bin, wie ich bin …‹

Endlich waren sie beide völlig nackt und schauten sich eine Weile ungeniert an.

»Komm, komm zu mir …,« flüsterte Ellen, ein wunderbares Gefühl durchströmte sie.

Regentropfen trommelten an das Fenster, leise bewegte der Wind die Gardinen.

›Das ist kein Film …‹

Ellen hatte das Gefühl, dass der ganze Raum vor Erotik knisterte.

So etwas hatte sie noch nie erlebt.

Leider.

Aber das war schön.

Nein, das war großartig.

Nein, das war klasse, - das war erste Klasse, - das war einmalig.

So etwas wollte sie wieder, immer wieder, dachte sie, jeden Tag, jede Stunde, immer wieder.

Sie gingen beide auf die Reise in ein unbekanntes Land, auf die Reise zu sich selbst.

Vollkommen vergessend, wo sie war, fühlte sich Ellen als geliebter Mensch und Frau, der Himmel violett gefärbt.

Sein erstes Veilchen

Michael Schönberg

Mal wieder kam er zu spät zum Unterricht. In diesem Monat war es schon das dritte Mal. Nun war ihm ein Eintrag in das Klassenbuch sicher.

Als er das Schulgebäude betrat, lief vor ihm Julia die Treppe hinauf.

»Hallo Julia, auch den Bus verpasst?«

»Nee, verschlafen.«

Und schon war sie nach links abgebogen, um zu ihrem Klassenzimmer zu kommen.

Julia war in der Parallelklasse von Jonathan. 10 B.

Schon lange hatte er mit ihr mal sprechen wollen. Doch es hatte sich einfach keine Gelegenheit ergeben.

In den Pausen war sie fast immer mit ihren Freundinnen zusammen. Er natürlich mit seinen Freunden, die etwas Basketball spielten. Allerdings machte es ihm nicht wirklich Freude, sich so zu betätigen.

Ihm wäre etwas Ruhe und Besinnlichkeit lieber gewesen.

Doch ausgrenzen wollte er sich auch nicht.

Julia mochte es eigentlich gar nicht, dass sie immer mit den Mädels zusammenhocken musste. Immer ging es um die neuen Fernsehhelden, Rockstars oder um die neuesten Trends.

Nein, Julia interessierte sich mehr für die Malerei. Doch wann immer sie den kleinen Block herausholte, um etwas zu zeichnen, waren die anderen da und verhöhnten sie. Irgendwann gab sie auf und ließ den Block im Klassenzimmer. Sie prägte sich das ein oder andere Bild ein und skizzierte es zu Hause aus dem Gedächtnis.

Da waren Skizzen vom Schulhof, vom Schulgebäude und auch von den kleinen Ereignissen, die es immer wieder gab.

Sie malte aber auch Porträts von den einzelnen Mitschülern.

Es war an einem Montag, als Jonathan es noch gerade so geschafft hatte, pünktlich an der Pforte der Schule zu erscheinen. Im gleichen Moment betrat Julia das Gebäude.
»Guten Morgen, Jonathan, na, das ist doch heute mal ein schöner Wochenbeginn. Schau mal auf die Uhr, wir sind pünktlich.«
»Ja, ich habe mir einen zweiten Wecker zugelegt und heute hat der zum ersten, nee, als zweites geklingelt.«
»Das ist ja lustig, das Gleiche habe ich auch gemacht. Und wie du siehst, hat es auch bei mir geholfen. Nun aber los, sonst sind wir doch noch zu spät.«
Schon nahm sie die nächsten Stufen in einem etwas schnelleren Schritt. Auch er hastete ihr nun hinterher, und so erreichten sie die Klassenzimmer, bevor die Türen geschlossen wurden.
Jonathan schaute sich Julia in den Pausen des Öfteren an.
Sie gefiel ihm und er glaubte, auch sie schaute hier und da mal zu ihm rüber.
Zu einem Gespräch kam es aber nie.
Klar, man grüßte sich, das war es aber auch schon.
Julia war ein eher schüchternes Mädchen und deshalb auch etwas zurückhaltend mit Aktionen. Als ihre Mitschülerinnen nach und nach aber ihre Freunde hatten, wollte auch sie nicht nachstehen und ließ sich mit Gerd ein.
Eigentlich nicht so ihr Typ. Etwas aufdringlich und in der Schule sicherlich keiner der Besten. Eher einer der Schlechtesten. Sprüche ja, Wissen nein.
Julia war eine gute Schülerin. Allerdings nicht gerade eine Schönheit. Schlank war sie, ja, eigentlich sogar etwas dürr. Und so sahen ihre Beine eher aus wie Stelzen, mit denen sie so daher stolzierte. Ihre Oberweite war nur mäßig ausgeprägt, und nur mit ihren langen schwarzen Haaren konnte sie dies nicht ausmerzen.
So war sie eigentlich froh, dass sich überhaupt jemand für sie interessierte.

Nun, dass es nur Gerd war, der ihr etwas Aufmerksamkeit schenkte, betrübte sie zwar, aber so war sie wenigstens mit in der Clique, die sich nach der Schule mal im Bistro, in der Eisdiele oder am kleinen Baggersee traf.
Nach und nach wurde Gerd etwas zudringlicher. Julia hatte überhaupt noch keine Überlegungen angestellt, was man denn so mit einem Freund alles anstellt.
Sie hatte sehr wohl mitbekommen, dass die eine oder andere Mitschülerin sich damit brüstete, »es« gemacht zu haben.
»Was gemacht hatte?«, fragte sie sich am Anfang. Doch dann bekam sie bei einem Besuch an einem Baggerloch mit, wie sich Britta, ihrer Klassen- und Schultischnachbarin kurz verzog und etwas ungeordnet wieder erschien.
Einige applaudierten den beiden, worauf Britta rot anlief.
Aber nun wusste Julia Bescheid.
»Sie machen es wie die Erwachsenen.«
Das war ihr jetzt klar. Und nun verstand sie auch, was Gerd von ihr wollte, wenn er sie streichelte, und das in einem Bereich, wo doch eigentlich nicht viel war.
Julia schaffte es aber immer, ihn davon abzuhalten, wenn es ihr zu heftig wurde.

Jonathan hatte gesehen, wie sich Gerd und Julia nach der Schule küssten.
Warum tat es ihm weh, wenn er das sah?
Er wusste es nicht, nur, dass er sich gewünscht hätte, dass Julia ihn küssen sollte und nicht diesen ungebildeten Gerd.
Doch so oft er sich das auch wünschte, so oft sah er genau das Gegenteil.

Das Frühjahr war dann auch bald vorbei und es gab mal wieder Zeugnisse.
Julia ärgerte sich über eine Drei in Sport. Obwohl sie sich da von einer Vier vom Vorjahr verbessert hatte. In Kunst war eine Eins mehr als gerecht. Ihr Lehrer hätte ihr da auch gerne

eine Eins plus ins Zeugnis geschrieben, das war aber nicht möglich. Insgesamt hatte sie einen Notendurchschnitt von zwei.

Auch Jonathan war etwas unglücklich mit einer Note.

Auch er bekam in Sport nur eine Drei. Sein Talent lag eher in Deutsch, Kunst und Geschichte. Der Muse war er eher zugetan als den körperlichen Bewegungen.

Den Sport auf dem Schulhof machte er ja nur mit, weil er sich nicht ausgrenzen wollte.

Gerds Zeugnis sah alles andere als gut aus. Mathe fünf, Deutsch fünf und in den anderen Fächern kam er nicht über eine Vier hinaus. Lediglich in Sport hatte er eine Eins.

So schaffte er gerade noch die Versetzung.

Nun waren Schulferien angesagt und man wusste, dass man sich wohl eine Zeit lang nicht sehen würde. Viele fuhren oder flogen in Urlaub.

Nicht so Jonathan. Seine Eltern hatten einen kleinen Garten, und dort wurde dann auch der Urlaub verbracht. Klein, aber idyllisch. Er kannte es ja gar nicht anders.

Julia flog auch nicht in die Ferne. Sie hatte ihren Vater schon sehr früh verloren, und so lebten sie und ihre Mutter eher bescheiden und machten es sich auf ihrem kleinen Balkon gemütlich. Da sie den Balkon zum Innenhof hatten, waren sie abgeschirmt von Verkehr, Lärm und Umwelt. Hier wurde gegrillt, gesonnt und vor allem gemalt. Julia saß hier stundenlang und malte ihre gesammelten Eindrücke und Erinnerungen. Auch Jonathan war auf einem ihrer Bilder zu sehen.

Eigenartigerweise hatte sie von Gerd noch kein Bild gemalt.

An einem Samstag trafen sich alle ›Daheimgebliebenen‹, also alle, die nicht verreist waren oder noch verreisen wollten, an dem besagten Baggerloch.

Gerd hatte sich für heute vorgenommen, es mit Julia zu

machen. Seine Freunde hatten ihn schon zum wiederholten Male damit gehänselt, dass er wohl nicht in der Lage wäre, sie rumzukriegen, oder dass er wohl gar nicht könnte.
Julia hatte sich etwas luftig angezogen. Ein schönes Sommerkleid und dazu einen kleinen Strohhut. So fuhr sie mit dem Fahrrad zum See. In ihrem kleinen Korb, den sie an ihrem Lenker hatte, befanden sich einige Grillwürstchen.
Jeder sollte etwas mitbringen, so wurde ihnen mitgeteilt. Die Mutter hatte auch Brot gebacken. So war sie mit geringem Budget doch gut gerüstet, um an diesem Treffen teilzunehmen.
Als sie erschien, hatten schon einige ihre Mitbringsel auf dem mitgebrachten Tapeziertisch ausgestellt. So hatte sich Gerd aus den Kosten herausgehalten. Tisch mitbringen, aber sonst alles den anderen überlassen, war sein Motto.
Der Grill hatte schon gute Glut und die mitgebrachten Würstchen von Julia fanden denn auch schnell dort ihren Platz. Natürlich gab es Maiskolben, Paprika und von Lars, dem Sohn vom Metzger des Ortes, ein paar Koteletts und Bauchspeck. Für die Bierdosen hatte Frederik gesorgt. Sein Vater hatte einen kleinen Kiosk, und so kam man an die Dinge, die ja noch nicht erlaubt waren.
Ein mitgebrachtes Radio mit Kassettendeck sorgte für die entsprechende Unterhaltung.
Etwas verspätet traf Jonathan am Grillplatz ein. Allerdings nicht so spät, dass er nicht noch ein Grillwürstchen von Julia verzehren konnte.
»Na, schmeckt dir die Wurst?«, fragte sie ihn.
»Gut, danke. Möchtest du einen Schluck von meiner selbstgemachten Limonade haben? Ist auch schön kalt.«
Ohne die Antwort von Julia abzuwarten, hatte er seine Kühlbox geöffnet und dort einen Becher und eine Flasche hervorgeholt. In einer Plastikwasserflasche hatte er dort seine rötliche Limonade abgefüllt.
»Ist aus Kirschen, Himbeere und Zitrone«, sagte er noch, als

er ihr den Becher füllte.
Julia nahm den Becher und trank einen kleinen Schluck davon.
»Lecker, aber wirklich, die ist gut«, sagte sie und trank den Becher dann auch leer.
»Möchtest du …«, weiter kam er nicht. Denn da war Gerd aufgetaucht und hatte Julia am Arm gezogen.
»Komm, wir gehen etwas spazieren. Sicherlich besser als dieses Geschwätz mit so einem Schwächling.«
Julia schaffte es gerade noch, den leeren Becher in die Box zu werfen, bevor sie vollends weggezogen wurde.
Jonathan sah, wie Julia in das nahegelegene Wäldchen mit Gerd verschwand. Er sah auch, dass es Julia gar nicht so recht war mit dem, was da passierte.
Jonathan aß sein Würstchen nun etwas schneller auf und folgte den beiden bis an den Rand des Wäldchens.
Dort setzte er sich auf den Rasen und lauschte.
Nicht, dass er hören wollte, wie sich die beiden vergnügten. Nein, er hatte so eine Ahnung, dass jemand gleich Hilfe benötigte.
Kaum dass er dort saß, hörte er auch Worte, und die gefielen ihm überhaupt nicht.
Er hörte Julia, die darum bat, noch zu warten, sie wäre noch nicht so weit.
Er hörte aber auch ihn, der etwas lauter wurde und ihr mitteilte, nun wohl schon drei Monate darauf zu warten, dass sie es mit ihm macht und dass seine Geduld nun ein Ende hätte.
Dann hörte er Julia etwas flehend sagen: »Bitte nicht, bitte nicht. Du tust mir weh. Lass es bitte.«
»Hör auf, die Zicke zu spielen. Du willst es doch auch. Und du wirst sehen, danach bist du glücklich, es gemacht zu haben.«
»Nein, bitte nicht, lass mich los, ich will das nicht!«
»Jetzt ist es aber genug mit der Abwehr. Ich verstehe ja, dass du so tun musst, als wehrst du dich, aber jetzt ist es gut, und zieh endlich deine Unterhose aus oder ich reiße sie dir vom Leib.«

Jonathan hatte genug gehört. Er stand auf und ging mit schnellen Schritten ins Wäldchen, in Richtung der Stimmen. Wohl gerade noch rechtzeitig, denn er sah, dass Gerd sich auf Julia gesetzt hatte, ihre Arme mit einer Hand festhielt und mit der anderen versuchte, ihren Slip herunterzuziehen. Er selbst hatte sich unten schon frei gemacht ….
Jonathan stürzte sich auf Gerd und stieß ihn von Julia herunter. Sie stand sofort auf und zog ihren Slip wieder vollständig an.
Gerd, der von dem Überfall völlig überrascht wurde, fasste sich nun und richtete sich auf.
Er sah Jonathan, lachte und ging auf ihn zu. Sofort schlug er zu. Wieder und wieder.
Jonathan taumelte, aber er wich nicht zurück. Er ging wieder nach vorne und schlug auf Gerd ein. Doch der lachte immer noch und holte nun erneut aus.
Mit der Faust traf er nun Jonathans linkes Auge, das sofort anschwoll.
Julia, die sofort zurückgewichen war, stellte sich nun vor Jonathan und schrie.
»Hilfe, Hilfe, bitte kommt, er bringt ihn sonst um!«
Die Leute vom Fest hörten die Hilferufe von Julia und stürmten ihr zu Hilfe. Zwei, drei Jungs waren allerdings nötig, um Gerd von seinen Schlägen gegen Jonathan abzuhalten.
Endlich hatten sie ihn auf dem Boden und seine Arme auf dem Rücken verschränkt. Zwei Jungen hatten sich auf seine Beine und seinen Rücken gesetzt. Ein weiterer hatte seinen Gürtel vom Hosenbund abgenommen und damit seine Hände gefesselt.
»Julia, was war los? Was ist passiert?«
Julia hatte aber kein Ohr für irgendjemand oder -etwas.
Sie war bei Jonathan und hatte von ihrem Kleid einen Streifen Stoff abgerissen und hielt so die Wunde am Auge etwas bedeckt.
»Holt Eis aus der Box von Jonathan. Sie steht neben dem

Grill. Schnell!«
Das war es, was sie wollte. Etwas kannte sie sich aus mit Prellungen.
Oft war sie gefallen oder hatte sich gestoßen.
»Stießel« hatte ihr Vater sie deshalb schon hier und da mal zugerufen.
Nun kam Jonathan ihr Stießel - Dasein zu Gute.
Mittlerweile waren alle, die an dem kleinen Fest teilnahmen, um sie versammelt.
»Was ist denn passiert?«, fragte eine der Anwesenden.
»Soviel ich weiß, hat Jonathan den Gerd angegriffen. Ich glaube, der ist eifersüchtig auf Gerd, wegen Julia,« glaubte ein anderer zu wissen.
Doch nun meldete sich Julia zu Wort:
»Wenn Jonathan nicht gekommen wäre, dann hätte Gerd mich vergewaltigt. Und wer weiß was sonst noch mit mir gemacht. Bitte ruft die Polizei.«
In der Zwischenzeit hatte jemand das Eis aus der Box geholt. Julia nahm ihren Stofffetzen und wickelte darin das Eis ein. Dann legte sie es Jonathan auf das geschwollene Auge. Es war so sehr geschwollen, dass er auf diesem Auge nichts mehr sehen konnte. Die Schwellung war blutunterlaufen und sah schon sehr gefährlich aus.
»Wir rufen auch einen Krankenwagen. Das sieht nicht gut aus. Das muss dringendst behandelt werden.«
Wer das gesagt hatte, bekamen weder Julia noch Jonathan mit, doch beide dachten sich, dass es sicherlich die richtige Entscheidung war.
Schon nach kurzer Zeit waren die Polizei und auch der Krankenwagen vor Ort.
Nach kurzer Besprechung nahmen die Polizisten den Übeltäter mit und Jonathan wurde ins Krankenhaus gebracht.
Während der Fahrt hielt Julia seine Hand und streichelte ihrem Retter immer wieder übers Haar.
Auch in den nächsten zwei Tagen, an denen sich Jonathan in

der Klinik befand, saß sie an seinem Bett.
Die Schwellung an seinem Auge war etwas zurückgegangen, dafür hatte sich die Farbe von tiefem Rot in ein Violett verwandelt, was er dann wohl auch noch lange so behalten würde.
Sie berichtete, dass Gerd eine Nacht auf der Wache verbringen musste und die informierte Schulleitung ihn vorläufig von der Schule verwiesen hatte. Eine endgültige Entscheidung würde erst zwei Wochen nach den Ferien fallen. Udo, sein bester Freund, sollte ihm bis dahin die Hausaufgaben nach Hause bringen, und so konnte er, wenn er denn wollte, sich auch am Unterricht beteiligen. Viel Hoffnung, dass Gerd dieses Angebot annehmen würde, hatte die Schulleitung aber nicht.
Am zweiten Tag in der Klinik hatte Julia schon einige Neuigkeiten für Jonathan:
»Mein Vater war bei den Eltern von Gerd und hat ihnen gesagt, dass sie den Gerd anzeigen werden. Da soll auch festgelegt werden, dass der Gerd sich mir nicht mehr nähern darf. Sonst gäbe es eine weitere Anzeige. Was machen deine Eltern?«
»Die Eltern von Gerd sind rechtschaffene Leute, sagen meine Eltern, und konnten die Reaktion von ihrem Sohn überhaupt nicht nachvollziehen. Trotzdem haben auch meine Eltern Anzeige erstattet. Sonst wird er es wohl nie lernen, sich im Zaum zu halten, wenn es mal nicht so läuft, wie er es gerne hätte.«
»Deine Schulkameraden sind alle sehr stolz auf dich. Du, das Weichei, gegen den Gerd. Da sagen jetzt alle, du, der Mutige gegen das Arschloch Gerd.
Sie haben recht. Wenn du mir nicht geholfen hättest, wer weiß, was der mit mir alles gemacht hätte. Aber du warst ja da, und ich bin so froh, dass du gekommen bist.«
Während sie das sagte, streichelte sie nicht nur seine Hand, sondern küsste ihn auch auf die Wange.

»Liebe Julia, ich konnte doch gar nicht anders, als dir zu Hilfe zu kommen. Sonst wäre ich nicht ich. Recht muss Recht bleiben. Und wenn ein Mensch in Not ist, dann muss man helfen.«

»Hast du nur zufällig am Waldrand gesessen oder aus Absicht?«

»Nun, sagen wir mal so, ich glaube von beidem etwas. Aber mehr aus Angst, dass er dir was antut, da ich mitbekommen habe, wie unangenehm es dir war, dass er dich in den Wald zog.«

Nun richtete Julia sich etwas auf und küsste ihn erneut. Nun aber auf den Mund.

Mit Freude nahm er das zur Kenntnis und dachte so bei sich: »Manchmal muss man eben ein Auge für die Liebe riskieren, auch wenn es danach die violette Farbe eines Veilchens hat.«

Violett

wie im Märchen

Sunyva

~ Am Anfang aller Schatten~

Artur Belja

Die Nacht war fast zu Ende. Mariana hatte ihren Unterschlupf im dichten Vell Gestrüpp aufgeschlagen. Der Vell Strauch blühte gerade. Seine violetten Blütentrauben schützten sie und so ließ sie die Hütte mit der seltsamen Frau nicht aus den Augen. Wer war sie? Woher kannte sie Marianas Plan?

Das Baby quengelte.

Mariana lauschte.

Die Frau stimmte ein sanftes Lied an. Das Baby beruhigte sich. Die unbekannte Frau trat vor die Hütte.

»Ich habe auf dich gewartet!«

Eine bekannte Stimme ließ Mariana aufhorchen.

Die Frau schloss die Tür zur Hütte.

»Was willst du hier?«, rief die Frau.

Mariana war entsetzt. Was wollte Temulin von ihr?

*

»Bist du dir sicher?«

»Ja, Vater, das bin ich. Ich werde das Königreich nicht in Gefahr bringen», sagte Sunyva.

Sunyvas Vater hatte keinen Ausweg mehr. Er musste seine Tochter dem Schutz der Traumwächter übergeben.

»Mala wartet. Ich sollte aufbrechen«, meinte die Regenbogenprinzessin.

»Noch einen kleinen Augenblick«, erwiderte König Syvon und ging zu seiner Tochter. Die beiden schauten sich tief in die Augen. »Hier, nimm das. Es gehörte deiner Mutter und soll dich beschützen.« Der Regenbogenkönig drückte seiner Tochter ein Amulett in die Hand. Hastig legte es sich Sunyva um. Die beiden umarmten sich ein letztes Mal und so eilte Sunyva zu Mala, die im Hof auf sie wartete. Die Traumwächterin war von unzähligen, in allen Farben leuchtenden Lichtwesen umgeben.

»Wir können aufbrechen!«, rief Sunyva der Traumwächterin zu.

»Wie hat er es aufgenommen?«, fragte Mala.

»Ich sollte ihn nicht verlassen müssen. Ich hoffe nur, dass er jetzt in Sicherheit ist.«

Die Lichtwesen blockierten den Weg. Einige von Sunyvas treuesten Getreuen lösten sich vom Hauptschwarm ab und schwirrten um ihre Prinzessin herum.

»Ihr könnt nicht mit mir kommen«, erklärte Sunyva. Doch die Lichtwesen ließen sich nicht abschütteln.

König Syvon beobachtete das Geschehen von der Terrasse aus.

»Sie wollen mitkommen, Vater!«

»Dann lass sie!«, meinte König Syvon. Was Sunyva nicht wusste, war, dass ihr Vater selbst seine treusten Getreuen damit beauftragt hatte, seine Tochter zu begleiten und zu beschützen.

»Lasst uns gehen!«, meinte Mala und schritt voran. Der Hauptschwarm der Lichtwesen spaltete sich in alle Richtungen, als ob tausend Schmetterlinge umherschwirrten. Sunyva hob im Vorbeigehen eine Wolkenblume auf und steckte sie in ihre Tasche.

Die Gruppe entfernte sich immer mehr vom Schloss, bis es kaum mehr etwas zu erkennen war.

»Wir sind gleich da!«, erklärte Mala.

Sunyvas Aufregung stieg. Der Moment war gekommen, sie würde gleich das Regenbogenreich verlassen. Und jetzt war es soweit. Man hörte schon das Grollen des verkehrt fließenden Wasserfalls.

»So, stell dich hin und nicht vergessen: Halt deine Augen geschlossen, damit du keine Angst hast«, sagte Mala und sprang mit einem Satz in den Wassernebel des Wasserfalls hinein. Es war, als ob sie fliegen konnte. Der Wassernebel trug sie und

Sunyva vom Wasserfall weg und senkte die zwei langsam zu Boden. Aus der Höhe sahen die zwei eine riesige Wüste, an die ein Wald grenzte, in dessen Mitte eine seltsame weiße Kuppel lag. Je weiter die zwei sich dem Boden näherten, desto wärmer wurde es. Sunyva war erstaunt, sodass sie jegliche Angst vergessen hatte. Sie blickte in den Himmel und konnte mittlerweile nicht mehr genau ausmachen, wo das Schloss ihres Vaters lag. Die Landung war sanft und Sunyva stand das erste Mal in ihrem Leben auf Sand.
»Komm, wir müssen Richtung Wald« meinte Mala.

*

»Hast du mich etwa vergessen?«, rief Temulin.
»Ich dachte, wir hätten alles geklärt!«, meinte die Frau mit ernster Stimme.
»Das haben wir. Und jetzt musst du mir noch ein allerletztes Mal helfen«, sagte der Zauberer.
»Ich hab dir schon damals gesagt: Ich helfe dir nur dieses eine Mal, was du auch ganz genau gewusst hast«, erklärte die Frau und lockte Temulin von der Hütte weg. »Den Tod konnte man nur einmal betrügen. Das wusstest du!« Sie erkannte, dass Temulins Wesen nicht mehr das gleiche war. Er mochte noch so lieblich reden, jedoch sein wahres Ich konnte er vor ihr nicht verheimlichen.
»Wo ist der Schleier?«, fragte Temulin ungestüm.
»An seinem Platz!«, antwortete die Frau.
Temulins Wut stieg, denn er wusste ganz genau, dass es keine Kraft in Evoluna gab, welche die Frau bezwingen konnte.
Während die zwei abgelenkt waren, schlich Mariana sich in die Hütte und nahm das Baby sowie das farbenprächtige Tuch mit. Die Kleine schlief tief, und so gelang es Mariana, sich unbemerkt vom Geschehen zu entfernen. Sie nahm den Weg über die Berge und schaffte es, den ersten Berg zu überwinden, bevor die Kleine das erste Mal quengelte.
Mariana versuchte, das kleine Baby zu beruhigen, doch die Kleine hatte ihren eigenen Kopf. Mariana blieb keine andere

Wahl, außer mit der Kleinen zurück ins Tal der schwarzen Sonne zu gehen, wo niemand sie hören würde.

*

Es war ein seltsames Gefühl, welches Sunyva verspürte, als sie am Waldrand stand. Die feinen Grasähren bewegten sich in der feinen Brise, die aus dem Wald strömte. Die Bäume standen dicht, ließen einander jedoch genug Platz, um sich zu entfalten, was man in den verzweigten Baumkronen sehr gut erkennen konnte. Es schien, als ob die Bäume sich gegenseitig die Hände reichen würden. Die kleine Gruppe um Sunyva ging, angeführt von Mala, immer weiter in den Wald hinein. Sunyva fühlte sich beobachtet, doch konnte sie niemanden in den Baumkronen und am Waldboden ausmachen. Und trotzdem raschelten Blätter und Schatten huschten ab und an durch die Baumäste.

»Alles in Ordnung? Wie fühlst du dich?«, fragte Mala, als sie Sunyvas Unruhe bemerkte. Sunyva war zwar in Gefahr, doch nicht an diesem Ort.

»Mir geht's gut!«, antwortete Sunyva knapp.

»Bist du dir sicher?«, hakte Mala nach.

Sunyva nickte diesmal nur und setzte ein Lächeln auf. Es war so einiges, was ihr gerade durch den Kopf ging. Ihr einsamer Vater, die Gestalten, die ihr nach dem Leben trachteten und ihr kleines Geheimnis mit dem geheimnisvollen Jungen.

Mala kannte Sunyva und wusste genau, dass sie jetzt ihren Freiraum brauchte. So kamen die beiden an einer kleinen Waldlichtung vorbei, wo violette Troxblumen wuchsen. Das Meer der gerade in voller Pracht blühenden Troxe leuchtete in einem zarten Lila, welches von weißen Punkten durchbrochen wurde.

Sunyva setzte sich auf einen der Felsen und bestaunte die Schönheit der Troxblumen. Sie streichelte eine Blüte und musste zu ihrem Erstaunen feststellen, dass die Blume mit dem dunkelvioletten Stempel und den feinen weiß - lila gefärbten Blütenblättern aus dem Nichts zu pfeifen begann.

»Ruh dich ein wenig aus. Unser Weg ist noch lang«, meinte Mala und ließ Sunyva zurück. Auch der Schwarm Lichtwesen verteilte sich in alle Richtungen und ließ der Prinzessin ihre Ruhe.

Sunyva schien allein zu sein, doch wusste sie ganz genau, dass die anderen sie beobachteten. Der Felsen, den sich Sunyva ausgesucht hatte, war groß genug, um sich für einen kurzen Augenblick vor den Blicken ihrer Begleiter zu verstecken. So holte Sunyva die Wolkenblume, die sie vorher mitgenommen hatte, und legte sie an einer der uneinsehbaren Stellen des Felsens nieder.

»Sie können dich nicht sehen!«, flüsterte sie leise.

Es dauerte nur einen Wimpernschlag, bis die Blume sich verwandelte. Taaz nahm für einen flüchtigen Augenblick seine wahre Gestalt an.

»Wo wollt ihr hin?«, fragte Taaz leise.

»Zu den Wächtern der Träume!«, erwiderte Sunyva und nahm Taaz´ Hand.

Bevor die beiden dazu kamen, noch einen Satz zu tauschen, wurden sie von Mala gestört. Sunyvas Herz stoppte, als die Traumwächterin wieder auf sie zukam. Doch Taaz war schnell und, ohne zu zögern, verwandelte er sich dieses Mal in einen Stein.

»Was ist mit dir? Du siehst so erschrocken aus«, stellte Mala fest, als sie vor Sunyva stand.

»Nichts, ich habe drüben nur einen Schatten gesehen!«, erklärte Sunyva.

»Hier ist niemand und falls doch, bist du hier garantiert nicht in Gefahr«, beruhigte sie Mala. Ihr Blick fiel auf den Stein, den Sunyva in der Hand hielt.

Sunyva bemerkte Malas Blick und meinte: »Den nehme ich mit. Wer weiß, wo der mir noch nützlich sein wird!«

»Gewiss, in Evoluna gibt es ja keine weiteren Steine!«, scherzte Mala.

»Jedenfalls keinen wie diesen!«, schmunzelte Sunyva.

*

»Wo ist meine Tochter?«, fragte die Frau aufgebracht.
Temulin schaute verdutzt.
»Was hast du mit ihr gemacht?«
»Nichts. Ich bin nicht schuld, dass du nicht auf dein Kind aufpassen kannst«, erwiderte Temulin.
Die Frau schaute ihn an. »Ich will meine Tochter zurück!«
Temulin war in Bedrängnis. Auch wenn Temulin zu den obersten Zauberern in Evoluna gehörte, war er hier unterlegen. Die Frau, deren Zorn er sich gerade einfing, war eines der mächtigsten Wesen Evolunas. Schließlich hatte sie mit ihrem Schleier des Lebens Mariana aus dem Reich der Toten geholt. Die Augen der Frau begannen weißlich zu strahlen und das Tuch um ihre Schultern erhob sich wie eine Nebelschwade in den Himmel empor.
»Ich hab deine Tochter nicht!«, schrie Temulin. Doch es war zu spät, ein gleißendes Licht erstrahlte, kurz darauf fand er sich in einem Waldorenwald wieder. »Miese Hexe!«
Temulin war von riesigen Waldoren umgeben. Die Waldoren sahen wie gigantische Mammutbäume aus, doch sie besaßen ein Geheimnis. Man konnte nämlich mit ihrer Hilfe an jeden Ort reisen, wo ein solcher Baum stand. Also rannte Temulin auf einen der knorrigen Stämme zu und sprang mit voller Wucht hinein.

*

»Hör endlich auf zu weinen!«, rief Mariana verzweifelt.
Das kleine Mädchen wollte partout nicht aufhören zu heulen. Die Beiden hatten schon die Gal Berge passiert und befanden sich nun in der Ebene des Feuerlöwenrudels. Oben am Himmel flogen einige Falkuner umher, menschenähnliche Flugwesen.
»Hallo! Hallo?«, rief einer der Falkuner freundlich.
Moriana stellte sich taub und hastete mit dem schreienden Baby im Arm weiter durch die Ebene. Zu ihrem Glück war das Feuerlöwenrudel nicht in der Nähe.

»Neu hier?«, fragte der Falkuner.
Moriana ignorierte ihn weiter.
»So unfreundlich? Wo wollt ihr hin?«, meinte der Falkuner.
»Nach Hause!«, antwortete Mariana knapp in der Hoffnung, dass die Falkuner endlich wegfliegen würden.
»Ein Zuhause ist gut. Wie weit ist euer Zuhause von hier entfernt?«
Mariana stoppte und schaute den Falkuner an. »Es ist nicht nah und auch nicht weit. Wieso lasst ihr uns nicht in Ruhe?«, meinte Mariana harsch.
»Nicht weit und nicht nah, na das klingt ja gut! Kommt, wir nehmen euch mit«, meinte der Falkuner und mit einem Mal schnappte er Mariana das Baby aus der Hand, während ein anderer Mariana selbst packte und sie sich mit ihr in die Lüfte erhoben.

*

Sunyva fühlte sich beobachtet. Auch wenn sie wusste, dass Mala sie beschützte, hatte sie doch ein mulmiges Gefühl. Die Gruppe war immer tiefer in den Spinoawald gedrungen. Überall an den Bäumen hingen Spinnweben, in denen Tautropfen wie Kristalle funkelten.
Mala ging voran.
Sunyva schreckte auf. Ein Schatten folgte ihnen, doch keiner der anderen hatte ihn bemerkt. Je tiefer sie in den Wald vordrangen, desto mehr Schatten schienen ihnen zu folgen. Sunyva versuchte, zu Mala aufzuschließen, als sie plötzlich jemand von hinten packte und in den Wald zerrte.

Das violette Heilkraut oder die Insel der weisen Frauen

Karin Biela

Vor langer Zeit regierte ein König in seinem Land und wurde aufgrund seiner Schönheit und rätselhaften Ausstrahlung bereits zum Anfang seiner Regentschaft ›der Märchenkönig‹ genannt. Er wurde vom einfachen Volk verehrt und man könnte fast sagen angebetet! Er war hochgewachsen, von anmutiger Gestalt und trug eine prächtige Uniform aus den edelsten Stoffen, die eigens aus fernen Ländern bestellt wurden. Sein Reich lag eingebettet inmitten imposanter Berge und fruchtbaren Tälern, umgeben von tiefblauen Seen. Man kann mit Gewissheit sagen, dass sein Königreich zu den schönsten weit und breit zählte. Er liebte die Kunst und Musik und förderte nach Kräften diese Zunft. Um seiner Macht und seiner schöpferischen Kraft Ausdruck zu verleihen, baute er zeitgleich mehrere Schlösser. Diese Baumaßnahmen dauerten lange Jahre an und so versammelten sich in seinem Hofstaat die besten und geschicktesten Handwerker. Unter ihnen ein junger Mann, der aus dem Fernen Osten angereist war und schnell die besondere Gunst des Königs genoss.

Sein Name war Lech und er war ein fleißiger und rechtschaffener Mann, der mit seinen geschickten Stuckateurarbeiten einen wertvollen Beitrag zur baldigen Vollendung des Prachtbaus schuf. Er arbeitete unermüdlich und suchte die wertvollsten Glaseinsätze, um die Fassadenfenster auszuschmücken. Das Glas wurde aus Böhmen geliefert und nur die reinste und beste Qualität durfte Verwendung finden.

Nun trug es sich zu, dass sich Lech bei einem Feinschliff von bunten Glassteinen an einer lila Scherbe so verletzte, dass er sich in seiner rechten Hand eine tiefe, klaffende Wunde zuzog. Sofort wurde er ärztlich versorgt und umsichtig behandelt. Jedoch hörte selbst nach Tagen die Wunde nicht auf zu bluten und es war keine Heilung zu erkennen. Der König war äußerst besorgt um seinen polnischen meisterlichen Handwerker und wollte sich nicht ausmalen, welche Konsequenzen dieses Missgeschick hatte. Der Bau konnte nicht fortgeführt werden und von den Qualen, seinen Freund so leiden zu sehen, ganz zu schweigen. Der König selbst schaute stündlich nach dem Verletzten und ließ die besten Ärzte und Gelehrten des Landes kommen, um die Gesundung herbeizuführen. Leider heilte die Wunde nicht, sondern verschlimmerte sich gar. Es war traurig mit anzusehen, wie hilflos der König war, da er dem tapferen Lech kein Heilmittel verschaffen konnte.

Nachdem Wochen vergangen waren, verbreitete sich die traurige Nachricht schnell und so mancher Quacksalber verärgerte zwischenzeitlich eher den König, als ihm tatsächlich wirkungsvoll zu helfen. So erfuhr eine weise, alte Frau um die Not und machte sich auf den Weg zu Hofe. Sie wurde eher missmutig empfangen, denn nach so vielen Versuchen war der König argwöhnisch. Die alte Frau, die lange, graue Haare trug und ihren behäbigen Körper mit einer schäbigen Kutte verdeckte, machte auf den König keinen guten Eindruck. Ihr Gesicht war von der harten Feldarbeit ganz braun und viele Falten durchzogen ihr Antlitz. Dennoch blickten wache und klare Augen ihn an und ihr Gesichtsausdruck war gütig. Mit einer ungewöhnlich festen Stimme sprach sie zum König.
»Ich hörte von dem Unfall und der Wunde, die nicht heilen will. Ich stehe gern zu Diensten, um rasch Abhilfe zu schaffen.«
Der König erwiderte »Liebe Frau, wie soll es gelingen, dass sie meinen Freund von seinen Qualen befreien und mich von der Angst, den Bau nicht rechtzeitig fertig zu stellen?«
Die alte Frau zog aus der Tasche ihrer abgetragenen Kutte einen samtenen Beutel, in dem sich einige Blätter einer - für den König unbekannten - Pflanze befanden. Die seltenen

Blütenblätter hatten eine auffallend violette Farbe und verströmten einen schweren, süßlichen Duft. »Herr, mit dieser Heilpflanze, die nur auf der Insel der weisen Frauen wächst, müsst ihr beim nächsten Vollmond einen Sud bereiten lassen und dem Kranken zwölf Löffel davon geben. Gleichzeitig müsst Ihr zwölf violette Kerzen anzünden und zwölfmal ein Gebet sprechen. Danach werdet ihr sehen, dass die Wunde geheilt ist und euer Freund seine rechte Hand wieder bewegen kann.«

Der König war erstaunt über diese magischen Anweisungen und sprach, »Wer sagt mir denn, dass ihr Recht behaltet und was ist euer Lohn?«

Die alte Frau erwiderte: »Meinen Lohn überlasse ich Euch. Wenn es Euch gefällt, mir meine Hilfe zu entlohnen, so werdet ihr das Richtige wissen. Ich lasse Euch nun allein und bete zuhause auf der Insel im Kreise meiner Mitschwestern für Euch.«

Diese Antwort schmeichelte dem König und es gefiel ihm, dass er selber bestimmen konnte, was er bereit war für die alte, weise Frau zu tun. Er wollte natürlich auch erst wissen, ob sie mit ihren Anleitungen richtig lag und alles zur Zufriedenheit verlief.

Sofort ließ er die entsprechenden Vorkehrungen treffen und fieberte gespannt dem nächsten Vollmond entgegen, der sich schon am Himmel ankündigte und bereits in fünf Tagen stattfinden würde. Seine Bediensteten wurden instruiert und alle konnten kaum den Abend des Vollmondes erwarten, so aufgeregt und voller Hoffnung waren sie. Der König selbst wollte das Heilungsritual durchführen und erhitzte, wie ihm geheißen, die violetten Blütenblätter mit Wasser zu einem Zaubertrank. Der Kupfertopf stand auf dem Herd und in ihm köchelte die okkulte Flüssigkeit, die durch ihre violette Farbe unheimlich aussah. Er zündete zwölf violette Kerzen an und beim Anblick des erhellenden Lichtstrahls, der den ganzen Raum erfüllte, war er so ergriffen, dass er andächtig die zwölf Gebete voller Inbrunst sprach. Aus tiefstem Herzen erfüllte er glückselig die ihm aufgetragenen Aufgaben und spürte eine tiefe Wärme, die sein Herz durchzog. Er gab seinem Gefährten zwölf Löffel vom Kräutertrunk und Lech spürte bereits nach den ersten Tropfen eine Linderung seiner blutenden und eiternden Wunde. Nach dem letzten Löffel hatte er keine Schmerzen mehr und konnte bereits seine Hand bewegen. Die Wunde schloss sich wie durch ein Wunder und er konnte es gar nicht fassen, was hier vor sich ging. Nach der Zeremonie war die Wunde verheilt und es war gerade so, als ob sie nie existiert hätte. Der König war außer sich vor Glück und im Rausch der Freude küsste und umarmte er Lech und beide versprachen die weise Frau gebührend zu entlohnen.

Der König verkündete: »Ich will die Insel der weisen Frauen besuchen und schauen, wie sie dort leben. So kann ich vor Ort besser entscheiden, welche Art Dank mir ratsam erscheint.« So fackelte der König gar nicht lange und beschloss noch am selben Abend, am nächsten Morgen diese Exkursion durchzuführen. Die Kutsche, die sie zum nahe liegenden See brachte, stand in der Früh schon bereit. So fuhren der König und sein Gefährte Lech im zaghaften Schein der aufgehenden Sonne zum großen Gewässer, das eingebettet in den nun fast bedrohlich wirkenden Bergen lag. Vom Ufer, das mit Schilf bedeckt war, stieg Nebel auf und das seichte Wasser schimmerte dunkellila. Ein kleines Boot lag für die bevorstehende Überfahrt bereit. Man konnte die Insel der weisen Frauen vom Ufer aus sehen und ein barocker Kirchturm war zu erkennen. Lech freute sich, die Kirche zu besichtigen und die berühmten Fresken zu bestaunen. Er hatte davon gehört und wollte schon immer einmal die Deckenmalereien der berühmten Kirche studieren. Leider hatte er nie genügend Zeit dafür, zu beschäftigt war er mit des Königs

Schlossbauten. Umso erfreuter war er, nun in Begleitung des Königs hierzu Gelegenheit zu haben. Gleichwohl empfand er tiefe Dankbarkeit für die Medizingabe der alten Frau und wollte sich persönlich erkenntlich zeigen.

So bestiegen beide den Kahn und ruderten in die Stille des langsam erwachenden Tages. Der König selbst steuerte das Boot und es glitt friedlich dahin. Sie waren schon einige hundert Meter vom See entfernt, als ein wirbelnder Strudel das kleine Schiff ergriff. Wie die Kralle des Teufels umschloss er das kenternde Boot und zog es in die Tiefe. Es ward kein Schrei und kein Hilferuf zu hören. Der mächtige Sog warf noch große Blasen, die auf der Oberfläche des Sees tänzelten, so als ob sie sich im Rhythmus des Todes bewegten. Jedoch tauchten weder das Boot, noch die tragischen Helden auf und das Unglücksschiff samt dem König und seinem treuen Freund wurde nie mehr gesichtet. Das rettende Ufer wurde nimmermehr erreicht. Nach dem Verschwinden des Königs wurden Suchtrupps und Hunde herbeigeholt, um ein Lebenszeichen zu erhalten. Leider vergebens. Es wurde nur noch vom tragischen Ertrinken des Königs berichtet und die traurige Nachricht im Land verbreitet.

Das Unglück beschäftigt bis heute die Menschen und es wird erzählt, dass sich seither Unerklärliches zuträgt. Am Ufer der Insel der weisen Frauen wird verschwommen in der Morgendämmerung ein einsames Boot mit zwei männlichen Gestalten gesichtet, ehe es fortan in glitzernden, violetten Nebelschwaden entschwindet …

Der Zauberbaum

Marianne Schaefer

Es war einmal ein ganz besonderer Baum, der stand nicht weit von einem kleinen Dorf mitten im Wald. Sein Stamm war rau und grün, seine Blätter waren rot und er trug violette Äpfel. Doch nie aß jemand von diesen violetten Früchten, denn jeder wusste, dass er sonst, noch ehe der Tag vergangen war, einem Ungeheuer begegnen würde, das ihm nach dem Leben trachtete.

Eines Tages gingen Ursel und ihre Mutter in den Wald Beeren pflücken. Sie kamen auch an dem Zauberbaum vorbei.

»Kann ich bitte einen von diesen violetten Äpfeln haben?«, bettelte das Mädchen.

»Nein!«, sagte die Mutter. »Du weißt doch, dass jeder, der davon isst, einem Ungeheuer begegnet, noch ehe der Tag vorüber ist.«

Ursel erwiderte darauf nichts, aber sie dachte: »Das ist nur ein Märchen.«

Noch im gleichen Augenblick beschloss sie, wenigstens einen dieser violetten Äpfel zu probieren.

In der Nacht, als die Eltern schliefen, nahm sie ihren Ranzen, warf den Inhalt auf den Fußboden, schlich aus dem Haus und durch den Garten auf die Dorfstraße.

Der Mond tauchte alles in Violett und Silber. Die Häuser standen geduckt da, warfen dunkle Schatten und sahen geisterhaft aus.

Ursel begann sich ein wenig zu fürchten, weil sie so ganz allein war.

Schon bald hatte sie das Ende des Dorfes erreicht, und der Pfad lag vor ihr, der zum Wald und durch dichtes Gehölz über einen Bach zum Zauberbaum führte.

Nun - ohne den Schutz der Häuser - fürchtete sich das Mädchen noch ein wenig mehr. »Es gibt keine Ungeheuer«, sagte Ursel laut und schritt tapfer aus.

Schon bald hatte sie den Waldrand erreicht. Die Bäume ragten wie knorrige Gespenster empor, es war finster und das Unterholz voll unheimlicher Geräusche.
Ängstlich blickte das Mädchen sich um. Es machte sich selber Mut und versicherte diesmal laut: »Ich habe keine Angst vor Ungeheuern.«
Aber Ursel war noch nicht weit gekommen, als sie ein grässliches Geräusch hörte.
Zwei große, violett leuchtende Augen starrten sie aus der Dunkelheit an und eine schreckliche Stimme knurrte: »Mhm, du bist eine leckere Mahlzeit.«
Ursel fuhr der Schreck in die Glieder, ihre Knie schlotterten, aber sie marschierte weiter. Zu groß war der Wunsch, einen violetten Apfel zu kosten.
Nach nur wenigen Schritten kreischte es grauenvoll über ihr. Etwas schoss aus einem Baum auf sie zu, ging zu Boden und zerrte so kräftig an ihrem Bein, dass sie hinfiel. »Die Ungeheuer sind hungrig! Sehr hungrig!«, krächzte es von irgendwoher heiser.
Ursels Angst wuchs. Sie klapperte mit den Zähnen, dennoch stand sie auf und marschierte weiter. Es war, als könne sie einfach nichts anderes tun.
Als sie das kleine Bächlein übersprungen hatte, stand sie plötzlich einem riesigen Wolf mit gefletschten Zähnen gegenüber. In aller Eile bekreuzigte sie sich. Da zerfiel das Tier vor ihren Augen zu Staub. Aber aus einer hohlen Eiche sprang gleich darauf ein vielarmiges Ungeheuer auf sie zu, mit glühenden Augen und langen scharfen Krallen an den dürren Fingern. Flammen schlugen ihm aus den Ohren und es zischte mit stinkendem Atem: »Sie brechen dir die Knochen! Zerfetzen dich! Kehr um! Rette dein Leben!«
Ursel standen vor Grauen die Haare zu Berge, nur zu gern wäre sie umgedreht, aber etwas trieb sie vorwärts. Das beängstigende Wesen stieß einen schauerlichen Schrei aus und stürmte auf das Mädchen zu, als wollte es zubeißen.

Ohne nachzudenken, setzte Ursel zum Sprung an und flog wie von Geisterflügeln bewegt über das Ungeheuer hinweg, genau bis vor den Zauberbaum. Flink wie ein Wiesel kletterte sie am rauen, grünen Stamm aufwärts. Oben fand sie einen guten Platz zum Stehen, nahm den Ranzen ab, griff zwischen die roten Blätter und pflückte so viele violette Äpfel, wie in die Schultasche hineinpassten.
Kein Ungeheuer hinderte sie daran. Doch als Ursel sich vom Baum herunterlassen wollte, schossen aus dem Stamm gruselige Fratzen mit weit geöffnetem Schlund und spitzen Zähnen heraus. Die Zweige und Äste des Baumes verwandelten sich in ekelhafte Schlangenarme, die roten Blätter in gebogene Krallen.
Ursel schlug wild um sich, aber die widerlichen Arme umschlangen sie, die Krallen gruben sich in ihre Kleider, in Arme und Beine, verfingen sich in ihrem Haar.
Hilflos und in höchster Not begann sie zu schreien und um Hilfe zu rufen. Aber wer sollte sie im Wald hören?
Plötzlich stand das Ungeheuer mit den scharfen Krallen und glühenden Augen unter dem Baum. Flammen schlugen aus seinen Ohren. »Lasst sie gehen! Sie hat für alle Zeit genug!«, zischte es.
Und wirklich - die Zweige, Äste und Blätter wurden, was sie zuvor gewesen waren und die Fratzen mit ihren aufgerissenen Mäulern zogen sich mit schmatzendem Geräusch in den Baumstamm zurück.
In Todesangst sprang Ursel vom Baum herunter. Niemals hätte sie mehr gewagt, am Stamm abwärts zu gleiten. Sie kam auch gut unten auf und lief blindlings vorwärts, so schnell sie ihre Beine tragen wollten. Der Zufall führte sie auf den richtigen Weg.
Endlich erreichte sie den Waldrand und eilte erleichtert auf das Dorf zu.
Daheim angekommen, griff sie sich einen Apfel aus dem Ranzen, sprang in Kleidern ins Bett und versteckte sich unter

der Zudecke. Dort biss sie in die hart erkämpfte violette Frucht des Zauberbaums und stellte enttäuscht fest, dass sie hölzern schmeckte!

Wofür hatte sie sich nur so angestrengt und in solche Gefahr begeben?

Schließlich fiel Ursel in einen unruhigen Schlummer. In ihren Träumen versuchten die fratzenhaften Baumungeheuer, ihr die Äpfel wieder abzujagen. Mehr als einmal wurde sie von ihnen gebissen, gekratzt und fast erwürgt.

Als sie schweißgebadet erwachte, war der Morgen angebrochen. Und Schmerzen hatte sie wirklich - Magenschmerzen!

Die Mutter war sehr beunruhigt. Da gestand das Mädchen den nächtlichen Ausflug.

Sofort öffnete die Frau den Schulranzen, um die violetten Äpfel ins Feuer zu werfen. Doch statt der Zauberfrüchte lagen da hässliche Wurzelknollen, die mit violetten Maden durchsetzt waren. Ursel aber musste lange Zeit das Bett hüten. Die Farbe violett war ihr seither ein Dorn im Auge.

Als die Bauern des Dorfes vom nächtlichen Abenteuer des Mädchens erfuhren, nahmen sie ihre Äxte und zogen in den Wald, um den Zauberbaum zu fällen. Aber so viel sie auch suchten - sie konnten ihn nicht finden. Und bis zum heutigen Tag ist er nie wieder gesehen worden.

Das kleine Drachenkind

Waltraut Lang

Frisch dem Ei entschlüpft,
das Drachenkind vor Freude hüpft.
Ihr werdet es nicht glauben.
Ich traue selbst kaum meinen Augen.

Das Drachenkind ist wirklich lila!
So eine Farbe war noch nie da.
Sonst ist es gleich wie all die anderen,
die lustig durch das Leben wandern.

Auf Abenteuer will es gehen,
und sich nun endlich alles ansehen,
was es nur durch die Eischale gehört,
aber Mama ist natürlich empört.

Es ist noch viel zu früh für den Kleinen
zu stehen auf seinen eigenen Beinen.
Er muss erst noch für das Leben lernen,
und sich dann erst aus dem Nest entfernen.

Die Welt da draußen ist viel zu schlecht,
da kommt ein unerfahrenes Kind gerade Recht.
Nicht auszudenken, was passieren kann,
wenn es geraten würde an den falschen Mann.

Besonders weil es sich so sehr unterscheidet
Könnte es sein, dass es Schlechtes erleidet.
›Nein, mein Kind so geht das wirklich nicht.
Sieh es doch mal aus einer Mutter Sicht.

Ich könnte es einfach nicht ertragen,
wenn die bösen Jäger dich dann jagen
und ich Dich nicht bestmöglich vorbereitet
bevor Du dein Revier ausweitest.‹

Schweren Herzens muss das Kind nachgeben,
denn es möchte ja genießen ein langes Leben.
Und ohne Lernen gibt es kein Weiterkommen,
kein Gipfel wurde in einem Tag erklommen.

Drum lernte es nun eifrig und mit großem Fleiß,
Denn ohne Fleiß gibt es nun einmal keinen Preis.
Und es ist leider eine Tatsache, dass es ist doppelt hart
Wenn man anders ist, und das ist doch wirklich schad´.

Es liegt an uns allen, die Welt besser zu machen.
Das kommt nicht nur zugute unserem lila Drachen.

Auf der Suche

Stella Delaney

Als er an den Fluss kam, stand die Sonne bereits hoch am Himmel. Es war warm, die Luft war erfüllt von Vogelgezwitscher und dem leisen Rauschen des Wassers. Gräser wiegten sich sanft im Wind, Schmetterlinge segelten vorbei. Eine vollkommene Idylle. Wunderschön. Aber eben nicht mehr.
Etienne schüttelte den Kopf. Was hatte er auch erwartet?
Trotzdem lief er weiter, Schritt für Schritt, überquerte den schmalen, steinigen Strand und ging dann am Rande des Flusses in die Knie. Überrascht stellte er fest, wie kalt sich das Wasser anfühlte, geradezu eisig.
Plötzlich raschelte es hinter ihm. Ohne auch nur einen Augenblick zu zögern, griff seine Hand an den Gürtel und fand ihn leer. Verdammt. Er konnte den missbilligenden Blick seines Vaters beinahe spüren. Ein König hat viele Feinde, Etienne. Vergiss das niemals.
Langsam drehte er sich um, jede Faser seines Körpers bis zum Äußersten angespannt. Hinter ihm stand ein Fuchs, der ihn mit dunklen Augen ansah. Es lag etwas Wildes in diesem Blick und gleichzeitig eine Intelligenz, ein Wissen, das Etienne fast unheimlich war. Als verstehe das Tier ganz genau, dass von diesem Besucher keine Gefahr ausging, hielt es seinem Blick noch einen Moment stand, drehte sich dann langsam um und verschwand im dichten Gras der Böschung.
Erneut schüttelte Etienne den Kopf. Was für ein seltsamer Teil des Reiches. Seines Reiches, korrigierte er sich. Ob er sich je daran gewöhnen würde?
Eine seltsame Müdigkeit ergriff von ihm Besitz und er ließ sich auf einen der flachen Felsbrocken sinken, die den Fluss säumten. Lange Zeit starrte er einfach nur auf das Wasser, dann bemerkte er etwas aus dem Augenwinkel, das ihn erneut erstarren ließ.
Etwa einen Meter entfernt von ihm saß eine Person, ebenfalls

auf einem Felsen. Kein Geräusch hatte ihr Kommen angekündigt, kein Gefühl hatte Etienne gewarnt. Es war, als hätte sich die Gestalt aus der leeren Luft materialisiert.
Etienne atmete tief ein, bemüht, seinen Herzschlag wieder unter Kontrolle zu bekommen. Bedrohlich sah der Fremde nun nicht gerade aus. Seine Haltung war locker und entspannt, als genieße er lediglich den Ausblick. Sein Gesicht konnte Etienne durch den ungünstigen Winkel nicht wirklich erkennen, aber es schien sich um einen Mann zu handeln, etwas älter als er selbst. Gekleidet war er in strahlendes Rot.
Fieberhaft überlegte Etienne, wie er nun reagieren sollte. Einfach weggehen? Oder den Anderen ansprechen? Aber wie? Was, wenn er nur die Sprache der Einheimischen beherrschte, von der Etienne nicht die geringste Ahnung hatte?
Zu seiner Überraschung brach der Fremde die Stille zuerst. »Seid gegrüßt, junger Herr. Ich hoffe, ich habe Euch nicht erschreckt.«
Etienne schüttelte den Kopf, ein bisschen heftiger, als er beabsichtigt hatte. Er konnte das Gesicht des Rotgekleideten immer noch nicht richtig sehen, glaubte aber, ein Lächeln darauf zu erkennen.
»Ihr seid nicht von hier, oder?«
Etienne nickte, ohne wirklich nachzudenken. Eine Libelle hatte in seiner Nähe auf einem Zweig Platz genommen. Ihr zerbrechlicher Körper schimmerte in der Sonne wie farbiges Glas.
»In diesem Fall hat Euch jemand von diesem Ort erzählt. Jemand, der ihn gut kennt.«
Ein Name stieg aus seinem Unterbewusstsein auf wie Luftblasen aus dem dunklen Wasser und hallte durch Etiennes Gedanken. Für einen Moment fürchtete er, er hätte ihn laut ausgesprochen.
»Ihr habt lange gewartet, aber nun seid Ihr hier. Weil Ihr keinen anderen Ausweg mehr seht. Weil Ihr euch von diesem Ort etwas versprecht.«

Der Fluss schien Etiennes Blick magisch anzuziehen. Während er mit den Augen den Wellen und Strudeln folgte, arbeitete sein Verstand verbissen daran, die bestmögliche Antwort zu finden. Schließlich entschied er sich für die Wahrheit, eine einfache Version davon zumindest. »Ich suche etwas.«
Etwas, oder jemanden? Er hörte die Frage so deutlich, als hätte sie der Andere bereits ausgesprochen, aber sein Begleiter blieb stumm.

Als Kind hatte Etienne geglaubt, sein Vater hätte all diese anderen Mädchen und Jungen aus der Güte seines Herzens aufgenommen. Dass es Waisenkinder waren, die am königlichen Hof eine Chance erhielten, eine neue Heimat. Und obwohl es seine Mutter lieber sah, wenn er sich mit den Kindern der anderen Adeligen umgab, waren ab und zu auch die vermeidlichen Waisen seine Spielgefährten.
Und dann kam eines Tages ein Neuankömmling hinzu. Etienne hatte sofort gewusst, dass dieses Kind anders war. Dunkelbraune, lange Haare. Große runde Augen, grau wie Flusskiesel. Ernste Augen. Viel zu erwachsene Augen. Manchmal war es, als läge ein violetter Schimmer darin, ein weiches Leuchten, das niemand außer Etienne zu sehen schien. Schon bald waren sie unzertrennlich geworden.

»Seht Ihr den Fuchs dort, junger Herr?«
Die plötzliche Frage traf Etienne wie ein Schwall eiskalten Wassers und riss ihn aus seinen Gedanken. Erst konnte er nichts erkennen, als er in die angegebene Richtung blickte, doch dann sah er tatsächlich einen Fuchs, der sich in den hohen Gräsern der Böschung verborgen hatte und geduldig auf Beute wartete. Derselbe, dem er vorhin schon einmal begegnet war?
»Manche Menschen könnten sehr viel von ihm lernen. Wenn sie nach einer Lösung suchen, stürzen sie sich blindlings auf das Erste, was ihnen in den Sinn kommt. Würde er bei jedem

Schatten, jedem Rascheln, einfach zuschnappen, dann würde er nie etwas fangen.«
Es erschien Etienne, als sollte er etwas erwidern. Verstohlen schielte er zu dem Mann in Rot herüber, um in seinem Gesicht lesen zu können. Er konnte nicht viel erkennen, fragte sich aber plötzlich, wieso er ihn für älter gehalten hatte. Seine Haut wirkte glatt und die schwarzen Haare zeigten keine grauen Strähnen. War er womöglich doch nicht älter als Etienne selbst?
Man starrt die Leute nicht so an, Etienne. Das gehört sich nicht. Verlegen senkte er den Blick, und konzentrierte sich auf den steinigen Boden zu seinen Füssen. Plötzlich fröstelte er, trotz der warmen Sonne.
»Ihr habt einen scharfen Verstand, junger Herr. Den solltet Ihr nutzen.«
Irgendetwas in diesen Worten traf Etienne direkt ins Herz. Er hob den Blick und wollte etwas sagen. Doch der Felsen war leer.
Verwirrt sprang er auf und sah sich um. Doch da war nichts, kein Schimmer des roten Gewands in der Ferne, keine Spur, nicht ein geknickter Grashalm. Der Fremde war so plötzlich verschwunden, wie er erschienen war. Oder war er nie da gewesen?
Dann bemerkte Etienne, dass auf dem Felsen noch etwas lag. Eine einzelne rote Blume. Ohne recht zu wissen, warum, griff er danach – und wachte auf.

Einen Moment lang lag er nur da, bis sich seine Augen an das Zwielicht im Zimmer gewöhnt hatten. Moment, Licht? Sollte es nicht mitten in der Nacht sein?
Langsam richtete er sich auf. Da war der Schreibtisch gegenüber des Bettes, bedeckt mit Papieren und immer noch beleuchtet von der Lampe, die er sich bei Einbruch der Nacht hatte bringen lassen. Irgendwann war er wohl beim Studieren so müde geworden, dass er auf das Bett gesunken war. Nicht

einmal seine Kleider hatte er ausgezogen, wie er mit einem Kopfschütteln bemerkte.
Er erhob sich vom Bett und trat an den Tisch. So viel Papier. Steuerlisten, Korrespondenz mit Botschaftern in den Nachbarländern, zahlreiche Bitt- und Bettelbriefe. Seit dem Tod seines Vaters, seit aus Prinz Etienne der König geworden war, hatte er sich noch nicht einmal damit befasst.
Er zog einen Stuhl heran und versuchte, die zuletzt gelesene Seite wiederzufinden. Wie zufällig fiel sein Blick dabei auf das Fenster gleich hinter dem Tisch. Dort stand in einer einfachen Glasvase eine einzelne rote Rose. Etienne runzelte die Stirn. War die Blume schon den ganzen Abend da gewesen? Er konnte sich beim besten Willen nicht daran erinnern.
Dann fand er das Papier, das er gesucht hatte. Die Stellungnahme eines Botschafters, der dafür plädierte, dem Nachbarland den Krieg zu erklären. »Wir haben uns diese Beleidigungen nun lange genug bieten lassen. Jetzt müssen Taten folgen«, schrieb er am Ende. Etienne wusste, dass viele seiner Berater diese Meinung teilten. Letztlich bestimmte immer noch der König über Krieg und Frieden; nur was, wenn der König nicht wusste, wie er entscheiden sollte?
Sein Blick fiel erneut auf die Rose. Seinen Verstand benutzen. War es nicht das, wofür sein Vater so gerühmt worden war?

Etienne hatte es nicht glauben können, als er von einem der Kinder hörte, dass sie gar keine Waisen waren. Dass sie alle Eltern besaßen, von denen man sie getrennt hatte, zum Teil sogar mit Gewalt. Noch am selben Abend konfrontierte er seinen Vater mit dieser Information, ungläubig, erschüttert. Was konnte so ein Verhalten rechtfertigen?
»Du siehst das zu stark mit dem Herzen, Etienne. Für einen Prinzen ist das in Ordnung, aber ein König muss seinen Verstand benutzen. Die Eltern all dieser Kinder sind selbst mächtige Herrscher oder hohe Adelige. Wir haben ihre Länder erobert, aber nicht immer auch die Herzen der Bewohner.

Deswegen sind ihre Kinder hier, als eine Art Pfand, eine Versicherung ihrer Loyalität. Aber sie sind keine Gefangenen. Wir behandeln sie mit Respekt, sie lernen unsere Bräuche kennen und erhalten eine Ausbildung. Sie werden zu guten Untertanen, zu unsresgleichen. Eines Tages können sie hier Verwalter werden, oder Heerführer. Das ist eine große Chance, findest du nicht?«
Etienne nickte langsam. So wie sein Vater das sagte, machte es Sinn. »Dann ist Morgans Vater also ein König oder ein Adeliger?«
Sein Vater schüttelte den Kopf. »Nein. Morgans Vater ist ein Mann mit sehr viel Macht, einer anderen Art Macht, als ein König sie besitzt. Unser Volk glaubt nicht mehr an diese Macht, aber die Menschen im Norden tun es.«
Etienne nickte wieder, obwohl er nicht wirklich verstanden hatte. Es spielte auch keine Rolle. Morgan war eben etwas Besonderes, das hatte er immer schon gewusst. Wie eine exotische Blume, die man in einem fernen Land ausgegraben und dann in den eigenen Garten gepflanzt hatte, wo sie allen Umständen zum Trotz wieder zu blühen begann.

Nachdenklich betrachtete Etienne die rote Rose. Hatte er wirklich geglaubt, seine Antwort bereits gefunden zu haben? War der Verstand alleine der Schlüssel zu allem? Ihm war, als fehle noch ein Teil des Puzzles, und es gab nur einen Ort, wo er dieses finden könnte.

Als er wieder an den Fluss kam, war es Nacht. Eigentlich hätte es stockfinster sein müssen, doch über allem schien ein schwacher Schimmer zu liegen, wie von unsichtbaren Kerzen. Die Geräusche waren gedämpft, Glühwürmchen schwebten in der Luft. Das Wasser im Fluss glitzerte silbrig, und diesmal konnte er die starke Energie förmlich spüren, die von diesem Ort ausging.
Dann war da plötzlich eine Bewegung vor ihm im Gras. Eine

wilde Katze, die ihn wütend anfauchte. Das grünliche Leuchten ihrer Augen im fahlen Licht verlieh der kleinen Kreatur etwas Dämonisches. Beinahe automatisch wich Etienne zurück, und hielt dann weiter auf den Fluss zu. Das Wasser fühlte sich diesmal wärmer an, als es seine Hände berührte.
Während er sich langsam umdrehte, entdeckte er die Gestalt auf dem Felsen am Ufer. Zu seiner Überraschung war sie deutlich kleiner, und ihr Gewand leuchtete in einem tiefen Blau. Die langen blonden Haare waren sorgsam zurückgebunden, und doch konnte er das Gesicht nicht wirklich erkennen. Es war, als flimmere die Luft rundherum, als würden die Züge dahinter verschwimmen. Trotzdem war er sich sicher, dass es sich um eine Frau handelte.
Langsam näherte er sich der Unbekannten, und nahm auf dem Stein in der Nähe Platz, wie er es auch das letzte Mal getan hatte.
»Hallo.« Ihr Ton war herzlich und vertraulich, als grüße sie einen Freund, den sie lange nicht gesehen hatte.
»Hallo«, erwiderte er verlegen.
Er glaubte, ein Lächeln auf ihrem Gesicht zu erkennen. Dann hob sie die Hand, und zeigte auf etwas am Ufer.
Etienne folgte ihrer Geste mit den Augen, und entdeckte die Katze von vorhin. Nur war sie nicht alleine. Vier kleine Fellbündel drängten sich dicht an sie, und musterten die beiden Menschen mit neugierigen Blicken.
»Deswegen hat sie mich vorhin so angefaucht«, murmelte Etienne, mehr zu sich selbst.
»Ist es nicht erstaunlich? Ihr Verstand hätte ihr sagen müssen, dass sie gegen dich keine Chance hat. Trotzdem war sie bereit zu kämpfen, um ihre Jungen zu verteidigen. Und du hast ihren verzweifelten Mut für Hass gehalten.«
Die Worte brachten eine Saite in ihm zum Klingen. Eine verstaubte, vergessene Saite. Etienne schluckte.

Er sah das Bild so klar vor Augen. Morgan auf den Knien vor einem der Kinder, einem Fünfjährigen, dem die Tränen übers Gesicht liefen. Schmutz und Wasser drangen bereits in den violetten Stoff, doch Morgan schien es weder zu spüren noch zu kümmern. Erst lag eine Sanftheit, ein Schmerz in den großen dunklen Augen, und dann plötzlich Funken von Wut, wie Blitze vor einem bleigrauen Sturmhimmel. »Du hast es versprochen, Etienne. Du hast es mir versprochen.«
All die Jahre waren sie unzertrennlich gewesen. All die schwarzen endlosen Nächte nach dem Tod des Königs hatte Morgan an Etiennes Seite verbracht. Sie waren zusammengesessen, erst schweigend, dann flüsternd. Morgan hatte seine Hand gehalten, als Etienne sich schließlich bereit erklärte, das Erbe seines Vaters anzutreten, und seine Hand gedrückt, als er versprach, dass sich nun vieles ändern würde.
Doch wo Morgan ihm zugehört hatte, taten die Berater nichts dergleichen. Sie fielen über ihn her wie ein Vogelschwarm, und Etiennes Stimme wurde immer schwächer, bis er nur noch nicken konnte.

Etienne atmete tief ein. »Muss ein König nicht trotzdem den Verstand über das Herz stellen?«
Seltsam, je öfter er hinsah, desto unsicherer wurde er, ob er wirklich mit einer Frau sprach. Dabei konnte er das Gesicht nach wie vor kaum erkennen. Er wandte sich ab, und starrte in die wachsende Dunkelheit.
»Natürlich kann man nur mit dem Verstand entscheiden. Oft sind solche Entscheidungen nicht einmal schlecht. Sie sind ja durchdacht, überlegt, eben vernünftig. Und doch – wenn unser Gefühl etwas anderes wollte, wird uns das verfolgen. Eine Entscheidung nur aus Vernunft aber gegen das Herz wird man immer bereuen.«
Etwas an diesen Worten klang vertraut. Etienne wollte antworten, doch im letzten Rest des Lichts stellte er fest, dass der Felsen neben ihm wieder leer war. Das Einzige, was er

noch fand, war eine blaue Blume.

Im Licht der Morgensonne ging Etienne ein letztes Mal die unzähligen Bittbriefe durch, die er nach dem Willen seiner Berater allesamt dem Feuer hätte übergeben sollen.
Du lässt dir deine Entscheidungen von anderen diktieren. In Wahrheit bist du kein König, sondern nur eine Marionette.
Sein ganzes Leben lang würde er weder diese Worte vergessen, ausgerufen in verzweifelter Leidenschaft vor dem ganzen Hofstaat und all seinen Beratern, noch diese Augen, in denen das tiefe dunkle Wissen lag, dass eine solche Anmaßung nicht ohne Folgen bleiben würde. Und er wusste immer noch nicht, was an dieser Erinnerung ihn mehr schmerzte: Dass es nichts als die harte und absolute Wahrheit war, oder das sie ausgerechnet der Menschen ausgesprochen hatte, der ihm näher und wichtiger war als jeder andere.
Sein Blick fiel auf die Vase am Fenster. Inzwischen stand noch eine zweite Rose darin. Sie war leuchtend blau.

»So weit haben sie dich also gebracht.«
Es hatte Etienne viel gekostet, noch einmal mit Morgan alleine sprechen zu können. Diesmal leuchtete kein Funke in den grauen Augen, sie wirkten vielmehr hart wie Flusskiesel unter einer Schicht klaren, kalten Wassers.
»Kannst du mir wenigstens sagen, warum?«
Etienne musste sich abwenden. »Ich habe nun einmal so entschieden. Du hast mir ja keine andere Wahl gelassen.«
»Du hast entschieden? Wenn das nur wahr wäre.« Ein Kopfschütteln, ein Wippen der dunkelbraunen Haare. Der violette Stoff raschelte, als Morgan sich umdrehte. Die Wachen hatten das Zimmer betreten.
Morgans letzte Worte waren nicht mehr als ein Flüstern, begleitet von einem Blick, der sich Etienne ins Herz brannte: »Du wirst es bereuen. Vielleicht nicht heute oder morgen, aber eines Tages wirst du zurückschauen und dies alles aus

tiefstem Herzen bedauern. Und dann wird niemand da sein, um deine Hand zu halten.«

»Majestät?« Die Stimme des Dieners riss ihn aus seinen Gedanken. Hektisch fuhr sich Etienne über die Augen, und stand dann mit einem entschlossenen Ausdruck auf. Es würde die Vergangenheit nicht ungeschehen machen, aber es war an der Zeit, endlich die richtige Entscheidung zu treffen. Mit einem letzten Blick auf die beiden Rosen verließ er das Zimmer.

»Ich habe darüber nachgedacht. Wir werden keinen Krieg führen.«
»Aber Majestät, wir sind in allen Bereichen überlegen. Ein solcher Krieg würde nicht lange dauern, und …«
»Und würde uns trotzdem in tiefes Unglück stürzen. Selbst wenn wir gewinnen, wird es uns Geld und Leben kosten, ganz zu schweigen vom Leiden der Menschen in den Grenzgebieten. Und wofür? Verletzter Stolz? Wie lächerlich.«
Zum ersten Mal traute sich niemand, ihm weiter zu widersprechen. Ermutigt setzte Etienne nach: »Außerdem habe ich beschlossen, ab jetzt öffentliche Audienzen abzuhalten, bei denen mir die Menschen ihre Anliegen persönlich schildern können.«
»Majestät, das ist verrückt! Eure Zeit ist viel zu kostbar, und das Sicherheitsrisiko …«
»Werden meine Wachen schon bewältigen können. Ein König hat für sein Volk da zu sein.«
Alle seine Berater starrten ihn an, als hätte er den Verstand verloren. In diese Stille hinein verkündete Etienne seinen letzten Beschluss: »Und diese unselige Praxis der Geiselnahme gehört ab heute der Vergangenheit an. Wir werden den besiegten Ländern keine Kinder mehr wegnehmen.«
Jetzt fühlte er sich zum allerersten Mal wirklich wie ein König, nicht mehr wie ein kleiner Junge. Der Triumph schmeckt

süß wie Honigwein, aber da war auch ein bitterer Beigeschmack.
Zurück in seinem Zimmer sank Etienne auf das Bett und schloss für einen Moment die Augen. Es war, als wäre alle Kraft aus seinem Körper gewichen.
»Du hattest recht«, flüsterte er. »Ich bereue es. Ich bereue es zutiefst.«
Doch um ihn herum war nur Schweigen. Was hatte er auch erwartet? Eine Belohnung? Ein Wunder? Er öffnete die Augen wieder. Neben ihm auf dem Bett lag eine einzelne prächtige Rose. Ihre seidigen Blütenblätter glänzten tiefviolett.

Als er an den Fluss kam, war es bereits Abend geworden. Die Sonne war fast untergegangen, und der Himmel in einem zarten Hauch von Violett gefärbt. Morgan hatte Momente wie diesen immer geliebt. Nicht mehr Tag, aber auch noch nicht Nacht.
Er tauchte seine Hände ins Wasser, spürte die angenehme Kühle.
Gleich. Gleich würde er sich umdrehen. Und dann würde er hoffentlich eine Gestalt auf dem Felsen sitzen sehen. Jemand mit einem violetten Gewand, dunkelbraunen Haaren und Augen in der Farbe von Flusskieseln.
Etienne atmete tief ein. Dann wandte er sich um.

Die Tulpen an Mutters Grab

Andreas Petz

Im Jahr 1635 lebte in Holland, in der Nähe von Amsterdam, eine glückliche Familie mit sieben Kindern. Sie wohnten zur Miete in einem kleinen Haus mit einem wundervollen Garten. Der Mann und Vater war oft viele Monate unterwegs, da er sein Geld als Seemann auf einem Schiff verdiente.

Die Mutter verstand sich sehr gut auf die Gartenarbeit und so konnte sie sich und die Kinder zu einem Großteil davon ernähren. Die Miete für das Haus und was sonst noch zum Leben notwendig war, wurde vom Einkommen des Vaters bestritten.

In einem abgeteilten, kleinen Bereich des Gartens blühten jedes Jahr die schönsten Tulpen, die man sich vorstellen konnte. Die Blüten waren in einem zauberhaften Violett, das von dünnen, weißen Streifen unterbrochen wurde. Sie waren der ganze Stolz der Mutter. Ihr Mann hatte sie zwei Jahre zuvor von einer seiner Seereisen mitgebracht. Tulpen waren zu dieser Zeit in Holland sehr beliebt, der Handel mit Tulpenzwiebeln nahm Jahr für Jahr größere Ausmaße an und es wurden zum Teil sehr hohe Preise dafür gezahlt. Hin und wieder kam jemand und wollte welche von den Tulpenzwiebeln aus dem Garten kaufen, aber die Frau war nicht dazu bereit, welche herzugeben.

Jedes Jahr im Herbst wurden die Tulpenzwiebeln vorsichtig ausgegraben und sorgsam verpackt im Haus eingelagert. Dort durften die empfindlichen Tulpenzwiebeln überwintern. Im nächsten Frühjahr wurden sie wieder hervorgeholt und im Garten eingepflanzt. Jedes Jahr waren die Kinder und auch die Mutter aufs Neue wundersam berührt, wenn die Tulpen in ihrem einzigartigen Violett erblühten.

Als die Mutter eines Tages plötzlich verstarb, entschlossen sich der Vater und die Kinder im darauffolgenden Frühjahr dazu, die Tulpen rund um das Grab der Mutter erblühen zu

lassen, denn schließlich hatte die Mutter die Tulpen sehr geliebt.
Auch in diesem Jahr wurden die Tulpenzwiebeln im Herbst ausgegraben, überwinterten im Haus und wurden im Frühjahr wieder in die Erde am Grab der Mutter gesetzt. Der Vater fuhr nun nicht mehr zur See, sondern arbeitete als Zimmermann, damit er bei seinen Kindern sein konnte. Dennoch war es für die Familie eine schwere Zeit.
Eines Tages im frühen Sommer passierte dann ein Unglück: Der Vater stürzte bei seiner Arbeit vom Dach. Drei Tage lag er schwer verletzt auf seinem Bett, bevor er starb. Nun waren die sieben Kinder alleine. Da selbst der älteste Sohn erst vierzehn Jahre alt war, kamen die Kinder ins Waisenhaus, denn einem vierzehnjährigen Jungen konnte man nicht zumuten, für seine Geschwister zu sorgen, und Verwandte hatten sie nicht.
Im Waisenhaus ging es den Kindern nicht gut. Jungen und Mädchen wurden dort in verschiedenen Räumen untergebracht, und so waren die Geschwister zum Teil getrennt. Hin und wieder kam es vor, dass eines der Kinder aus dem Waisenhaus von einem Ehepaar adoptiert wurde. Vom Heimleiter und seiner Frau wurde das immer als großes Glück für das Kind beschrieben, aber die sieben Geschwister sorgten sich deshalb sehr. Würde man sie womöglich auseinanderreißen? Dann könnte es durchaus passieren, dass sie sich nie mehr wiedersehen würden, und das war für die Geschwister eine schreckliche Vorstellung.
Als der Herbst kam, trafen sich die Geschwister heimlich auf dem Dachboden des Waisenhauses; bald wäre es an der Zeit, die Tulpenzwiebeln am Grab der Mutter auszugraben und einzulagern. Aber wie sollten die Kinder das bewerkstelligen und wo sollten sie die Zwiebeln hintun? Joost, der Älteste, hatte eine Idee: »Was haltet ihr davon, wenn wir die Tulpenzwiebeln ausgraben und zur Versteigerung bringen? Dort kann man damit viel Geld verdienen und wir müssten dann

nicht mehr länger hierbleiben. Mit dem Geld könnten wir uns sicherlich lange Zeit ernähren, zumindest so lange, bis ich erwachsen genug bin, um selbst Geld zu verdienen, dann kann ich für uns alle sorgen.« Die Geschwister zögerten. Es fielen Worte wie »… aber unsere Mutter …« und »… es sind doch ihre Lieblingsblumen!«

»Mutter hätte bestimmt nichts dagegen«, meinte Joost, »sicher würde sie die Tulpenzwiebeln gerne opfern, wenn sie wüsste, dass wir dann zusammenbleiben und sorglos leben könnten.«

Das sahen die Geschwister ein und schmiedeten einen Plan zur Flucht. Zwei Wochen später setzten sie ihren Plan in die Tat um. An einem Sonntag ging das gesamte Waisenhaus zur Kirche; der Heimvater lief vorneweg und seine Frau am Ende. Als die Waisenkinder auf dem Weg dorthin durch ein dichtes Menschengetümmel liefen, verschwanden die Geschwister plötzlich zwischen den vielen Menschen. Gemeinsam verließen sie die Stadt und machten sich auf den Weg in ihr Heimatdorf, zum Grab der Mutter.

Die Tulpen dort waren schon längst verblüht und so konnten die Zwiebeln gefahrlos ausgegraben werden. Bevor sich die Kinder an die Arbeit machten, sprach Rieke, die älteste Tochter, jedoch erst noch ein Gebet. Sie bat die Mutter um Verzeihung wegen der Tulpenzwiebeln und den Herrn gleichzeitig um den Segen, damit die Geschwister zusammenbleiben konnten und ihr Vorhaben, die Tulpenzwiebeln zu verkaufen, erfolgreich sein würde.

Als sie die Tulpenzwiebeln ausgegraben hatten, schlichen sie sich zu dem kleinen Haus, in dem sie früher gewohnt hatten. Joost, der Älteste, ging zunächst alleine hin, um festzustellen, ob vielleicht ein anderer Mieter eingezogen war. Er fand das Haus leer, niemand wohnte darin, und der Garten war schon etwas verwahrlost. Schnell winkte er die Geschwister heran.

Wenige Tage später ging Joost zusammen mit seinem Bruder Maarten nach Amsterdam. Sie hatten die Tulpenzwiebeln dabei und gingen damit zur Tulpenbörse. Ihre kleine Schwester

Linda hatte ein Bild gezeichnet und sie hatten es mitgenommen. Es zeigte die Tulpen in voller Blüte in der einzigartigen, violetten Farbe. So konnte ein Kaufinteressent sehen, wie die Tulpen aussehen würden.
Wider Erwarten hatten sie keine Schwierigkeiten, obwohl sie ja keine Erwachsenen waren. Die Tulpenzwiebeln wurden zur Versteigerung angenommen. Dann jedoch mussten die beiden viel Geduld aufbringen. Es gab unglaublich viele Tulpenzwiebeln zu ersteigern. Mit großen Augen beobachteten sie die Versteigerung. Unglaubliche Summen wurden zum Teil geboten. Dann war es endlich so weit. Der Auktionator hielt das Bild, das Linda gezeichnet hatte, in die Höhe und zeigte auf die Tulpenzwiebeln. Schnell flogen die Hände der interessierten Käufer nach oben und Joost griff aufgeregt nach der Hand seines Bruders. In kurzer Zeit wurden bereits 3.000 Gulden geboten. »3.000 Gulden!«, schrie Joost seinem Bruder Maarten ins Gesicht, »so viel hat Vater in zehn Jahren nicht verdient.«
Maarten wusste nicht, was er darauf antworten sollte. Er zeigte zu dem Auktionator, und als Joost ebenfalls seine Aufmerksamkeit dorthin lenkte, rief der Auktionator bereits »9.000 Gulden zum Ersten … 10.000 Gulden!«
Die Brüder wurden bleich im Gesicht. Mit solch einer gigantischen Summe hatten sie nicht gerechnet. Freudig umarmten sie sich. Aber die Versteigerung ging weiter. Noch einmal hob der Auktionator das Bild der violetten Tulpen nach oben und erneut flogen ihm die Gebote zu. Für 33.000 Gulden gingen am Ende die Tulpenzwiebeln an einen stadtbekannten, reichen Kaufmann.
Nach Abzug der Gebühr für das Auktionshaus blieben 30.000 Gulden übrig. Nun waren die Kinder reich und ihre Zukunft gesichert. Sie kauften sich für 3.000 Gulden das Häuschen mit dem schönen Garten, in dem sie aufgewachsen waren und nahmen, gegen Bezahlung, eine kinderlose Witwe bei sich auf, die sich um sie kümmerte.

Im Februar des Jahres 1637 fielen urplötzlich die Preise für Tulpenzwiebeln, die bisher immer höher gestiegen waren, ins Bodenlose. Niemand wollte mehr Tulpenzwiebeln kaufen, und so mancher, der sein Geld in sie investiert hatte, wurde zum bettelarmen Mann.

Nachdem er sich mit seinen Geschwistern abgesprochen hatte, suchte Joost den ehemals reichen Kaufmann auf, der ihre Tulpenzwiebeln ersteigert hatte. Er traf jedoch nur die Frau an. Sie trug schwarze Kleider und trauerte, denn ihr Mann hatte sich, da er so plötzlich arm geworden war, das Leben genommen.

Für 300 Gulden kaufte Joost der Frau die Tulpenzwiebeln wieder ab, und die Witwe war darüber überglücklich, denn sie wusste nicht, wovon sie sonst leben sollte, und der Preis war für diese Zeit mehr als großzügig.

Als im Frühling die Sonne herrlich warm vom Himmel strahlte, standen die Geschwister am Grab der Mutter und pflanzten die Tulpenzwiebeln wieder ein. Schon wenige Wochen später leuchteten rund um das Grab die einzigartigen, violetten Blütenkelche.

Viola, die violette Elfe

Erich Röthlisberger

»Viola, Viola, wo steckst du wieder? Komm bitte zu mir, ich habe einen Notfall!«, ertönte eine weibliche Stimme durch das Haus.

Es dauerte nicht lange und eine kleine violette Elfe kam im Eiltempo geflogen. Das zierliche, kleine Wesen flatterte direkt auf die Türe der Vorsitzenden der Violettinchen zu.

Die Violettinchen sind ein Völkchen, bestehend aus Hunderten von emsigen, violetten Elfen. Kleine Wesen, die sich um auserwählte Erdenmenschen kümmern.

Außer Atem dort angekommen, fragte Viola sich, was denn so dringend war, dass sie alles fallen und liegen lassen musste.

Gespannt hörte sie der Vorsitzenden zu, was sie ihr für einen Eilauftrag auferlegte.

Die Zeit war tatsächlich knapp und es musste dringend gehandelt werden.

Unten auf der Erde wohnte ein kleines Mädchen, das sehr schwer krank war.

Seit Tagen konnte es das Bett nicht mehr verlassen, weil es von den Medikamenten und den Therapien, die es bekam, zu geschwächt war.

Weil das Mädchen Zeichnungen mit kleinen Elfen malte, wurde ein kleiner Elfe auf das Kind aufmerksam. So rasch wie möglich flog er ins Violettinchenland und erzählte, was er gesehen hatte.

Viola war speziell für den Besuch von kleinen Menschenkindern ausgebildet worden. Aus diesem Grund wurde sie so dringend gesucht.

Nachdem die Elfenlandvorsitzende die Sachlage zu Ende geschildert hatte, begann Viola, bereits ganz nervös mit den Flügeln zu schwingen, so dass ihr feines violettes Elfenkleidchen nur so wehte. Sie wollte losfliegen und das Mädchen besuchen.

So schnell es ihr möglich war, flatterte die kleine Viola Richtung Erde um das Haus zu suchen, wo das kranke Mädchen zu Hause war.
Es dauerte eine kleine Ewigkeit, bis sie am richtigen Ort auf der hölzernen Fensterbank landete und das bleiche Mädchen im Bett liegend sah.
Das Fenster war ein klein wenig geöffnet. Die Vorhänge bewegten sich mit jedem Luftzug. Die Sonne schien hell durch das Glas und beleuchtete das Zimmer mit einem sanften, hellen Licht.
Der Spalt war gerade so groß, dass die violette Elfe ohne Probleme ins Zimmer fliegen konnte. Sie drehte ein paar Runden in der Luft, um sich dann auf das Kopfkissen zu setzen.
Mit seinen feinen Fingerchen zupfte es das Mädchen ganz sanft an den schönen blonden Haaren. Das so lange, bis das Kind ganz langsam seine Augen öffnete. Erstaunt betrachtete es Viola mit den schönen blauen Augen.
»Hallo, ich bin Viola, eine violette Elfe aus dem Land der Violettinchen. Du hast uns mit deinen Zeichnungen gerufen. Nun darf ich bei dir sein und dich kurz mitnehmen, um dir unser Land zu zeigen«, erklärte Viola mit einer feinen, reinen Stimme.
So machten sich die Beiden nebeneinander herfliegend ins Land der violetten Elfen. Natürlich flog nur der Geist vom Mädchen mit. Der Körper von ihm kann nämlich nicht fliegen.
Nach dem gemeinsamen Flug über farbige Blumenwiesen und durch schneeweiße Wolken, kamen die Beiden im Elfenland an.
Das Mädchen kam nicht zum Staunen heraus. Um sie schwirrten und flatterten einige winzige, in violetten Kleidchen gehüllte Elfen, die die zwei Ankömmlinge kichernd und lächelnd begrüßten.
Wie Viola dem Mädchen versprochen hatte, präsentierte es

ihm das ganze Land. Sie zeigte die wunderschönen violetten Lavendelfelder, die fließenden Bäche, die grünen Bäume und natürlich die Häuser, wo die verschiedenen Elfenfamilien friedlich zusammen wohnten.
Das Kind lernte natürlich auch die Vorsitzende des Elfenlandes und viele andere Elfen kennen. Durch diesen Ausflug und die Begegnungen lernte das Mädchen eine gewisse Unbeschwertheit, auch Humor, Freude und Sorglosigkeit kennen. Seine Krankheit, die es mit dem Körper zu Hause im Bett zurückgelassen hatte, war für diese Zeit gänzlich vergessen.
Trotz allem musste Viola den Geist des Mädchens wieder auf die Erde zurückbringen. Beim Verabschieden der quirligen Elfen flossen doch ein paar winzige Tränchen. Die Vorsteherin umarmte das Mädchen und flüsterte ihm ins Ohr: »Sei nicht traurig. Es geht nicht lange und wir sehen uns wieder«. Mit einem flüchtigen Kuss auf die Wange bedankte sich das Mädchen bei der Oberelfe.

Die Beiden machten sich nun endgültig auf den Weg zurück zur Erde. Nach einem kurzen Flug begleitete Viola den Geist des Mädchens zu Hause wieder in den menschlichen Körper. Nach einer innigen Verabschiedung flog Viola zurück in ihr Land und zu ihrer Elfenfamilie.
Als ein paar Tage später die Mutter nach dem Mädchen schaute, stellte sie fest, dass es für immer eingeschlafen war. Das Kind lag mit einem Lächeln auf dem Gesicht, als würde es schlafen im Bett und hatte eine Zeichnung mit einer violetten Elfe neben sich liegen.
Als die Mutter das Fenster öffnete, entwich aus dem Zimmer eine feine, violette Wolke.
Von da an schwirrte eine weitere violette Elfe durch das Land der Violettinchen und durfte nach einer gewissen Lernzeit kleinen Menschenseelen ihr Land zeigen, um sie anschließend auf ihrem letzten Weg über den Regenbogen begleiten zu können.

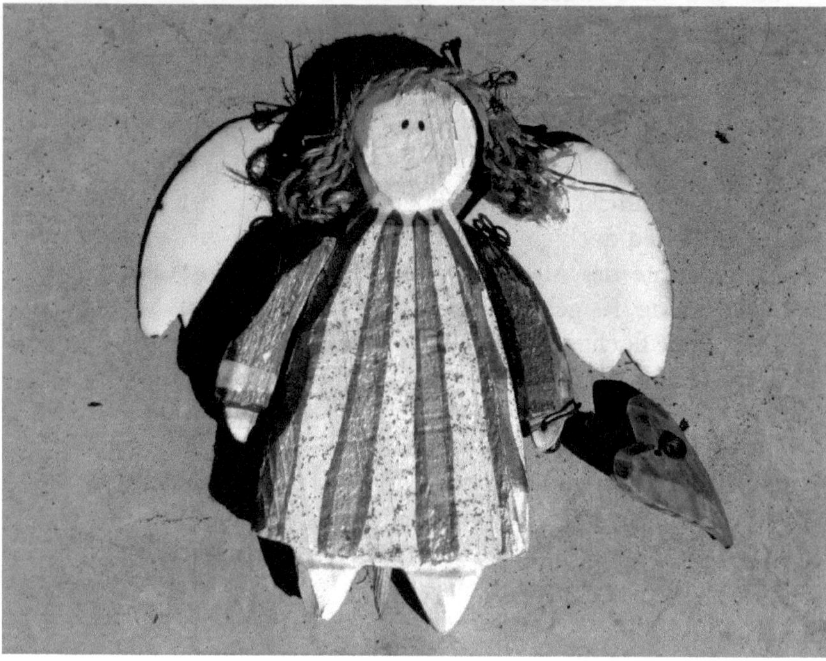

Rose und Veilchen

Sara Puland

Der kalte Wind strich über die frisch entfalteten, grünen Blätter. Herzförmig muteten sie an. Dicht an den Boden gepresst, damit die Wärme des Bodens die Kälte ausglich. Als die Sonne über den Garten wanderte, traute sich das Köpfchen nach oben. Ganz langsam öffnete es sich. Das zarte Violett bot einen wunderschönen Kontrast zu dem Grün der Blätter. Vorsichtig blickte es sich um, das junge Veilchen. Viel gab es nicht zu sehen. Trockene braune Blätter, die auf dem Boden lagen. In der direkten Nachbarschaft ein dicker Stamm, der aus dem Boden ragte, mit gebogenen Stacheln daran. Weiter oben hatte dieser Blätter und eine dunkelrote Knospe. Aber überall die spitzen Nadeln. Wer wohl dieser Nachbar war?

Das Veilchen dachte nicht weiter darüber nach. Zu schön war es, die Wärme der Sonne zu genießen. Das Licht floss durch sämtliche Blätter und nährte es mit Liebe. Kleine Wesen mit sechs und acht Beinen krabbelten über es hinweg, kamen angeflogen und setzten sich auf seinen Kopf. Manche von ihnen liebkosten das Veilchen mit ihrer Zunge.

So vergingen ein paar Tage. Die Ruhe in dem verlassenen Garten war wunderbar, aber ohne andere Blumen mit der Zeit auch langweilig.

»Schauen Sie nur, wie groß und schön ich bin«, sprach plötzlich eine hohe Stimme, die von oben kam.

Das Veilchen sah hinauf. Anstelle der Knospe erblickte es viele kräftige Blütenblätter in einem dunklen Rot, die ihre Entfaltung gefunden hatten.

»Ja, bewundern Sie mich ruhig. So sittsam, bescheiden und unscheinbar, wie Sie da unten in Ihrem Violett und Grün kauern, wird Sie niemand wahrnehmen. Ich hingegen bin eine Königin. Jeder wird mich hofieren.«

Das Veilchen schüttelte unmerklich seinen kleinen Kopf. Auf eine solche Unterhaltung legte es keinen Wert.
Ein paar Tage später, die Rose brüstete sich weiterhin mit ihrer Schönheit, hörte das Veilchen Schritte durch die verwelkten Blätter kommen. Stimmen erklangen.
»Sieh nur, Sam, eine Rose. Ist die nicht prachtvoll?«
»Was habe ich Ihnen gesagt? Man sieht mich sofort und drückt Bewunderung über mein Aussehen aus. Sie wurden nicht einmal entdeckt.«
Ein Mann und eine Frau standen plötzlich vor den beiden Blumen. Mit einem glänzenden Instrument hantierte der Mann an der Rose.
»Autsch«, das war das Letzte, was das Veilchen von seiner bisherigen Nachbarin hörte.
»Bitte, guck mal, da unten. Lass uns das Veilchen mitnehmen. Es wird gut in unseren Garten passen«, sprach die Frau, mit der Rose in der Hand.
Vorsichtig grub der Mann um das Veilchen herum, um ja kein Stück von seiner Wurzel zu verletzen. Mitsamt der Erde verpackte er es sorgsam in ein Taschentuch. Es schlief ein und wachte erst wieder auf, als es erneut in die Erde gebettet wurde. Ein Garten mit vielen anderen Blumen war sein neues Zuhause. Und alle begrüßten es freudig.
Die Rose aber, besser deren Überreste, fanden einen letzten Ruheplatz auf dem naheliegenden Komposthaufen.

Die AutorInnen

In alphabetischer Reihenfolge

Bibi Bellinda, geboren 1965 in Wien, Studium der Sozial- und Wirtschaftswissenschaften (einige Fachpublikationen, darunter ihre Dissertation), lebt in Niederösterreich.
Zahlreiche Publikationen in Anthologien und Literaturzeitschriften, u. a. in «Bodenhaftung» zum Forum Land Literaturpreis 2014 (Wien) und im Kulturmagazin «Reibeisen» des Europa-Literaturkreis Kapfenberg, 2015.
Details unter http://BibiBellinda.lima-city.de/ (Bibi.Bellinda@gmx.at).

Artur Belja ist ein lebensfroher Autor und Künstler, der seit jungen Jahren im Rollstuhl sitzt. Durch sein Handicap entwickelte er ein besonderes Gespür für die Feinheiten des Lebens, die er in seinen Geschichten und Bildern auf unvergleichliche Weise widerspiegelt.

Sally Bertram lebt und arbeitet in Wien. Im Alter von 12 Jahren veröffentlicht sie ihre ersten eigenen Gedichte und kleinen Geschichten in verschiedenen Zeitschriften. Heute schreibt sie unter anderem regelmäßig Kurzgeschichten für das Projekt »Jedes Wort ein Atemzug« vom Verein »Respekt für Dich«. Nebenbei ist sie als Übersetzerin (Englisch) tätig.
Veröffentlichungen:
2010 »Der Versuch eines normalen Lebens« (Roman)
2013 »Mord nach Manuskript« (Krimi)
2014 »Ideenreich« (Gedichtband)
2015 »Nur ein Gedanke« (Textsammlung mit Co-Autorin Karin Pfolz)

Nicole Bleck, 1967 in Essen geboren. Sie lebt seit 2009 mit ihrem Mann in der Dominikanischen Republik.
Im selben Jahr begann sie als Autodidakt mit der Fotografie. Sie ist ständig bestrebt, sich in der Fotografie und der Bearbeitung weiter zu entwickeln.
Nicole arbeitet als freie Fotografin und ist seit 2015 für die

Covergestaltung im Karina Verlag tätig.
Unter www.hispaniola-fineart.com findet man eine Auswahl Ihrer Arbeiten.

Stella Delaney. Geboren im fränkischen Weinland, lebt Stella nach einem längeren Zwischenstopp in England inzwischen in der Schweiz - Winterthur.
Hauptberuflich arbeitet sie als Lehrerin für Englisch und Allgemeinbildung.
Ihre Werke lassen sich am besten als eine Mischung aus Spannungsliteratur und Beziehungsgeschichte beschreiben, gelegentlich düster und melancholisch, aber nie ganz ohne Hoffnungsschimmer. Mehr unter:
www.stelladelaney.net.

Werner Diefenthal. Geboren 1963 im Rheinland, wohnhaft seit 2000 in Oberfranken. Ursprünglich ein ehrlicher Handwerker habe ich lange Jahre im Qualitätsmanagement gearbeitet. Nebenbei habe ich angefangen zu schreiben, mein erster Roman »Das Schwert der Druiden« ist seit Herbst 2010 auf dem Markt. Vorher habe ich an einer Anthologie »Kleine Reisen« mitgearbeitet, dessen Erlös voll an ViaNiños e.V. ging.
Nach meiner Verrentung aus gesundheitlichen Gründen habe ich mich neu orientiert und konzentriere mich hauptsächlich auf das Schreiben. Mit meiner Partnerin Martina Noble habe ich mittlerweile 5 Bücher fertiggestellt. Die »Henker - Trilogie; Der Henker von Rothenburg« sowie die »O´Leary Saga«, bestehend aus »Engelsklinge« und »Todesatem«, ein dritter bzw. vierter Teil sind in Arbeit.

Veronika M. Dutz , geboren in Hanau. Nach Ihrer kaufmännischen Ausbildung arbeitete sie in verschiedenen Bereichen. Literatur begeistert und begleitet sie schon ihr ganzes Leben. Sie reist leidenschaftlich gern, doch nie ohne

ein gutes Buch im Gepäck. Sie ist eine der Gewinner des Astioks-Schreibwettbewerbs – »Anders sein«.
Veronika M. Dutz – Google+
https://plus.google.com/115498548949862271987

Die Autorin **T.B. Ems** wurde 1960 in Esslingen am Neckar geboren. Sie wohnt seit 1983 in Baden Württemberg. Außer dem Schreiben widmet sie sich gerne ihren vier Enkelkindern. Sie hat sich mit einigen netten Autoren angefreundet und tauscht sich mit ihnen aus.
Ihr Hobby: Malen mit Acrylfarben auf Leinwand.
Bereits als Ebook erschienen:
»Trilogie Gilde der Hüter«
»INZEST! Carl und seine Töchter«
»Vampirprinz«
»Gefangen«
Der Psychothriller »Daphne die Psychopathin« wird demnächst auf den Markt kommen.

Christine Erdiç, wurde 1961 in Deutschland geboren. Seit 1986 ist sie verheiratet, hat zwei Töchter und lebt seit dem Millenium in der Türkei. Unter anderem gab sie Sprachtraining an der Universität von Izmir, machte Übersetzungen und verfasste Berichte für die Türkische Allgemeine, eine ehemalige Zeitschrift in deutscher Sprache und gibt heute noch private Deutschstunden.
Mehr über die Autorin und ihre Werke unter
http://christineerdic.jimdo.com/
Bisher veröffentlichte Bücher:
Nepomucks Abenteuer; Zauberhafte Gerichte aus der Koboldküche; Geschichten aus dem Reich der Hexen, Elfen und Kobolde; Glücksschmiede, Tipps für mehr Glück und Erfolg; Willkommen im Luhg Holiday;
Mystica Venezia

Florian Knisatschek, lebt auf einem alten Bauernhof in der Einsamkeit des südlichen Burgenlandes. Seine Texte sind witzig und ausgesprochen unterhaltsam. Einige wurden durch von ihm geschriebene Drehbücher als Film umgesetzt, wie »Out of Wulkaprodersdorf«, »Waffenrad« und »Starring«. Mit seinen Kurzgeschichten tourte Knisatschek von 2000 bis 2010 durch Österreich und erfreute die Hörer von Radio Orange.
Seine einzigartigen Texte sind nun gesammelt in dem Buch »Seltene Zwiebeln im Kongo« im Karina Verlag, Vienna erschienen.
Knisatschek ist einfach Knisatschek, mit seiner eigenen interessanten Welt und einer erfrischenden tiefgründigen Sicht auf die Dinge.
Mehr Infos:
http://florian-knisatschek.webnode.com/

Sandra Karin Foltin wurde 1969 in Köln geboren. Wuchs im Rheinland auf, wohnt jetzt mit ihrem Mann und drei Kindern im Münsterland. Sie arbeitet als Krankenschwester, Freiberuflich hat sie eine eigene Praxis für Hypnose und Therapeutic Touch. Ihr Spezialgebiet ist die Arbeit mit Eltern autistischer Kinder.
Aktuell arbeitet sie an ihrem ersten Roman, dem Psychothriller ›Goldgräberin‹ und der Kurzkrimigeschichtensammlung ›Dorfgeschichten‹.
Zudem schreibt sie einige Kurzgeschichten für diverse Anthologien, deren Erlös für gute Zwecke gespendet wird.
Info: www.sandra-karin-foltin.de

Leopold Fröhlich. 1963 wurde er in Österreich, Nähe Wien, geboren.
Er arbeitet bei einer renommierten Maschinenbaufirma.
Seit 2012 schreibt er als LeopoldF Romane und Gedichte, die er auf der Autorenplattform »Mystorys.de« veröffentlicht.

Sebastian Görlitzer, am 02.07.1982 in Karl-Marx-Stadt geboren, lebt heute in seiner Geburtsstadt Chemnitz. Im Jahr 2002 schloss er seine Ausbildung zur Bürokraft erfolgreich ab und arbeitete danach für ein Jahr im Amtsgericht, als Justizangestellter im Schreibdienst. Er schreibt unterschiedliche Geschichten, darunter auch Kurzgeschichten. 2014 ist sein Kinderbuch ›Benji der Braunbär‹ beim Karina-Verlag erschienen. Außerdem arbeitet er ehrenamtlich beim Stadtteilmagazin (Marmorhut) und arbeitet ebenfalls ehrenamtlich in einem Alten- und Pflegeheim in Chemnitz sowie bei der Mobilen Behindertenhilfe.

Maria Göthling. 1954 in Worbis geboren. Aufgewachsen ist sie in dem Eichsfelddorf Weißenborn - Lüderode. Dort lebt sie mit ihrer Familie auch heute noch. Sie schreibt Geschichten für Kinder und Erwachsene. Es ist ihr wichtig, nicht nur zu unterhalten, sondern die Leser auch an den Erfahrungen, die sie im Leben gemacht hat, teilhaben zu lassen. Veröffentlichungen: Im Eichsfelder Heimatheft sind die Erzählungen: »Heidi und das Christkind«, »Peterle«, »Glück gehabt«, »Der Lindenbaum und die Prinzessin« und »Der Lindenbaum« erschienen 2015 »Die Kinder der Pusteblume gehen auf die Reise«, Kinderbuch beim Fabuloso Verlag erschienen. 2015 »Hilfeschrei eines Autos« Anthologie Nr. 5 der Creativo »Wohin dich die Sehnsucht treibt«, 2015 »Wo ist der Regen?« Kinderbuch mit Bildern zum Ausmalen beim Fabuloso Verlag, 2016 »Die besondere Gabe« in der Anthologie »Magisches, Mystisches« im Karina Verlag Wien

Mein Name ist **Angelika Groß** - geboren 1953 in NRW - ich habe Kinder, einen Mann und mich. Auf meinem Grabkreuz wird eines Tages stehen:
Angst war ihr ständiger Begleiter.
Ich lebe, wiederum auch nicht, kämpfte jeden Tag aufs Neue, fühlen, denken, wunderbar für mich ein seltenes Glück.

Durch meine Angsterkrankung ist mein Leben sehr eingeschränkt.
So habe ich eines Tages wieder meine Kreativität entdeckt.
Das Schreiben, Malen, Fotografieren erfüllt nun mein Leben.
Es hat ein neuer Abschnitt begonnen.

Verena Grüneweg lebt in Norden. Sie ist Mutter von zwei erwachsenen Töchtern. Seit vielen Jahren arbeitet sie hauptberuflich als Floristin. Das Schreiben ist ihre Leidenschaft.
Ihre Geschichten und Gedichte umfassen Bereiche wie Fantasie, Erfahrungen und Frauenliteratur. Für sie sind ihre geschriebenen Worte »Seelenpflaster«. Viele ihrer Geschichten sind in etlichen Anthologien erschienen. Unter anderem in der Serie »Jedes Wort ein Atemzug«.
Veröffentlichungen:
»Hexenschatten«, 2014, mit Karin Pfolz
»Verloren im Leben«, 2015, mit Karin Pfolz
»Malvadins Zauber ›WUSCH‹«, 2015
»Tödlicher Bestseller«, erscheint 2016, mit Karin Pfolz

Marlies Hanelt. Geboren 4.12.1953 Berlin Charlottenburg. 2009/10 in fünf Anthologien für diverse soziale Projekte mitgeschrieben. 2015 erste Publikation im Genre Horror/SF beim Mondschein Corona Verlag. Ebenfalls 2015 erschien ein erotisches Horror e-book über Redlight Publishing. Weitere in den Genres Horror, Erotik, Crime - (als Serie), folgen. Schreiben ist für mich Leidenschaft pur, die ich auch exzessiv auf meinem Blog und Homepages mithin auslebe. Ich sage immer, wenn die Fantasien fliegen, besitzen sie Flügel. Man findet mich ebenfalls auf Facebook und Amazon.

Iris Haupt wurde im Mai 1959 in Remscheid geboren.
Die ehemalige Pflegedienstleiterin ist verheiratet und hat zwei erwachsene Kinder. Schon seit ihrer Kindheit liebt sie das Lesen, mit dem Schreiben begann sie jedoch erst, seit sie auf der

Insel Mallorca lebt. Sie schreibt unter dem Pseudonym Linda Marie Haupt, das eine Hommage an ihre sehr früh verstorbene Mutter ist. Bisher veröffentlichte sie in sieben Anthologien ihre Gedichte und Kurzgeschichten, weitere erscheinen in diesem Jahr. Im Januar erschien ihr Erstlingswerk „Magie" Geschichten und Gedichte. Alle bisherigen Publikationen, so wie eine Hörprobe aus ihrem Buch sind zu finden unter: www.linda-marie-haupt.com.

Maria Hertting, in Berlin geboren und auch hier lebend, arbeitete als Lehrerin für Biologie und Chemie an einer Sekundarschule mit gymnasialer Oberstufe. Sie hat zwei erwachsene Kinder. Nach dem Tode ihres Mannes adoptierte sie im Jahre 2004 ihren Sohn Christopher, der damals 4 Tage alt war. Heute widmet sie sich nur noch ihrem Jüngsten und ihrer zweiten Liebe, der Schriftstellerei. Veröffentlichungen: Zwei Romane und zwei Jugendbücher sowie diverse Kurzgeschichten in Anthologien.

Das Münchner Kindl **Alexa Innocenti**, Jahrgang 1971, lebt mit ihrer Familie und zahlreichen Vierbeinern in Norditalien. Die Autorin bewegt sich gerne im Bereich Krimi und Thriller und schreibt neben ihren größeren Projekten auch gerne Kurzgeschichten für Anthologien. So ist sie beispielsweise mit „Der Leichenschmaus" und „Tödliche Ferien" in zwei Kurzgeschichtensammlungen des Karina-Verlags vertreten. Im Herbst 2015 wurde ihr Debütroman „Angst steht dir gut" bei Bookshouse veröffentlicht. Aktuell arbeitet sie an ihrem zweiten Roman, in dem sie wieder die Tiefen der menschlichen Psyche auslotet.

Michaela Kaiser ist 1955 in Berlin geboren und lebte bisher überwiegend im Ausland. Ihr abwechslungsreiches und abenteuerreiches Leben hat sie nun hinter sich gelassen und ist im schönen Münsterland sesshaft geworden. Verschiedene Publikationen, Kurzgeschichten und biografische Romane, von

ihr sind bereits erschienen, u.a. im Karina Verlag, bei ETS und im Verlag Roter Drache.
www.michaelakaiser.jimdo.com

Mag.a Bernadette Maria Kaufmann, geboren 1978 in Graz: Studium der Kommunikationswissenschaft an der Universität Salzburg. Freie Autorin und Publizistin. Verschiedene literarische und publizistische Veröffentlichungen. Derzeit Arbeit am nächsten Buch.

Beate Kidd wurde 1971 in Regensburg geboren und lebt mit ihrer Familie noch heute dort. Bücher haben in ihrem Leben schon immer eine sehr wichtige Rolle gespielt. Erste Schreibversuche unternahm sie mit nicht einmal 10 Jahren.
www.beatekidd.de
Veröffentlichungen Print:
Geschichten aus dem Funkelwald - Nillo und der Leuchtsirup (Dezember 2015)
Geschichten aus dem Funkelwald - Nillo und die Rankelpflanze (Mai 2016)
Veröffentlichungen eBook:
Geschichten aus dem Funkelwald - Nillo und der Leuchtsirup (Januar 2016)
Stories from the Sparkling Forest - Nillo and the Luminous Potion (Februar 2016)

Markus Kohler. Geboren 1964 in Backnang/Baden-Württemberg und schon seit frühester Kindheit den Büchern und dem Schreiben zugetan. Ich besitze ein Antiquariat »Markus Bücherkiste«, in dem Events, wie Lesungen, Konzerte und Theater stattfinden. Bei so viel Umgang mit dem geschriebenen Wort blieb es nun mal nicht aus, auch selbst einmal die Griffel zu spitzen. 2016 folgen noch sehr viele Projekte, u.a. mein Märchen »Die Froschprinzen« (Karina-Verlag) und mein Thriller »Tod? Ich bin da!« Des Weiteren

werde ich in mehreren Anthologien zu finden sein.
Bisherige Veröffentlichungen:
Mitautor bei:
»Flügel-Trilogie«, »Winterliche Erzählungen«
9-teilige Serie »Farbspiel«
Autorenstammtisch- Das Buch – Band 1 (als Herausgeber)
(alle Karina-Verlag, Wien)
Böse Clowns, (Sarturia-Verlag)
Amper Kochbuch, (Edition Trailor-Spot-Verlag)
Fleisch 3, (ELDUR Verlag)

Petra Kesse wurde 1965 in Bremen geboren, wohnt aber seit 2010 im beschaulichen Quakenbrück. Sie ist verheiratet und hat eine erwachsene Tochter. Im Hauptberuf ist sie Medizinische Fachangestellte und Demenzfachkraft.
Mit großer Leidenschaft schreibt sie Geschichten über das Leben, mit all seinen Facetten. Seit 2012 nimmt sie erfolgreich an Literaturwettbewerben teil und freut sich über die Veröffentlichungen vieler Geschichten in diversen Anthologien.

Evelyn Kühne wurde 1970 in Radebeul bei Dresden geboren. Nach einer Krebserkrankung begann sie als Krankheitsverarbeitung mit dem Schreiben, für sie eine Art von Therapie. Sie verfasst Kurzgeschichten und Fantasy, momentan schreibt sie gerade an ihrem ersten Krimi. Heute lebt sie in einem kleinen Dorf in der Nähe von Meißen.

Waltraut Lang wurde 1960 in Nesse, Kreis Cuxhaven geboren. Ihr ganzes Leben wurde sie vom geschriebenen Wort begleitet, doch durch ihre beruflichen Anforderungen als Übersetzerin (Englisch-Französisch-Deutsch) musste sie diese in den Hintergrund stellen. Seit 2014 hat sie nun die Möglichkeit, ihre Worte auch zu veröffentlichen.

Webseite: www.langwaltraut.jimdo.com Social Media: www.facebook.com/Autorin.Waltraut.Lang Google+: https://plus.google.com/collection/0ry_o

Blog: http://waltrauts-bunte-lyrik-wiese.blogspot.com/

CF Lucas wurde 1974 als Sohn eines amerikanischen Diplomaten und einer deutschen Mutter in Bonn geboren und verbrachte einen großen Teil seines Lebens im angelsächsischen Ausland. Derzeit arbeitet er für einen großen Logistiker in seiner Heimatstadt

Katja Michels. Die 34 jährige Autorin lebt in Hatzenport (Deutschland) an der Untermosel, einem kleinen Weinort zwischen Koblenz und Cochem. Sie ist hauptberuflich als Kinder-und Jugendlichenpsychotherapeutin im Kreis Ahrweiler tätig. Seit vielen Jahren schon mit dem deutschen Psychothriller - Autor Sebastian Fitzek befreundet, war sie auch Teil seines „Killer-Clubs“, mit dem Auftrag, den perfekten Mord auf dem Papier zu begehen.
Veröffentlichungen :
Theaterstück „Schneewittchen“, erschienen im Plausus-Verlag (Bonn)
Theaterstück „Aschenputtel“, erschienen im Plausus-Verlag (Bonn)
Weihnachtsgeschichte „Das Weihnachtswunder,“ (Anthologie Wintersymphonie)
Geschichte : „Grabmal aus dem Reich der Toten“, (Farbanthologie Violett)
Geschichte: „ Sagen wir mal, es war der Sternenstaub“ (Farbanthologie Blau)

Roland Moser, wurde 1961 in Thun/BE (Schweiz) geboren und ist im schönen Gürbetal/BE aufgewachsen. Seit 1980 lebt er wieder in seiner Geburtsstadt und arbeitet dort als

Sachbearbeiter bei der Stadtverwaltung. In seinem Erstlingswerk mit dem Titel: »Bi z Gragges hinge« beschreibt der Autor Alltagsituationen von zwei älteren Leuten, Graggens, irgendwo im Emmental. In den berndeutschen Texten findet sich herrlicher Humor gepaart mit tiefsinnigen Gedanken wieder.

Sabrina Nikolai wurde 1987 geboren und wuch in schwierigen Familienverhältnissen auf. In dieser Zeit, in der sie nicht wusste wo genau sie mit ihren Gedanken und Gefühlen hin sollte, schrieb sie ein Tagebuch. Nach Jahren des Schreibens veränderten sich ihre Worte zu ersten Gedichten, in denen sich Melancholie und Hoffnung widerspiegeln. Aufgrund eines damaligen schlechten Umfeldes vernichtete sie ihre Exemplare und gab das Schreiben auf. Mittlerweile ist sie verheiratet und fing 2011 wieder mit dem Schreiben ihrer Gedichte an. Ihr Betrag in der Anthologie »Ein weißes Blatt Papier » ist ihr Beginn ihre Gedanken zu veröffentlichen.

Ilona Penna, geboren am 19.09.1964 in Heidenheim an der Brenz. Später, als Mutter von sechs Kindern, hielt sie ihr facettenreiches Leben in lyrischen Versen fest. Im Dezember 2014 eröffnete die alleinerziehende Mutter eine kleine Textagentur, in der sie verschiedene Artikel und kleine Fortsetzungsgeschichten wie z.B. »Fräulein Suppengrün ermittelt« schreibt, die in der 50+Life, Seniorenblick und Freizeit-Life, Südniedersachsen und Nordhessen veröffentlicht werden.
Fink Ferdinand, eine kleine amüsante Kindergeschichte, die sie im sozialen Netzwerk veröffentlichte, brachte ihr begeisterte Leser. Heute schreibt sie zwischen Kindererziehung, Kochtopf und Job, Thriller mit sehr scharfem Pfeffer gewürzt.

Andreas Petz wurde 1962 in Stuttgart geboren. Zwei Jahre verbrachte er bei der Marine, die ihn um die halbe Welt führte. Anschließend bildete er sich nach der Tagesarbeit weiter und ist seit über 25 Jahren im Finanzbereich tätig.
Das Schreiben war schon immer ein Hobby von ihm, Gedichte, Liedtexte, Kurzgeschichten und Erzählungen. Mittlerweile sind schon einige Bücher von ihm erschienen, die gerne gelesen werden.
Andreas Petz ist geschieden, hat zwei erwachsene Kinder und lebt heute in Gammesfeld, dem Ort mit der kleinsten Bank Deutschlands.

Mag. Marianne Peternell, seit 1972 Beschäftigung mit Literatur und Schriftstellerei; 2005 Veröffentlichung von Lyrik in »dulzinea 7«; Lesungen
seit 2003 Ausbildung zur Schreibpädagogin; Mitglied des Berufsverbands österreichischer Schreibpädagogen.
www.schreibpaedagogik.com
Sommer 2005 Leitung eines Workshops »Kreatives Schreiben« in der Sommerakademie Zakynthos (Vertretung des Schriftstellers Franzobel)
1.11.2005 zu Gast in der Sendung »Queer durch« gestaltet von Elisabeth Hanscho im Radio Agora/Klagenfurt zum Thema »Frauen und ihr Erbe«
2009 Veröffentlichung eines Prosatextes in der Zeitschrift »Sterz« (Nr. 101; Streit/Kultur)

Andreas Petz wurde 1962 in Stuttgart geboren. Zwei Jahre verbrachte er bei der Marine, die ihn um die halbe Welt führte. Anschließend bildete er sich nach der Tagesarbeit weiter und ist seit über 25 Jahren im Finanzbereich tätig.
Das Schreiben war schon immer ein Hobby von ihm, Gedichte, Liedtexte, Kurzgeschichten und Erzählungen. Mittlerweile sind schon einige Bücher von ihm erschienen, die gerne gelesen werden.

Andreas Petz ist geschieden, hat zwei erwachsene Kinder und lebt heute in Gammesfeld, dem Ort mit der kleinsten Bank Deutschlands.

Karin Pfolz, Teamleader: Die Autorin und Malerin lebt und arbeitet in Wien. Für ihre Kindergeschichten wurde sie 2011 und 2012 mit dem »Sparefroh-Preis-Österreich« ausgezeichnet. Sie unterstützt mit ihren Büchern die »Autonomen österreichischen Frauenhäuser«, hält Gewaltpräventionsworkshops an Schulen und spricht in den Medien offen über das Tabu-Thema familiärer Gewalt. Zahlreiche Fernseh- und Radiointerviews begleiten sie auf ihrem Weg gegen Gewalt.
Seit 2014 ist sie Vorstandsvorsitzende des Vereins »Respekt für Dich – AutorInnen gegen Gewalt« und Geschäftsführerin von Karina-Verlag und Modern-Publishing, Vienna. Sie hat ebenfalls 2014 die Aktionen »Jedes Wort ein Atemzug« und 2015 »Nicht umsonst« ins Leben gerufen und leitet diese Projekte.
Veröffentlichungen:
»Manchmal erdrückt es mich, das Leben«, Roman
»Du lügst dich durch mein Leben«, Thriller
»Hexenschatten«, Thriller
»Verloren im Leben«, Thriller, gemeinsam mit Verena Grüneweg
»Nur ein Gedanke«, Literatur, gemeinsam mit Sally Bertram
»Die Reise der Bücher«, Kinderbuch, mit Ruth M. Fuchs und Bettina Lippenberger
»Gemalte Geschichten«, Kinderbuch
»Kleine Mutmachgeschichten«, Kinderbuch, mit Britta Kummer, Christine Erdic und Heidi Dahlsen
»Olivenöl Kochbuch«, Kochbuch, mit Rudi Treiber
»Vergessene Flügel«, Thriller-Trilogie, gemeinsam mit 60 Autoren
»Jedes Wort ein Atemzug«, Anthologie-Serie
»Tödlicher Bestseller«, Thriller, mit Verena Grüneweg
»Kathy, das freche Schlossgespenst«, Kinderbuch

http://karinpfolz.webnode.com
www.karinaverlag.at

Sara Puland (Pseudonym) geboren und aufgewachsen in Bendorf am Rhein. Die Verwaltungsangestellte wohnt in der Nähe von Bonn. In den Anthologien des Karina-Verlages erschienen: »Manou und die sieben Helden«, »Dreamtravell« sowie »Sybilles Erwachen« und ein Kapitel in der Trilogie »Vergessene Flügel – Verborgene Flügel – Vollendete Flügel«. Im Elvea - Verlag existiert eine Protagonistin in dem Projekt »Die geheime Invasion«, im Weihnachtsmagazin 2015 »Das verpasste Weihnachten« Im Leseratten-Verlag fand die Geschichte »Die Katze war schuld« in der Anthologie »Der Tag der toten Katze« ihren Platz
Eine weitere Kurzgeschichte gibt es in der Anthologie »Kurze Geschichten für Zwischendurch«

Sandra Pulletz. Die Autorin wurde 1981 in Graz geboren, wo sie noch immer lebt. Seit einigen Jahren schreibt sie Kurzgeschichten, in denen sich meist alles um die Liebe dreht. Auch Kinder- und Jugendliteratur hat es ihr angetan.
Derzeit arbeitet sie an ihrem ersten Jugendroman.
Facebookseite: www.facebook.com/sandra.pulletz
Homepage: https://sasapull.wordpress.com/

Erich Röthlisberger, 1961, wohnhaft in Münchenbuchsee/Schweiz, begann vor Jahren als freier Mitarbeiter bei einer Regionalzeitung zu arbeiten. Das brachte ihn auf die Idee, aus seinen unterschiedlichen Reportagen ein Taschenbuch zu machen.
Er schrieb je ein Buch über die letzte Lebensspanne seiner Eltern. In letzter Zeit wurden einige Kurzgeschichten von ihm in Anthologien veröffentlicht. Schreiben ist, nebst dem Fotografieren eine seiner größten Leidenschaften.
www.fotoerich.ch

Bo Sauer (Pseudonym) wurde 1955 in Dortmund geboren und wuchs im sogenannten ›Ruhrpott‹ auf. Seit einigen Jahren bringt er kleine Texte und Kurzgeschichten zu Papier, in denen er eigene Lebenserfahrungen literarisch authentisch verarbeitet. Vor circa einem halben Jahr hat er sich einem Autorenstammtisch in Soest angeschlossen. Und so sind einige seiner Werke in der gerade erschienen Anthologie »Der Autorenstammtisch – Das Buch, Band 1« von Markus Koh- ler, Karina-Publishing, Vienna, veröffentlicht.

Marianne Schaefer wurde am 12.01.1938 in Landsberg/Warthe geboren. Nach der Vertreibung aus der Heimat verbrachte sie ihre Kindheit in Mittelfranken.
Sie arbeitete als Glasbläserin, Keramikmalerin, Verwaltungsangestellte und bis zum Ruhestand in einem Heim für geistig und körperlich behinderte Menschen. Sie ist verheiratet, hat drei Kinder, neun Enkelkinder und sieben Urenkel. Seit Jahren schreibt sie Geschichten für Erwachsene und Märchen für Kinder, die in verschiedenen Anthologien veröffentlicht wurden.
»Sami, der kleine Elefant«
»Annegret und der Zaubersee«
»Schneeflocken außer Rand und Band«
»Der zerbrochene Spiegel«
»Sieben goldene Tränen« erscheint in Kürze

Michael Schönberg, wurde 1955 in Düsseldorf geboren. Als sich das Ende der beruflichen Karriere abzeichnete, setzte er diese Gabe in Wort und Schrift um. So entstand der Roman »Blond ja. Dumm nein.«.
Für öffentliche Vorlesungen schrieb er Kurzgeschichten, die er dann in einem Buch veröffentlichte. Es erschien unter dem Titel »Michaels Kurzgeschichten«. Mit seinem Buch »Für die Liebe ist man nie zu alt« hat er sich einen Herzenswunsch erfüllt, um ältere Menschen zu ermutigen, vor der Liebe im Al-

ter nicht zurückzuschrecken, da er selbst noch mal das Glück hatte, die Liebe neu zu erleben. Besondere Freude hatte er an der Mitwirkung bei der Buchreihe »Jedes Wort ein Atemzug« von Karin Pfolz im Jahre 2015. Insgesamt haben dort 143 Autoren/innen mitgearbeitet und kostenlos Kurzgeschichten zu Verfügung gestellt. Der Erlös aus diesen Werken unterstützt das Projekt »Respekt für Dich - Autoren gegen Gewalt«.
In drei Büchern, »Geschichten aus aller Welt, Teil 1 und 2« sowie »Thriller und Kriminelles » hat er seine Geschichten einbringen dürfen.
In Kürze wird sein zweites Kurzgeschichten-Buch »Kurzstrecke« erscheinen.

Michael Schönberg, wurde 1955 in Düsseldorf geboren. Als sich das Ende der beruflichen Karriere abzeichnete, setzte er diese Gabe in Wort und Schrift um. So entstand der Roman »Blond ja. Dumm nein.«.

Für öffentliche Vorlesungen schrieb er Kurzgeschichten, die er dann in einem Buch veröffentlichte. Es erschien unter dem Titel »Michaels Kurzgeschichten«. Mit seinem Buch »Für die Liebe ist man nie zu alt« hat er sich einen Herzenswunsch erfüllt, um ältere Menschen zu ermutigen, vor der Liebe im Alter nicht zurückzuschrecken, da er selbst noch mal das Glück hatte, die Liebe neu zu erleben. 2016 erscheint ebenso „Die Zombie-Maske“ in der Karina-Publishing Reihe „Modern-Line“. Besondere Freude hatte er an der Mitwirkung bei der Buchreihe »Jedes Wort ein Atemzug« von Karin Pfolz im Jahre 2015. Insgesamt haben dort 143 Autoren/innen mitgearbeitet und kostenlos Kurzgeschichten zu Verfügung gestellt. Der Erlös aus diesen Werken unterstützt das Projekt »Respekt für Dich - Autoren gegen Gewalt«.

In drei Büchern, »Geschichten aus aller Welt, Teil 1 und 2«

sowie »Thriller und Kriminelles » hat er seine Geschichten einbringen dürfen. In Kürze wird sein zweites Kurzgeschichten-Buch »Kurzstrecke« erscheinen.

Elfride Stehle (Pseudonym) schreibt und veröffentlicht seit 2012 Gedichte und Geschichten in verschiedenen Anthologien. Die 1949 in Cottbus geborene Autorin lebt seit 1974 mit ihrem Mann und ihren drei Kindern in Bautzen.
Inzwischen haben ihre Gedichte und Geschichten sogar schon den Weg in zwei Bücher gefunden.
Für Herbst 2016 plant Elfride Stehle ihr drittes Buch unter dem Arbeitstitel »Wenn Worte anklopfen…«. Wieder mit Gedichten und verschiedenen Geschichten. Auch ein Kurzgeschichtenband ist in Arbeit. Dem Schreiben von Lyrik bleibt die Autorin aber treu.

Asmodina Tear ist das Pseudonym einer jungen Autorin. Geboren 1985 in Helmstedt (Niedersachsen), wandte sie sich schon im Alter von 9 Jahren dem Lesen von Erwachsenen-Literatur zu, was mit 15 Jahren zu ihrer ersten Begegnung mit Anne Rice führte. Seit dieser Zeit waren Vampire ihre favorisierten Charaktere. Nach einer Ausbildung im Verwaltungsdienst und dem Erlernen von drei asiatischen Sprachen entschied sie sich endgültig für das Schreiben und verfasst sowohl Gedichte als auch Kurzgeschichten und Romane.

Werner Thieke wurde 1950 in Berlin geboren, fuhr in jungen Jahren zur See und hatte von 1988 an eine eigene Fleischerei. Nach einer Krebserkrankung gab er Ende 90 sein Geschäft auf. Angeregt durch ein Gespräch mit einem Krankenhauspsychologen begann er, zu schreiben: Veröffentlichungen: (siehe die Anthologien der Reihe »Jedes Wort ein Atemzug 2«, »Sonnen- und Reisegeschichten« und »Wintergeschichten« vom Karina Verlag), für wohltätige Zwecke. 2015 »Pia und die Feriendetektive«.

Denise Träbing stammt aus Kassel ist verheiratet und Mutter zweier Kinder. Ihr erster Roman „Wenn du gehst" erschien 2015. Für ihr nächstes Werk steht sie bereits bei Karina-Publishing unter Vertrag.

Rudi Treiber war Lehrer, ist Musiker, Maler, Olivenbauer und Schreiber - als Schriftsteller will er sich nicht bezeichnen – und dies alles mit einer Leidenschaft und Konsequenz, die viele verblüfft. Mit seinen Worten zeigt er die Fehler, Irrtümer und Irrglauben seiner Mitmenschen auf. Nimmt sich kein Blatt vor den Mund, um seine Meinung zu vertreten.
http://treiber.magix.net
www.ruditreiber.at
Derzeit sind im Karina-Verlag erschienen:
Das Diktat des Durchschnitts 2014
Das Olivenölkochbuch 2015
Das Liederbuch 2015

»Tilli Ulenspeel« (Pseudonym) Geboren 1957 in Oberhausen - jetzt mit ihrem Mann glücklich in Ostfriesland in der Nähe von Norddeich an der Küste lebend, begann sie mit dem Schreiben schon in jungen Jahren. Ihr soziales Engagement lässt sie ihre Augen und Ohren für menschliche Bedürfnisse, Schwächen und Stärken offen halten. So findet man in ihrem Blog unter www.tilliulenspeel.blogspot.de viele ihrer Kurzgeschichten, die immer eine unterschwellige Botschaft an unsere Gesellschaft haben, genau wie ihr männliches Pendant »Till Eulenspiegel«. Ihr Motto lautet: »Ich schreibe, also bin ich.«

Alexander Urban. Seit ca. 12 Jahren widmet er sich vor allem dem Genre Horror, Fantasy und (Auto-) Biografisches ... und was ihm sonst noch so einfällt.
Wohnt im Ruhrgebiet und ist Single aus Überzeugung.

Petra Weise. Ich wurde 1954 in Freiberg/Sachsen geboren und lebe seit 1997 in Chemnitz.
Als Hausfrau und Mutter nutzte ich meine viele freie Zeit, um die »Schule des Schreibens« in Hamburg zu absolvieren und Kurzgeschichten zu schreiben. 15 dieser Kurzgeschichten veröffentlichte ich im Jahr 2014 unter dem Titel »Eine verhängnisvolle Diagnose« über den BoD-Verlag. Danach erschienen auf gleichem Weg »Mein Hund Benno«, »Liebeslügen« und »Ein halbes Leben«.
www.petraweise.jimdo.com

Tamara Wiegand. Sie schreibt Lyrik, Krimis, Biografisches, Gay, Horror und Fantasy.
Kommt aus dem Ruhrgebiet und wohnt jetzt im Rheinland. Tamara Wiegand veröffentlichte bereits mehrere Kurzgeschichten in den Anthologien des Karina-Verlages.

Renate Zawrel, 1959 in Wien geboren, seit 1993 in Oberösterreich daheim. Seit 2016 Mitarbeiterin im Karina-Verlag.
Publikationen bisher: Il Vesuvio (Novum Verlag), Krimi-Trilogie DAMENDOPPEL (Sarturia), Märchenhafte Schatzkiste (Sarturia), Kurzgeschichten RESPEKT FÜR DICH-Bücher (Karina-Verlag), vertreten in allen Bänden der FLÜGEL-Trilogie (Karina-Verlag), Schattenglück - Bijela kuća (Karina-Verlag) www.buchseite.net

Dieses Buch wird unterstützt von:

Die ***Stilerie*** ist ein Institut für Farb- und Stilberatung. ***Maria Hüngsberg*** führt Sie mit Know-How und Einfühlungsvermögen in eine neue Welt der Farben, in der Sie entdecken werden, welche Sie strahlen lassen und welche Sie eher meiden sollten. Bei der Stilanalyse werden Sie im Hinblick auf Ihren Lebensstil und Ihre Proportionen die Stilrichtung finden die Ihre Persönlichkeit unterstreicht. Mit diesem Wissen sollte es für Sie ein Leichtes sein, in Zukunft die richtige Kleiderwahl zu treffen und Sicherheit, Selbstbewusstsein und Zufriedenheit auszustrahlen.

Überzeugen Sie sich auf www.stilerie.at selbst – die ***Stilerie*** freut sich auf Sie!

Weiß
Gelb
Rot
Violett
Blau
Grün
Braun
Grau
Schwarz

Karina Publishing

Vienna